Dietrich Schulze-Marmeling

Barça
oder: Die Kunst des schönen Spiels

AF216923

Dietrich Schulze-Marmeling

Barça

oder: Die Kunst des schönen Spiels

VERLAG DIE WERKSTATT

Bibliografische Information der Deutschen Nationalbibliothek:
Die Deutsche Nationalbibliothek verzeichnet diese Publikation in der
Deutschen Nationalbibliografie; detaillierte bibliografische
Daten sind im Internet über http://dnb.d-nb.de abrufbar.

4., aktualisierte Auflage Februar 2013
Copyright © 2010 Verlag Die Werkstatt GmbH
Lotzestraße 22a, D-37083 Göttingen
www.werkstatt-verlag.de
Alle Rechte vorbehalten.
Satz und Gestaltung: Verlag Die Werkstatt
Druck und Bindung: Westermann-Druck Zwickau

ISBN 978-3-89533-720-8

Inhalt

Prolog

„Für uns Nichtgläubige ist Barça ideal. So haben wir etwas, woran wir glauben können. Barça verspricht uns ein Leben nach dem Tod."   *Sergie Pàmies*

„Barça-Anhänger erleben bei Siegen ein fast orgiastisches Glücksgefühl und fallen bei Niederlagen in schwerste Depressionen. Das Irrationale ist ein Bestandteil des menschlichen Bewusstseins, man sollte immer einen irrationalen Aspekt in sich pflegen. Warum beispielsweise sollte es nicht die fußballerische Religiosität als Alternative zur Religiosität in der Politik geben können?"   *Manuel Vázquez Montalbán*

„Für den Klub zu sein hieß, gegen das Regime zu sein. Deshalb wird Barça immer mehr sein als nur ein Verein." *Sergie Pàmies*

„Francos Besatzungstruppen betraten die Stadt. Auf dem vierten Platz der Liste der Organisationen, die nun verfolgt wurden, stand hinter den Kommunisten, Anarchisten und Separatisten der Barcelona Football Club. (…) Barça ist die epische Waffe eines Landes ohne Staat. Barças Siege sind wie die Athens über Sparta."   *Manuel Vázquez Montalbán*

„Während der Franco-Zeit waren Barças Siege ein Placebo, um den Hunger nach Freiheit zu stillen."   *Sergie Pàmies*

„Selbst wenn Claudia Schiffer und Naomi Campbell zusammen splitternackt im Camp Nou flanierten, wie lange würden die Menschen wohl hinschauen? Zehn, zwanzig Sekunden vielleicht, bis zum nächsten aufregenden Angriff über Laudrup oder Stoichkov oder Guardiola oder wen auch immer in dieser großartigen Mannschaft, die damals den aufregendsten Fußball der Welt spielte." *César Luis Menotti (über Johan Cruyffs Dream-Team)*

„Sehr viele Leute, die hier eine Jahreskarte für Barça haben, haben hier auch eine Jahreskarte für das Konzerthaus oder die Oper. Die Katalanen interessiert beides, und sie sehen darin auch keinen Widerspruch. Das wiederum merkt man an der Stimmung im Stadion, die ist ganz anders als in England. Viel zurückhaltender, viel opernhafter." *José Carreras*

„Was diese Jungs können, ist magisch. Das ist Kunst. Kunst hat heute so viele verschiedene Ausprägungen. Einer wie Ronaldinho liegt irgendwo zwischen bildender Kunst und einem Künstler auf der Bühne." *José Carreras*

„Natürlich ist Barcelona in erster Linie ein Fußballklub: Wie alle Klubs versucht man, Spiele zu gewinnen und Prestige aufzubauen und zu bewahren. Doch es ist auch ein Verein mit einer Geschichte von 105 Jahren, die eng mit Werten wie Sportlichkeit, Fairness, Universalismus und Gemeinwohl verknüpft sind. Außerdem wird der Klub auch eng mit seinem Territorium in Verbindung gebracht. Wir respektieren jeden, der die gleichen Werte respektiert: Barcelona ist ein wichtiger Integrationsfaktor für die Menschen, die zum Leben und Arbeiten nach Katalonien kommen. Menschen aus vielen verschiedenen Ländern sehen in Barça eine Integrationsmöglichkeit. Hier können sie Gemeinschaft erleben und haben ein Forum, wo sie mit der katalanischen Gesellschaft in Kontakt kommen können. Barcelona ist in gewisser Weise ein Abbild der Stadt und der Region Katalonien. Daher sind wir mehr als ein Klub." *Joan Laporta, Februar 2005*

„Das Vereinsmotto ,Mehr als ein Klub' stimmt. Barça ist eine Weltanschauung." *Udo Lattek*

„Es ist, als bleibe für Barcelona die Welt stehen." *Thierry Henry*

Vorwort

Am 29. November 1899 wurde in einer Turnhalle in Barcelonas Altstadt der Football Club Barcelona aus der Taufe gehoben. Initiator der Gründung war der Schweizer Hans Gamper, erster Präsident wurde der Engländer Walter Wild. Die Gründungsmitglieder waren in ihrer Mehrheit Ausländer und Protestanten, Fremde in einem Land, dessen Verfassung die „katholische, apostolische, römische Religion" zur Staatsreligion erklärte und einzig deren Zeremonien und öffentliche Kundgebungen zuließ.

Barcelona wurde in diesen Jahren zum Manchester Spaniens, eine Stadt, deren Rhythmus von Handel und Industriearbeit bestimmt wurde. Hunderttausende zogen in die staubige, graue und laute Industriestadt voller Schlote und Elendsquartiere, die damit einen vorzüglichen Nährboden für den Fußball bot. Denn Fußballhochburgen entstanden oftmals dort, wo viele Menschen Einwanderer waren und nur einen schwachen Bezug zum Territorium hatten, wie etwa im Ruhrgebiet. Der Fußball füllte hier eine emotionale Lücke und wirkte identitätsstiftend.

Dies galt auch für den FC Barcelona. Barça, wie der Klub auch kurz gerufen wird, war schon frühzeitig „més que un club" (mehr als ein Klub), wie das offizielle Vereinsmotto heute lautet.

Bereits 1908, ein knappes Jahrzehnt nach der Gründung, führte Hans Gamper, der seinen Vornamen zu „Joan" katalanisieren ließ, den FC Barcelona an den Katalanismus heran, der nach politischer und kultureller Unabhängigkeit vom Zentralismus des kastilischen Madrid trachtete.

1935 wurde Josep Sunyol Präsident des FC Barcelona, ein Aktivist der katalanischen Linken. Sunyol, der im August 1936, wenige Wochen nach Ausbruch des Spanischen Bürgerkriegs, ermordet wurde, war Herausgeber der Zeitung *La Rambla*, die

9

mit dem Untertitel „esport i ciutadania" („Sport und Bürgerrecht") erschien und eine Melange aus Sport und Politik anstrebte.

Sein Image, mehr als nur ein Klub zu sein, „verdankt" der FC Barcelona aber vor allem den Jahren der Franco-Diktatur. Als die katalanische Sprache verboten war und die eigenständigen Strukturen Kataloniens zerschlagen wurden, avancierte Barça zur letzten katalanischen Institution und das Stadion Camp Nou zum Parlament Kataloniens. „Für den Klub zu sein hieß, gegen das Regime zu sein", formulierte der Schriftsteller Sergie Pàmies nachbetrachtend.

Trotz internationaler Stars wie Ladislao Kubala und Trainern wie Helenio Herrera stand Barça in den Jahren der Franco-Diktatur zumeist im Schatten des großen Rivalen Real aus der Hauptstadt Madrid. In den Jahren 1956 bis 1966 wurde der Europapokal der Landesmeister von den fußballerischen Repräsentanten faschistischer Hauptstädte dominiert. Real Madrid und Benfica Lissabon vereinigten acht der elf in diesem Zeitraum vergebenen Titel auf sich.

Wenn vom spanischen Fußball jener Jahre gesprochen wird, ist noch heute viel von Schiedsrichter-Beeinflussung zugunsten Reals und auf Kosten Barças die Rede. Entscheidender war aber wohl, dass Real auf vielfältige Weise indirekt von Francos zentralistischer Politik profitierte, die Macht und Ressourcen in der Hauptstadt konzentrierte.

Barças Rettung kam aus den Niederlanden. Eine kulturelle, politische und soziale Revolution hatte in den 1960er Jahren das kleine Land von einem eher rückständigen Gebilde zu einer der progressivsten Adressen Europas katapultiert. Ein Exportschlager aus dieser Umwälzung wurde der Fußball. Barça geriet zum Objekt eines der bemerkenswertesten Kulturtransfers in der europäischen Fußballgeschichte.

1970 wurde mit dem Niederländer Rinus Michels ein Architekt des sogenannten *totaal voetbal* Trainer des FC Barcelona. Bergauf ging es mit Barça aber erst wieder, als zur Saison

1973/74 auch noch sein Landsmann und Schüler Johan Cruyff von Ajax Amsterdam in die katalanische Metropole wechselte. Am 17. Februar 1974 besiegte Barça das „Regime-Team" Real Madrid in dessen Stadion Santiago Bernabéu mit 5:0. Für Millionen Spanier und Katalanen war dieser Tag der Anfang vom Ende der Diktatur. Johan Cruyff erlangte mit seinem furiosen Auftritt im Wohnzimmer des Rivalen den Status eines Erlösers *(El Salvador)* und Heiligen. Am Ende der Saison war der FC Barcelona erstmals seit 14 Jahren wieder Meister.

Aber auch über Amsterdam und Barcelona hinaus bediente Cruyff mit seiner Art des Fußballspielens die Lebensphilosophie vieler junger Menschen in Europa. Fußball à la *Oranje* bedeutete Angriffslust, Kreativität, lange Haare und das Hemd über der Hose – ein radikales Kontrastprogramm zur Strenge und Düsterheit autoritärer Regime. Für den Autor dieses Buchs war Johan Cruyff sein größtes Idol, repräsentierten der Niederländer und seine Mitspieler – ob bei Ajax, in der niederländischen *Elftal* oder bei Barça – doch eine gelungene Verbindung von Kollektivismus und kreativem Individualismus. Cruyff schlug nicht nur Real, sondern auch Marx, Lenin und Che Guevara um Längen. In des Autors Heimat Ruhrgebiet mochte Libuda Gott umdribbeln („Keiner kommt an Gott vorbei – außer Libuda"), aber Cruyff ließ sogar Karl Marx furchtbar alt aussehen.

Nach der WM 1974 schloss sich mit Johan Neeskens ein weiterer Niederländer den Katalanen an, mit dessen Namen insbesondere der Gewinn des Europapokals der Pokalsieger 1979 in Verbindung gebracht wird – Barças erste bedeutende europäische Trophäe, die zeitlich mit der Gewährung eines Autonomiestatuts für Katalonien zusammenfiel.

Die niederländische Fußballphilosophie und die Kunst des offensiven und schönen Fußballs hielt aber erst so richtig und nachhaltig Einzug, als Cruyff 1988 ein weiteres Mal von Ajax Amsterdam zum FC Barcelona wechselte. Diesmal als Trainer und mit seiner bereits bei Ajax erprobten Ausbildungsphilosophie im Gepäck.

Die Stadt Barcelona befand sich im Vorfeld der Ausrichtung der Olympischen Sommerspiele 1992 in einem Erneuerungsrausch und entledigte sich nun auch städtebaulich der Relikte der Franco-Jahre. Aus einer grauen Industriestadt wurde eine Dienstleistungs-, Tourismus- und Kreativmetropole. Wenige Wochen vor der Eröffnung der Sommerspiele auf Barcelonas Stadtberg Montjuic gewann Cruyffs Barça erstmals den Europapokal der Landesmeister, eine Trophäe, die in Spanien bis dahin ausschließlich mit dem Rivalen Real in Verbindung gebracht wurde. Andoni Zubizarreta, Ronald Koeman, Michael Laudrup, Josep Guardiola, Hristo Stoichkov und Co. gingen als Dream-Team in die Annalen ein, das die Experten noch viele Jahre später wegen seines Pass- und Offensivspiels mit der Zunge schnalzen ließ. Luis César Menotti, Philosoph des „linken Fußballs", aber auch ein Freund schöner Frauen, war später sogar bereit, den Anblick der nackten Models Claudia Schiffer und Naomi Campbell zugunsten dieses Teams zu verschmähen.

Als die niederländischen Klubs – bedingt durch das Bosman-Urteil und andere Entwicklungen im internationalen Fußball – auf europäischer Bühne nicht mehr reüssieren konnten, garantierte der FC Barcelona den Fortbestand der niederländischen Fußballphilosophie, wenngleich in „katalanisierter" und internationalisierter Form.

Auch beim zweiten großen europäischen Triumph, dem Gewinn der Champions League 2006, saß mit Frank Rijkaard ein Niederländer auf der Bank, dank der Fürsprache Johan Cruyffs. Und als Barça 2009 und 2011 erneut die europäische Königsklasse gewann, führte mit dem Katalanen Josep „Pep" Guardiola ein ehemaliger Spieler und Schüler Cruyffs das Kommando.

Der „totale Fußball" und Fußball à la Johan Cruyff war stets mehr Idee als System gewesen. Genau betrachtet, befreite er den Fußball ein Stück weit vom System- und puren Ergebnisdenken – zugunsten eines ausdrucksvollen, kreativen Angriffsspiels. Am Anfang stand gewissermaßen eine Ablehnung von System. Das Ajax von Rinus Michels und Johan Cruyff musste massive gegnerische Abwehrriegel knacken, weshalb man die Zahl der Angriffskräfte erhöhte – durch Einbeziehung der Defensivspieler und eines fußballspielenden Torwarts. Fußball à la Cruyff heißt in erster Linie Offensivfußball und Unterhaltung. Cruyff: „Fußballtrainer haben auch die Pflicht, mit ihren Mannschaften zu unterhalten. Das Ergebnis darf nicht immer die einzige Sache sein, besonders nicht für große Teams wie Chelsea und Barcelona. Die Topteams tragen nicht nur für sich selbst Verantwortung. Sie haben auch eine Verpflichtung gegenüber dem Spiel als solchem."

Eine Hymne auf den neuzeitlichen FC Barcelona ist unweigerlich auch eine auf Johan Cruyff – zum Ende des 20. Jahrhunderts völlig zu Recht zum „europäischen Jahrhundertfußballer" gekürt – und auf eine in den Niederlanden geborene Idee vom Fußball. „Pep" Guardiola beschrieb Cruyffs Beitrag zum modernen Barça so: „Cruyff errichtete die Kathedrale, die Barça heute ist. Unsere Aufgabe ist es, diese zu erhalten, zu renovieren und weiter anzubauen."

Guardiolas Team war noch besser als Cruyffs. Nicht wenige halten Guardiolas Barça für das beste Team der Fußballgeschichte. Guardiolas Barça trug auch wesentlich dazu bei, dass die bis dahin bei Turnieren traditionell erfolglose spanische Nationalelf 2008 und 2012 Europameister und 2010 Weltmeister wurde. Drei große Titel in Folge waren bis dahin noch keiner Nationalelf Europas gelungen.

„Barça ist die epische Waffe eines Landes ohne Staat", schrieb der katalanische Schriftsteller Manuel Vázquez Montalbán über die Rolle des Klubs während der Jahre der Franco-Diktatur. Daran hat sich bis heute nichts geändert. Im Gegenteil: Unter dem Präsidenten Joan Laporta (2003 - 2010) erfuhr der FC Barcelona einen weiteren Schub zur „Katalanisierung". Laportas FC Barcelona wollte schönen und erfolgreichen Fußball mit Werten wie „Sportlichkeit, Fairness, Universalismus und Gemeinwohl" verknüpfen. Barça sollte für einen „schönen Lebensstil" stehen, und Laporta träumte von einer „katalanischen Republik des FC Barcelona".

Der kultivierte Pep Guardiola, ein Fan des katalanischen Liedermachers und Protestsängers Lluís Llach, der unter Franco ins Exil ging, und ein enger Freund des aus Madrid stammenden Schriftstellers, Drehbuchautors und Regisseurs David Trueba (als Guardiola 2009 die 1. Mannschaft übernahm, schenkte er zum Einstieg jedem Spieler ein Exemplar von Truebas preisgekröntem Bestseller „Die Kunst zu verlieren"), formte eine Mannschaft, die katalanisches Selbstbewusstsein beförderte und die denkbar beste Werbung für Katalonien betrieb. Was aber vor allem deshalb funktionierte, weil die Erfolge mit einem Fußball eingespielt wurden, der der Menschheit noch lange in Erinnerung bleiben wird.

Im Herbst 2012 demonstrierten in Barcelona eineinhalb Millionen Menschen für katalanische Unabhängigkeit. Die katalanische *Independència*-Bewegung bezieht ihre Kraft auch aus dem FC Barcelona, dem „Modell des Guten in der Fußballwelt", wie die *Financial Times Deutschland* einmal schrieb.

Und dieses „Modell des Guten in der Fußballwelt" wiederum bezieht ganz wesentlich seine Kraft aus der Kunst des schönen Spiels, der Liebe zum Ball, dem Spaß am Spiel – gespielt von Spielern, von denen viele tatsächlich Katalanen sind und schon als Jugendliche zum FC Barcelona kamen, ausgebildet in *La Masia*, der berühmtesten Fußballnachwuchsakademie der Welt. Auch für die „katalanische Republik des FC Barcelona" gilt: Ohne Fußball wäre alles nichts.

Dietrich Schulze-Marmeling
Januar 2013

Kapitel 1

Hans „Joan" Gamper
oder: Vom „Klub der Fremden"
zum Symbol Kataloniens

Am 22. Oktober 1899 erscheint in der katalanischen Sportzeitung *Los Deportes* eine Kleinanzeige, in der zwei Herren mit ausländischen Namen, ein Hans Gamper und ein Walter Wild, über eine bevorstehende Klubgründung informieren: „Die Herren Gamper und Wild sind mit der Organisation einer Football-Gesellschaft weit fortgeschritten. Die Herrschaften, die dieser Gesellschaft angehören möchten, werden gebeten, des Dienstags oder Freitags in dieser Redaktion vorbeizuschauen, um über die noblen Vorhaben ihrer Organisatoren unterrichtet zu werden."

Hans Gamper hat zwei Probleme, die ihn zu dieser offensiven Suche nach Mitspielern zwingen: Zum einen gehört er zur protestantischen Minderheit in Barcelona. Gampers erste Weggefährten sind folglich Mitglieder der kleinen protestantischen Gemeinde im Distrikt Sarrià-Sant Gervasi im Nordwesten der Stadt. Außerdem ist Gamper, wie auch sein Mitstreiter Walter Wild, Ausländer: Gamper stammt aus der Schweiz, Wild aus England. Ein bestehender Fußballklub namens Catalunya, bei dem Gamper anklopfte, mochte den Fremden nicht aufnehmen – er beschränkt sich auf katalanische Spieler. So bleibt Gamper nichts anderes übrig, als sich selbst nach Mitspielern umzuschauen, die der Katalanismus aufgrund ihrer Konfession oder Nationalität ebenfalls ausschließt.

Am 29. November 1899 wird in der in Barcelonas Altstadt gelegenen Turnhalle von Manuel Solé der Football Club Barcelona aus der Taufe gehoben. Neben Hans Gamper und Walter Wild sind der Schweizer Otto Kunzle, die englischen Brüder

15

John und William Parson, der Deutsche Otto Maier sowie die Katalanen Lluís d'Osso, Enric Ducal, Pere Cabot, Carles Puyol, Josep Llobert und Bartomeu Terrades beteiligt. Die Hälfte der Gründungsmitglieder sind somit Ausländer und Protestanten. Die englische Vereinsbezeichnung Football Club verweist auf die anglophile Haltung der multikulturellen Kickerschar.

Ein Pionier aus der Schweiz

Hans-Max Gamper Häessig, der eigentliche Motor der Klubgründung, wurde am 22. November 1877 in der Jakobsstraße 7 in Winterthur geboren. Er ist das dritte von fünf Kindern und der älteste Sohn der Eheleute August und Rosine Emma Gamper (geborene Häessig); die Familie ist Mitglied der evangelisch-reformierten Kirche der Schweiz. Winterthur, Tor zur Ostschweiz, hat sich mit Industrie und Banken zu einem international bedeutenden Wirtschaftsstandort entwickelt und verfügt auch über hervorragende Bildungsanstalten wie die Schweizerische Technische Fachschule.

August Gamper ist ein wohlhabender Bankdirektor. Als seine Ehefrau Rosine Emma 1886 an Tuberkulose stirbt, zieht die Familie nach Zürich, der Heimatstadt August Gampers. Dort besucht Sohn Hans das Polytechnikum. Wie im Übrigen auch der aus Turin stammende Vittorio Pozzo, der als Trainer Italien 1934 und 1938 zum WM-Titel führen sollte, zunächst aber lehrreiche Jahre in der Schweiz verbrachte, wo er in Zürich und Winterthur nicht nur einer kaufmännischen und sprachlichen Ausbildung nachging, sondern auch Fußball spielte – so 1905 bis 1906 bei Grasshoppers Zürich.

Der junge Gamper ist ein enthusiastischer Anhänger der „english sports" und avanciert in Zürich bald zu einem Spitzensportler. Zunächst betreibt er vor allem Radfahren und Laufen. So gewinnt er die Ouvertüre auf der Radrennbahn Basel und ein internationales Rennen zwischen Zürich und Zug. 1898 hält er die Laufrekorde über 800 und 1.600 Meter. In seinem weiteren Leben spielt er auch noch Rugby, Tennis, Golf und natürlich Fußball. Enkelin Emma Gamper: „Mein Großvater war ein klassischer Sportsmann seiner Epoche. Er gehörte zu jenen jungen Schweizern, die den Fußball mit Freude und großem Idealismus verbreitet haben."

In Zürich ist Gamper zunächst für den Züricher Klub FC Excelsior am Ball. Anschließend gehört der 18-Jährige zu den Gründungsmitgliedern des im akademischen Milieu beheimateten FC Zürich, einer am 1. August 1896 aus der Taufe gehobenen Fusion aus FC Excelsior, FC Turicum und FC Viktoria. Auch sein erst 14-jähriger Bruder Fredy ist mit von der Partie.

Erster Präsident des Klubs wird der Jurastudent Hans Enderli; als Klublokal firmiert das vornehmlich von Studenten frequentierte Restaurant „Boden". Emma Gamper: „Die Gründer bauten alles selber auf; sie bereiteten den Spielplatz vor, amtierten als Präsidenten, waren Trainer, organisierten die Matches, schrieben die Artikel als Sportjournalisten. Sie waren Pioniere, die sich mit ganzem Herzen dem Fußball verschrieben hatten."

Im selben Jahr beschreibt die Zeitschrift *Spiel und Sport* Gamper als einen „der besten Schweizer Fußballer. Er zeichnet sich durch sein ruhiges Spiel, seine Beweglichkeit und seine Kaltblütigkeit aus."

1896 läuft Gamper auch für den FC Basel auf, als dieser am 15. November gegen den FC Mülhausen aus dem Elsass spielt. Es ist das einzige registrierte Spiel, das Gamper, der in der Literatur viel mit dem FC Basel in Verbindung gebracht wird, für den Klub bestreitet. 1897 zieht Gamper nach Lyon, wo er für die Crédit Lyonnais arbeitet und für den Football Club de Lyon sowie den Rugby-Verein Atlétique-Union spielt. 1898 erhält der Stürmer eine Einladung zu einem sogenannten Repräsentativmatch Schweiz gegen Süddeutschland.

Doch nach den Vorstellungen seines Vaters soll Hans Gamper sein Leben nicht dem Fußball widmen. Ihm ist eine Laufbahn als Kaufmann im Import- und Exportgeschäft zugedacht. Dafür soll er im Ausland Erfahrungen sammeln.

Brutstätte des kontinentalen Fußballs

Die Geschichte des FC Barcelona beginnt nicht zufällig in der Schweiz. Ende des 19. Jahrhunderts hatte sich das Land zur Drehscheibe bei der Verbreitung des modernen Fußballs in Europa entwickelt. Verantwortlich waren die zahlreichen Engländer im Land, die der Schweiz auch den Ruf als „little england" einbrachten. Noch heute lässt sich der anfängliche Einfluss Englands auf den Schweizer Fußball an Vereinsnamen wie Young Boys Bern oder Grasshoppers Zürich, 1886 vom Biologiestudenten Tom E. Griffith initiiert, ablesen.

In den Schweizer Fachschulen wurden seit den 1880er Jahren viele Ingenieure, Kaufleute und internationale Bankiers ausgebildet. Die Schulen genossen international hohes Ansehen und lockten auch Zöglinge der englischen Industriellen an. Die englischen Schüler brachten das Fußballspiel mit, das nun zu einem Bestandteil der modernen Erziehungsmethoden der Eliteschulen wurde. Die Wiege des kontinentalen Fußballs stand in den Genfer Instituten La Châtelaine und Château de Lancy, wo bereits ab 1860 gekickt wurde.

Die englischen Schüler blieben beim Fußball nicht unter sich, sondern luden ihre einheimischen Mitschüler dazu ein und infizierten sie mit dem Spiel aller Spiele. Bald gründeten auch Schweizer Bürger Fußballklubs. Nicht nur im eigenen Land, sondern auch jenseits ihrer Landesgrenzen und hier insbesondere in Norditalien, Südfrankreich und Katalonien. So waren 15 der 25 Gründer des FC Torino Schweizer, darunter auch der erste Klubpräsident Schönfeld. In Mailand wirkte 1908 der Schweizer Enrico Hintermann als maßgeblicher Gründer eines Vereins, der sich bezeichnenderweise FC Internazionale – kurz: Inter – nannte. Als der junge Klub 1910 die Meisterschaft gewann, standen neun Schweizer im Team. Der FC Bari wurde 1908 vom Getreidehändler Gustav Kuhn ins Leben gerufen, beim FC Bologna wurde 1909 der Zahnarzt Louis Rauch erster Präsident. Neapels Fußballpioniere waren die Gebrüder Michele und Paolo Scarfoglio, die das Spiel während eines Praktikums in der Schweiz kennengelernt hatten. Der französische Banker Henri Monnier, 1901 Gründer des Sporting Club de Nîmes, war während des Studiums in Genf auf den Fußball gekommen, und auch die französischen Fußballpioniere Falgueirettes und Julien hatten in der Schweiz studiert. In Marseille ging aus dem 1884 gegründeten Turnverein La Suisse Marseille der Klub Stade Helvétique hervor, initiiert von einem Zirkel Schweizer Geschäftsleute. Die Mittelmeer-Schweizer wurden 1909, 1911, 1913 und 1919 Französischer Fußballmeister, beim ersten Mal mit zehn Schweizern und einem Briten. Der Schweizer Einfluss reichte bis hoch nach Paris, wo ein Klub mit dem Namen Union Sportive Suisse zu den führenden Adressen zählte.

Auch Deutschland wurde über die Drehscheibe Schweiz versorgt. Den deutschen Fußballpionier Walther Bensemann, Sohn eines jüdischen Bankiers aus Berlin, schickten seine Eltern im Alter von zehn Jahren auf eine Privatschule in Montreux. Am Genfer See entwickelte Bensemann eine Begeisterung für alles, was er für „typisch englisch" hielt. 1883 wurde Bensemann erstmals Zeuge eines Fußballspiels englischer Mitschüler, die allerdings Rugby spielten. 1887 gründete er mit englischen Mitschülern den Footballclub Montreux, anschließend war er in Süddeutschland an der Gründung zahlreicher Fußballklubs beteiligt, so beim Karlsruher Fußballverein (Deutscher Meister von 1910) und den Vorgängervereinen von Eintracht Frankfurt und Bayern München. Bensemann, der später die Fußballzeitung *Der Kicker* ins Leben rief, zählte 1900 auch zu den Gründungsvätern des DFB.

Mobile Eliten und Protestanten

„Fußball-Pioniere kamen in der Regel aus wohlhabenden Familien und wurden stark beeinflusst von britischen Traditionen, die mit der industriellen Revolution assoziiert waren", schreibt der Fußballhistoriker Pierre Lanfranchi. Nicht der Fußball führte sie in fremde Länder und machte sie zu Migranten. Vielmehr handelte es sich um „mobile Eliten", die aus beruflichen bzw. geschäftlichen Gründen ihre Heimat verließen. Das Fußballspiel war ein Bestandteil des von den industriellen Eliten in aller Welt bewunderten „English Way of Life". Der Schweizer Historiker Christian Koller: „Mit seinen universellen Regeln und seinem offenen Wettbewerb verkörperte es für die aufstrebende Jugend auf dem Kontinent eine Modernität, die sich an den Prinzipien des Freihandels, des Kosmopolitismus und des Wettbewerbs orientierte."

Nicht von ungefähr verbreitete sich der Fußball besonders rasch in den drei Ländern des Kontinents mit dem höchsten Bruttosozialprodukt pro Kopf. Dies waren Belgien, Dänemark und die Schweiz.

Lanfranchi charakterisiert die kontinentaleuropäischen Fußballpioniere als „Missionare der freien Marktwirtschaft" und „Gegner einer protektionistischen und xenophoben Spielart des Nationalismus". Sport wurde nicht einer Karriere wegen betrieben, spielte aber in ihrem Leben eine zentrale Rolle. Und auch ihre Religionsangehörigkeit war nicht ohne Bedeutung, wie Lanfranchi anmerkt. Die ersten Mitglieder des Sporting Club de Nîmes waren Mitglieder des Jugendklubs der lokalen calvinistischen Gemeinde. Gründer Monnier, der seinen Vornamen von „Henri" zu „Henry" anglisieren ließ und seinen Sohn „Willy" nannte, war Sohn eines protestantischen Bankiers und hatte seine Ausbildung in der Calvin-Stadt Genf absolviert. Stade Helvétique war eng mit der reformierten Gemeinde Marseilles verbunden. Und auch der FC Barcelona war, wie eingangs erwähnt, zunächst eine vorwiegend protestantische Angelegenheit.

Lanfranchi: „Im katholischen Südeuropa reproduzierten protestantische Sportsleute mittels des Fußballs eine ‚alternative Kultur', die dazu in der Lage war, Protestanten unterschiedlicher Nationalität anzuziehen." Der kontinentale Fußball war damals noch eine sozial-elitäre Angelegenheit. „Die jungen Protestanten und die Angehörigen der Klasse der Geschäftsleute", so Lanfranchi weiter, „waren häufig identisch, und sie lieferten eine der fruchtbarsten Umgebungen für die Verbreitung des Spiels. Sport entwickelte sich in protestantischen Milieus schneller und erfolgreicher – als eine Art Übertragung von Max Webers Theorie der säkularen Askese in körperliche Aktivität."

Unter Europas Fußballpionieren und ersten Vereinsgründern befanden sich in der Tat auffallend viele Protestanten (und Juden). Protestantische (wie auch jüdische) Milieus waren für die kapitalistische Moderne mit ihren Konkurrenz- und Leistungsprinzipien gewappnet. Und der Fußball als ein Produkt des modernen Industriezeitalters wurde in Europa zu dessen Spiel.

Kataloniens Metropole: Barcelona

Doch zurück zu Hans Gamper, der dem Rat seines Vaters folgt und sich 1898 auf den Weg nach Afrika macht, um auf Fernando Poo, einer Insel im Golf von Guinea und spanische Kolonie, Firmen für den Handel mit Zucker und Kaffee aufzubauen.

Der Weg führt über die katalanische Metropole Barcelona, wo Gampers Schiff einige Tage anlegt. Gamper besucht seinen dort lebenden Onkel Emili Gaissert. Die Zwischenstation wird zur Endstation, denn der Handelsreisende verguckt sich in die Stadt und bleibt hier hängen. Emma Gamper: „Mein Großvater ließ sich vom sonnigen und mediterranen Klima erobern." Emili Gaissert bringt den Neffen zunächst als Buchhalter bei der Crédit Lyonnais unter. Später wird Gamper Chefbuchhalter einer Straßenbahngesellschaft im Bezirk Sarria, ist aber auch weiterhin im Zucker- und Kaffeehandel tätig. Außerdem gründet er die eingangs erwähnte Sportzeitung *Los Deportes* und betätigt sich als Kolumnist für zwei Sportzeitungen in der Schweiz.

Gamper tritt der lokalen Gemeinde der schweizerischen evangelischen Kirche bei. Dem Schweizer Protestanten gefällt es im katholischen Barcelona: Die am Meer gelegene katalanische Metropole ist eine Handelsstadt und älter als Madrid. Das Wirtschaftliche spielt eine dominierende Rolle. Der Historiker Juan Beneyto attestiert den Katalanen einen „Händlerkomplex", während die Kastilier ein „Kriegerkomplex" kennzeichne. Barcelonas Bürger gelten, trotz der nahezu permanenten Unruhe in der Stadt, als pflichtbewusst, korrekt und arbeitsam. Ein altes Sprichwort behauptet, die Katalanen seien so fleißig, dass sie Steine in Brot verwandeln könnten. Katalonien beherbergt keine Bodenschätze, die Region ist deshalb besonders auf den Fleiß ihrer Bürger und die Qualität ihrer Arbeit angewiesen. In Kastilien galt die Arbeit lange Zeit als entehrend. Für jeden, der etwas auf sich hielt, war die Tätigkeit in einem bürgerlichen Beruf undenkbar. Nicht so in Katalonien und Barcelona, und nicht von ungefähr firmieren die Katalanen heute auch als „die Schweizer Spaniens".

Barcelona ist, als Folge der katalanischen Geschichte, anders als der Rest des erzkatholischen Spaniens: „eine kuriose und geglückte Mischung von Nord und Süd, von protestantischer und katholischer Lesart" (Werner Herzog). Katalonien, im Nordosten Spaniens gelegen und ursprünglich auch das heute französische Roussillon umfassend, genoss lange Zeit eine starke Eigenständigkeit und orientierte sich traditionell eher Richtung Frankreich als nach Süden. Im Pyrenäenfrieden 1659 zwischen der spanischen und der französischen Krone geriet Katalonien zur Verhandlungsmasse und musste das Roussillon abtreten. Am 11. September 1714 marschierten 40.000 Soldaten eines französisch-spanischen Heeres in Barcelona ein. König Felipe V. hob alle bis dahin gültigen Sonderrechte auf und ließ sämtliche Institutionen einer katalanischen Selbstverwaltung schließen sowie die katalanische Sprache verbieten. Katalonien wurde zu einer spanischen Provinz degradiert und durfte erst ab 1778 mit Amerika uneingeschränken Handel treiben.

Doch Katalonien sucht schon früh den Anschluss an die industrielle Entwicklung Europas . Bereits 1741 eröffnet die erste

Textilfabrik in Barcelona, und bald hat die Stadt mit ihrer prosperierenden Industrie, ihren Kaufleuten und Händlern gegenüber Madrid die Nase vorn, wird zur reichsten und am stärksten industrialisierten Region der iberischen Halbinsel, zum Motor der industriellen Revolution Spaniens und zur heimlichen Hauptstadt. Das katalanische (wie auch das baskische) Bürgertum besitzt – anders als das Bürgertum im restlichen Spanien – einen industriellen Charakter. Zwischen 1820 und 1860 verzehnfacht sich die Textilproduktion Kataloniens, eine Metallindustrie entwickelt sich, und die Region wird zum Zentrum der verarbeitenden Industrie in Spanien.

Mitte des 19. Jahrhunderts befördert diese wirtschaftliche Expansion das Wiederaufleben der katalanischen Literatur, die Erneuerungsbewegung wird „La Renaixença" getauft. Um 1865 erscheinen erste kulturelle Zeitschriften. Das geistige Leben Barcelonas erfährt einen Aufschwung. Theater, Musik und Literatur treffen beim zu Wohlstand gelangten Bürgertum auf ein dankbares Publikum. Aus der Sicht des katalanischen Bürgertums befindet sich der Rest Spaniens in einem Zustand kultureller Unterentwicklung. Und Madrid erscheint als bürokratischer Schmarotzer, der sich von der Arbeit der wenigen dynamischen Regionen wie Katalonien ernährt.

Auch in der Weltausstellung 1888, die zu einer großen Ausdehnung der städtischen Bebauung führt, demonstriert Barcelona Wohlstand, Modernität und Selbstbewusstsein. Kataloniens Bürgertum bezweifelt die Reformfähigkeit des spanischen Staates und sympathisiert zunehmend mit dem politischen Katalanismus. 1892 gelangt ein Plan für katalanische Autonomie (Bases de Manresa) an die Öffentlichkeit.

1898, das Jahr, in dem Hans Gamper in Barcelona eintrifft, markiert für Spanien das Ende der Illusion von der Weltmacht. Am 15. Februar 1898 explodiert im Hafen von Havanna der amerikanische Panzerkreuzer „Maine". 264 Matrosen und zwei Offiziere kommen ums Leben. Die USA beschuldigen Spanien der Täterschaft, und Washington erklärt Madrid den Krieg.

Drei Monate später hat Spanien nicht nur Kuba, sondern auch die Philippinen, Guam und Puerto Rico als Kolonien verloren. Im Wettstreit mit den modernen Nationen hat Spanien nun seinen Tiefpunkt erreicht, was nicht ohne Auswirkungen auf das Verhältnis zwischen der spanischen Zentralgewalt und Katalonien bleibt.

In Katalonien schreibt Joan Maragall, der repräsentativste Schriftsteller der „Generation von 1898", die *Oda a Espanya,* in deren Schlussschrei es „Adieu Espanya" heißt. Maragalls Werk symbolisiert die Abwendung vom kastilischen Spanien zugunsten eines neuen Spaniens, in dem Katalonien eine Führungsposition einnehmen soll. In einer späteren Ode des Dichters auf die Stadt Barcelona charakterisiert er diese als „la gran encisera", die große Zauberin.

Für Kataloniens Industrielle wiegt der Verlust des kubanischen Marktes schwer. Madrid will die enormen Kosten des Kolonialkrieges über höhere Steuern und Abgaben begleichen, woraufhin die katalanischen Händler und Handwerker in einen Steuerstreik (Tancament de Caixes) treten. Madrids Schwäche ist Barcelonas Stärke. Der Streik ist Ausdruck eines gewachsenen Selbstbewusstseins in Katalonien.

Bei den Kommunalwahlen von 1901 bringt die Lliga Regionalista de Catalunya von Enric Prat de la Riba, dem Vater des bürgerlichen katalanischen Nationalismus, in Barcelona ihre vier Kandidaten durch. Die Wahlen markieren die Geburt einer politischen Geschichte der Region, wenngleich im restlichen Katalonien vorerst noch die Monarchisten dominieren. Doch in den folgenden Jahren avanciert die Lliga zur ersten politischen Kraft Kataloniens. Es ist eine konservativ-autonomistische Partei, eine Interessenvertretung der Fabrikanten, Bankiers, Geschäftsleute, Juristen und Vertreter wirtschaftlicher Vereinigungen. Nur eine Schicht macht beim Katalanismus nicht so recht mit: das Industrieproletariat, das internationalistisch denkt. Die industrielle Struktur Kataloniens hat eine breite Arbeiterbewegung entstehen lassen, in der die anarchistischen und später anarchosyndikalistischen Strömungen dominieren.

Klub der Fremden

Die Herkunft der Farben des FC Barcelona, Blau und Rot, ist bis heute nicht restlos geklärt. Das Rot ist, genauer gesagt, ein Granatrot, weshalb die Trikots der Mannschaft bzw. das Team selbst bis heute *Blaugrana* genannt werden. Klar ist: Mit Barcelona oder Katalonien haben diese Farben nichts zu tun, sie stammen wohl aus dem Ausland.

So besagt eine These, dass die Farben vom Rugby-Team der englischen Merchant Taylors' School übernommen wurden, einer 1620 gegründeten und noch heute existierenden Public School in Cosby nördlich von Liverpool, die auf ihrer Homepage unter den sieben berühmtesten Alumni nicht nur Ben Kay, Kapitän der englischen Rugby-Weltmeister von 2003, und Robert Runcie, Erzbischof von Canterbury 1980 bis 1991, auflistet, sondern auch die Brüder Arthur und Ernest Witty.

Deren aus Yorkshire stammender Vater Frederick Witty hatte 1873 in Barcelona eine Reederei eröffnet, schickte aber seine Söhne Arthur und Ernest auf die Merchant Taylor's School. Als die Witty-Brüder nach Barcelona heimkehrten, um ins väterliche Geschäft einzusteigen, fanden sie keine für Rugby geeigneten Spielfelder, weshalb sie nun Fußballspiele zwischen Werkteams organisierten. Rugby und Fußball waren nicht die einzigen „english sports", denen sich die Wittys widmeten. Ernest Witty war ein ausgezeichneter Tennisspieler, und auf dem Tennisplatz lernte er auch Hans Gamper kennen. 1899 ist nicht nur das Gründungsjahr des FC Barcelona, sondern auch des renommierten Real Club de Tennis Barcelona, dessen erster Präsident Ernest Witty wurde und dem weitere Barça-Mitglieder der ersten Stunde angehörten.

Arthur und Ernest Witty wurden auch beim FC Barcelona aktiv, als Spieler wie als erste Mäzene. Über ihr Unternehmen importierten sie Bälle, Tornetze und Schiedsrichterpfeifen.

Dies ist der Hintergrund dafür, dass die Vereinsfarben mit ihnen in Verbindung gebracht wurden. Anlässlich des 100. Geburtstags des Klubs im Jahr 1999 behauptete der Sohn Arthur Wittys, sein Vater habe die Farben Blau und Rot für den jungen Klub vorgeschlagen.

Wahrscheinlicher ist aber wohl, dass die Farbenwahl in Anlehnung an Gampers alten Klub FC Basel erfolgte. Gamper war von 1896 bis 1898 aktives Mitglied des FC Basel gewesen und trug sogar die Kapitänsbinde des Klubs, blieb aber auch in der Mitgliederkartei des FC Zürich. Bei seinen ersten fußballerischen Auftritten in Barcelona, also noch vor der Gründung Barças, soll Gamper eine blau-rote Mütze getragen haben.

Seit seinem Eintreffen in Barcelona hatte Gamper zumindest noch zweimal Kontakt mit dem FC Basel: 1908 bestellte er in Basel 100 Matchplakate, deren Farbgestaltung sowohl für den FC Basel wie den FC Barcelona geeignet war. Am 24. Dezember 1916 kam es zu einem sportlichen Messen zwischen den beiden Klubs, bei dem Barça mit 3:1 die Oberhand behielt. Zwei Tage später sahen sich die beiden Teams erneut. Diesmal hieß es beim Schlusspfiff 3:1 für Basel, bis heute der einzige Sieg der Schweizer über die Katalanen. Manuel Tomàs, verantwortlich für das Dokumentationszentrum des FC Barcelona, hält die Basel-These für die „plausibelste und glaubwürdigste", um zugleich einzuräumen: „Bewiesen wurde sie nie."

Erster Präsident des FC Barcelona wird Walter Wild. Der Engländer Wild ist nicht der letzte Ausländer an der Spitze des Klubs. In den ersten drei Dekaden seiner Existenz, 1889 bis 1929, wird der FC Barcelona von insgesamt 17 Männern geführt. Den meisten von ihnen ist nur eine kurze Amtszeit vergönnt. Fünf der 17 Präsidenten sind Ausländer, die dem Klub addiert immerhin 15 Jahre vorsitzen.

Hans Gamper entscheidet sich zunächst für eine Spielerkarriere, wird erster Kapitän des jungen Klubs und erzielt zwischen 1899 und 1903 in 48 Spielen über 100 Tore. Sein erstes Spiel bestreitet Barça am 8. Dezember 1899 im Velòdrom de la

Bonanova. Gegner ist eine Mannschaft der englischen Kolonie in Barcelona. Da diese nur zehn Spieler aufbieten kann, hilft Arthur Witty bei seinen Landsleuten aus. Die Engländer gewinnen mit 1:0, das Tor des Tages schießt „Leihspieler" Arthur Witty.

Walter Wild tritt 1901 als Barça-Präsident zurück, da ihn geschäftliche Gründe zurück in die englische Heimat verschlagen. Für ihn übernimmt Bartomeu Terrades den Vorsitz, der in Barças erstem Vorstand die Position des Schatzmeisters bekleidet hat. Terrades richtet eine sportliche Leitung ein, die mit Gamper, Widerkehr und Maier aus zwei Schweizern und einem Deutschen besteht.

1902 wird der aus Heppenheim stammende Deutsche Paul Haas Präsident des FC Barcelona. Haas gründet im Klub eine Rugby-Sparte. 1902 gewinnt der FC Barcelona mit dem Copa Macaya, Vorläufer der katalanischen Meisterschaft (Campeonato de Catalunya), seine erste Trophäe. Am 13. Mai 1902 trifft Barça erstmals auf den pikanterweise von den in Madrid lebenden katalanischen Brüdern Juan und Carlos Padrós gegründeten Football Club Madrid, Vorläufer von Real Madrid. Der FC Barcelona gewinnt mit 3:1, zweifacher Torschütze ist der Deutsche Udo Steinberg. Von 1906 bis 1908 sitzt Steinberg der am 11. November 1900 als erster Regionalverband Spaniens gegründeten Football Associaciò de Catalunya vor (heute Federació Catala de Futbol).

Spanier und Freimaurer

Ein knappes Jahr nach der Gründung des FC Barcelona wird im Sarrià-Distrikt von Barcelona die Sociedad Española de Fútbol Barcelona aus der Taufe gehoben. Die Gründer sind gegenüber dem spanischen Staat loyale Studenten. Hauptinitiator ist der Ingenieurstudent Angel Rodriguez, der zuvor Hans Gamper und dessen englischen Freunden beim Fußball zugeschaut hat. Doch anders als Gamper will Rodriguez einen Klub, der ausschließlich aus Einheimischen besteht: „Wir gründen diesen Klub, um mit den Fremden vom FC Barcelona zu konkurrieren." Español wendet sich insbesondere an Immigranten aus anderen Teilen Spaniens und positioniert sich gegen den katalanischen Nationalismus. 1901 wird der Klub in Español Club de Football Barcelona umbenannt, 1910 erhält er seinen bis heute gültigen Namen Real Club Deportivo (RCD) Español Barcelona, nachdem König Alfonso XIII. das Patronat angenommen hat. 84 Jahre später wird der Klubname dann zu Reial Club Despotiv Espanyol katalanisiert, damit man in Barcelona nicht als völlig fremd und bloße Agentur Madrids erscheint.

Beim FC Barcelona verstärkt sich bereits wenige Jahre nach der Gründung das katalanische Element. Zwar wird 1903 Paul Haas als Vorsitzender von Arthur Witty abgelöst, erneut einem Ausländer, der dafür sorgt, dass Barça erstmals auch jenseits der Landesgrenzen aufläuft. Am 1. Mai 1904 schlägt der FC Barcelona in Toulouse Stade Olimpien des Étudiants Toulousains mit 3:2. Doch Gründungsvater Gamper geht mittlerweile auf Distanz zum Klub. Barça sei nicht mehr der Verein der Ausländer. Und mit der Stärkung des heimischen Elements „katholisiert" sich der vom Reformierten Gamper gegründete, zunächst eher protestantische Klub. Insbesondere Mitbegründer Lluís D'Osso betreibt die „Katholisierung" des FC Barcelona, die sich später auch im Klubemblem niederschlägt. Barça zieht nun mehr und mehr die katalanisch-katholische Elite an.

Gamper sieht sich aufgrund seiner Konfessionszugehörigkeit zunehmend Angriffen ausgesetzt. Die damalige spanische Verfassung gestattet nur den Katholizismus. Gamper aber fühlt sich den Freimaurern verbunden, seine Enkelin führt sogar die Auswahl von Barças Vereinsfarben darauf zurück. Die Farbe Blau gilt als am wenigsten materielle Farbe und wird daher als Symbol für Wahrheit und Treue aufgefasst, die Farbe Rot gilt als Urfarbe aller materiellen Existenz und des Lebens. Violett, zu gleichen Teilen aus Blau und Rot entstanden, steht in der Farbsymbolik für Besonnenheit, Maßhalten und Gleichgewicht – zwischen Himmel und Erde, Sinnen und Geist, Liebe und Weisheit.

Die Ziele der Freimaurer lauten Befreiung der menschlichen produktiven Kräfte, Streben nach schöpferischer und künstlerischer Freiheit in allen Lebensbereichen, Förderung von Glaubens- und Gewissensfreiheit, Produktions- und Handelsfreiheit, Pressefreiheit, Versammlungsfreiheit. Die Schnittmengen mit Reformation und Protestantismus sind erheblich größer als mit dem Katholizismus, weshalb der katholische Klerus die Freimaurer aufs Schärfste bekämpft. Für Lessing, dem wichtigsten Dichter der deutschen Aufklärung, Religionsphilosophen und Vordenker eines neuen, selbstbewussten deutschen Bürgertums, war die Freimaurerei „nichts Entbehrliches, sondern etwas Notwendiges, das in dem Wesen des Menschen und der bürgerlichen Gesellschaft gegründet ist".

In protestantischen Ländern wie England übt die Freimaurerei einen eher kirchenfreundlichen Einfluss aus, in katholischen wie Spanien indes einen eher antiklerikalen. So lag es nahe, dass Gamper sich seinem nun zunehmend katholischen Klub entfremdet sah.

Retter Gamper

Anfang des neuen Jahrhunderts baut Barcelona seinen Rang als katalanische Metropole weiter aus – und demonstriert dabei zugleich Weltoffenheit. Aus einer Ausschreibung zur Stadterweiterung geht 1903 ein französischer Architekt als Sieger hervor, in dessen Plänen die Ästhetik eine wesentliche Rolle spielt. Barcelona soll zum Paris des Südens werden.

1906 erfolgt die Gründung des Institut d'Estudis Catalans und die Herausgabe eines ersten katalanischen Wörterbuches durch Pompeu Fabra. In Barcelona entsteht eine vibrierende Künstlergemeinde aus Architekten und Malern, darunter auch Pablo Picasso. Ebenfalls 1906 verüben katalanische Anarchisten ein Attentat auf König Alfonso XIII., Ausdruck einer wachsenden antimonarchistischen Militanz.

1903/04 wird erstmals der Campeonato de Catalunya ausgespielt; erster Meister der katalanischen Fußballliga wird Barças Lokalrivale Español. 1904/05 heißt der katalanische Meister erstmals FC Barcelona. In den folgenden Jahren nähert sich Gamper wieder seinem alten Verein an. Nicht ganz schuldlos daran ist wohl seine Eheschließung mit der aus Chatel-Saint-Denis stammenden Maria Emma Pilloud, einer „Dame von großer Schönheit und Bildung", wie *Kicker*-Herausgeber Walther Bensemann notiert. Vor allem aber ist die Angetraute streng katholisch.

Gampers Faible für den Katalanismus und seine Annäherung an den Katholizismus fördern seine gesellschaftliche Anerkennung in Barcelona, und 1908 wird er zum Präsidenten von Barça gewählt. Anders als Arthur und Ernest Witty will Gamper ein „echter Katalane" werden. Er lernt Katalanisch, erst anschließend erwirbt er auch spanische Sprachkenntnisse. Der „katalanische Schweizer" oder „Schweizer Katalane", wie Gamper auch genannt wird, spricht bald perfekt die Sprache der Region, während sein Spanisch holperig bleibt. Beim FC Barcelona wird Gamper seine Reden ausschließlich auf Katalanisch vortragen. Seinen Vornamen lässt er zu „Joan" katalanisieren, und im Hause Gamper – das Ehepaar hat zwei Söhne – wird nur noch katalanisch gesprochen.

Es ist Gampers erste von fünf Amtszeiten an der Spitze des FC Barcelona. Der Klub befindet sich zu diesem Zeitpunkt in einer existenzbedrohenden sportlichen und finanziellen Krise und hat viele Mitglieder verloren. Auf der Krisensitzung im Gimnasio Solé, dem Gründungsort Barças, finden sich nur noch 38 Getreue ein. Präsident Vicenc Reig hat nach nur 22 Tagen das Handtuch geworfen. In seiner Abschiedsrede hat Reig den Football Club Barcelona de facto für tot erklärt. In die anschließende Stille fragt ein Spieler namens Carlos Wallace hinein: „Gibt es denn niemanden, der bereit ist, den Klub zu retten?" Sollte es diese Person doch geben, würden die Spieler sie geschlossen unterstützen. Nun meldet sich Gamper, der sich bis dahin mit der Rolle des Zuhörers begnügt hat, zu Wort.

Und sein Statement ist wohl das bedeutendste eines Barça-Mitglieds in der Geschichte dieses Vereins überhaupt, denn ohne die folgende Sätze wäre der FC Barcelona wohl bereits neun Jahre nach seiner Gründung wieder von der Bildfläche verschwunden: „Barcelona kann nicht sterben und muss nicht sterben. Wenn es kein anderer versuchen will, dann übernehme ich ab sofort die Führung des Klubs."

Gamper gelingt nicht nur die finanzielle Rettung des Klubs, sondern – mit der von ihm mobilisierten Unterstützung lokaler Geschäftsleute – der Bau eines ersten eigenen Stadions in der Carrer de la Indústria mit einem Fassungsvermögen von 6.000 Zuschauern. Das vom Volksmund „L'Escopidora" getaufte Stadion ist das erste in Spanien mit einer zweistöckigen Haupttribüne und Flutlichtanlage. Hier erwerben Barças Fans ihren Spitznamen *Culés* (Ärsche). Die letzte Reihe der Zuschauer sucht auf der das Stadion umgebenden Mauer Platz. Für den vorbeigehenden Passanten ergab sich so das Bild aneinandergereihter Hinterteile.

Nach der Bewältigung der Krise betreibt Gamper die Annäherung des FC Barcelona an den politischen Katalanismus. Der Klub will nun als dessen höchster Repräsentant innerhalb des Sports betrachtet werden. Nach 322 Tagen tritt Gamper aus beruflichen Gründen zurück. Er hinterlässt einen auch sportlich gefestigten Verein. In der Saison 1908/09 gewinnt der FC Barcelona ungeschlagen den Campeonato de Catalunya, und auch in den folgenden beiden Spielzeiten 1909/10 und 1910/11 heißt Kataloniens Champion Barça.

1910 erhält der FC Barcelona ein neues Klubemblem, nachdem man sich bis dahin mit der Übernahme des Stadtwappens begnügt hatte, versehen mit der Aufschrift „Football Club Barcelona". Ein Wettbewerb wird ausgerufen. Es gewinnt der Entwurf des Spielers Carles Comamala, Medizinstudent mit künstlerischen Qualitäten. Das neue Emblem dokumentiert die Verzahnung des Klubs mit Katalonien und dem Katalanismus. Links oben erscheint ein rotes Kreuz auf weißem Grund, das Zeichen des heiligen Georg, katalanisch St. Jordi, Schutzpatron der Liebenden und Kataloniens; rechts oben das Muster der *senyera*, der katalanischen Flagge, mit ihren rot-gelben Längsstreifen. Den unteren Teil des Emblems bilden die Vereinsfarben des FC Barcelona, angeordnet wie die der *senyera*, sowie ein Fußball.

Kapitel 2

Ein Fußballklub, ein Diktator und erste Stars

In den ersten Jahren des 20. Jahrhunderts spitzen sich in Spanien die sozialen, wirtschaftlichen und politischen Probleme weiter zu. Dies gilt auch für Barcelona: Einige seiner Stadtviertel sind hoffnungslos überbevölkert; die Kindersterblichkeit in der Stadt ist eine der höchsten Europas. Barcelona wird zu einer Stadt des Protests und Widerstands, zur europäischen Hochburg der Gewerkschaften sowie der sozialistischen und anarchistischen Arbeiterbewegungen. Im Juli 1909 werden im Hafen von Barcelona Soldaten für den Kolonialkrieg in Marokko rekrutiert. Bei Barcelonas Unterschicht stößt dies auf massiven Protest, zumal wohlhabende Familien ihre Söhne vom Kriegsdienst freikaufen können. Die Proteste fallen mit einer Streikwelle zusammen und eskalieren in den Tagen vom 26. bis 31. Juli zu einer Rebellion, deren Zentrum der heutige Stadtteil Raval ist. Insbesondere kirchliche Einrichtungen geraten ins Visier der Rebellen. So werden in dieser Woche in Barcelona zwölf Kirchen, 40 Konvente und 24 weitere kirchliche Einrichtungen in Brand gesetzt. Der Kriegszustand wird ausgerufen, und Militär schlägt die Revolte nieder. Binnen einer Woche kommen über 100 Menschen ums Leben. Eine Reihe der Aufständischen wird exekutiert, unter ihnen auch der Anarchist und antiautoritäre Pädagoge Francesc Ferrer i Guàrdia, Gründer der ersten Volksbildungshäuser, in denen Barcelonas Analphabetismusrate von 70 Prozent bekämpft werden sollte. Ferrer ist an den Unruhen zwar nicht beteiligt, wird aber der „moralischen Verantwortung" bezichtigt. Die Ereignisse gehen als *Setmana Tràgica* in die Geschichte Kataloniens ein.

Ein Jahr später gründet sich in Barcelona die bis heute berühmteste Organisation in der Geschichte des Anarchismus, die Confederación Nacional de Trabajo (CNT). Die anarchistische Gewerkschaft wächst in den nächsten Jahren zu einer Massenorganisation, in der 1918 rund 80 Prozent der katalanischen Arbeiter organisiert sind.

Barças erster Goalgetter: Paulino Alcántara

1910 beginnt die zweite Amtszeit Hans Gampers, die bis 1913 dauert. Der FC Barcelona gewinnt erneut die Meisterschaft Kataloniens und anschließend erstmals den seit 1902 ausgespielten spanischen Pokal, Copa del Rey. 1912 überwirft sich Barça sowohl mit dem spanischen wie dem katalanischen Fußballverband und tritt aus beiden vorübergehend aus.

Am 15. Februar 1912 debütiert der erst 15-jährige Paulino Alcántara im Barça-Trikot. Im Spiel des Campeonato de Catalunya gegen den SC Catalá steuert er drei Tore zum 9:0-Sieg bei. Bis heute ist Alcántara der jüngste Spieler und Torschütze in der Geschichte des FC Barcelona. Und der erfolgreichste philippinische Fußballer aller Zeiten, denn das Wunderkind kam auf den Philippinen zur Welt.

1913 und 1916 gewinnt Barça mit Alcántara, der mit dem Flügelstürmer Emilio Sagi ein höchst effektives Tandem bildet, den Campeonato de Catalunya und 1913 auch noch den Copa del Rey. Dank Alcántara und Sagi steigt Barça in diesen Jahren zu einem der führenden Klubs Spaniens auf.

1916 beschließen Alcántaras Eltern die Rückkehr auf die Philippinen. Der Sohn muss mit, studiert dort Medizin und läuft 1917 für die Nationalelf der Philippinen auf. Auch an der Tischtennisplatte vertritt Alcántara sein Land. Der FC Barcelona bemüht sich in Gesprächen mit den Eltern immer wieder um die Rückkehr des Goalgetters. Was aber erst gelingt, als Alcántara an Malaria erkrankt und dies zur Erpressung seiner Eltern benutzt. Alcántara will sich nur unter der Bedingung behandeln lassen, dass er nach Spanien zurückkehren darf.

Barça wird katalanisiert

Im Ersten Weltkrieg bezieht Spanien eine Position der Neutralität, von der die spanische und insbesondere die katalanische Wirtschaft profitiert. Kataloniens Wirtschaft boomt. In Katalonien werden u. a. Uniformen für die französische Armee hergestellt.

In Barcelona etabliert sich eine internationale Flüchtlingsgemeinde, bestehend aus Menschen, die sich dem Krieg und Kriegsdienst entziehen wollen. Unter ihnen die avantgardistischen Künstler Sonia und Robert Delaunay, Francis Picabia, Marie Laurencin und Albert Gleizes.

Derweil sieht sich Hans Gamper erneut Angriffen ausgesetzt. War es zuvor mehr seine protestantische Konfessionszugehörigkeit, ist es nun seine angebliche „Deutschfreundlichkeit" als Deutschschweizer, die stört. Und seine Handelsgeschäfte leiden unter den unsicheren Seewegen.

In der Stadt gärt es. Die Bevölkerung Barcelonas hat sich in den vergangenen 20 Jahren verdoppelt. Die katalanische Metropole ist nun nicht nur die größte Stadt Spaniens, sondern mit ihren Industrien auch die einzige proletarische Stadt des Landes und das „Manchester Kataloniens". 1917 führen starke Lohnverluste der Arbeiterschaft zu Protesten, die von der anarchistischen Gewerkschaft CNT – 1910 gegründet, aber erst 1915 nach mehreren Jahren des Untergrunddaseins zugelassen – angeführt werden. In den Städten (insbesondere Barcelona) entwickelt sich eine gewerkschaftliche Tradition des Syndikalismus, der sich auf den russischen Anarchisten Bakunin bezieht. Die CNT will mit einer Politik der „Direkten Aktion" den Staat überwinden und seine Institutionen ersetzen durch Selbstverwaltungsorgane, Industrieverbände unter der Kontrolle der Arbeitenden sowie durch freiwillige Verträge autonomer Organisationen. CNT und die sozialistische Gewerkschaft Unión General de Trabajadores (UGT) rufen zum Generalstreik auf.

In den Jahren 1917 bis 1925 treten Barças Sympathien mit dem politischen Katalanismus noch deutlicher zutage. Als US-

Präsident Woodrow Wilson 1918 das Recht der Nationen auf Selbstbestimmung proklamiert, gewinnt die Bewegung für katalanische Unabhängigkeit weiter an Stärke. Pro-katalanische Organisationen werben mit einer Petition für Autonomie. Zu den Unterzeichnern gehört auch der FC Barcelona. Lokalrivale RCD Español initiiert eine eigene Petition, die sich gegen Autonomie ausspricht. Der Inhalt stammt aus der Feder von Pena-Ibérica-Mitgliedern, einer Schlägertruppe, die auf den Straßen Barcelonas die Autonomisten attackiert. 1933 tritt Pena Ibérica den Falangisten bei und kämpft im Bürgerkrieg auf Seiten Francos.

Beim FC Barcelona wird Katalanisch zur offiziellen Sprache des Klubs. Hans Gamper, der 1917 seine dritte Amtszeit als Barça-Präsident angetreten hat, wird mehr und mehr zum überzeugten katalanischen Nationalisten. Am 23. Juli 1920 katalanisiert der Verein eine Hälfte seines Namens: Aus dem Football Club wird ein Futbol Club. Die Zeitung *La Veu de Catalunya* schreibt: „Der Futbol Club Barcelona ist der katalanische Klub geworden." Nur zwei Jahrzehnte nach seiner Gründung ist Barça zu einem nationalen Symbol Kataloniens avanciert.

El Mag und El Divi

1917 verpflichtet Gamper mit dem Engländer John Barrow den ersten Profitrainer in der Geschichte des FC Barcelona, dem nur wenige Monate später Landsmann Jack Greenwell folgt. Der Sohn eines Bergarbeiters aus der englischen Grafschaft Durham ist bereits 1912 als Spieler von Crook Town zum FC Barcelona gestoßen. 1916 beendete Greenwell seine Spielerkarriere nach 88 Einsätzen und zehn Toren für Barça.

1919 gelingt dem FC Barcelona die Verpflichtung des 17-jährigen Offensivspielers Josep Samitier und des ein Jahr älteren Torwarts Ricardo Zamora. Samitier kommt vom FC Internacional Barcelona. „El Sami" ist ein „totaler Fußballer", der das gesamte Spielfeld zu seinem Aktionsraum erklärt und ständig die Position wechselt. Seine Kreativität und seine Beweglichkeit bringen ihm die Spitznamen *El Mag* (der Magier) und *Home Llagosta* (Grashüpfer-Mann) ein. Zamora kommt von Español. Der Sohn eines Arztes ist in Barcelonas Stadtteil Sarrià y Urgel aufgewachsen. Die spätere Torwartlegende ist ein Multisportler, der sich auch als Boxer, Schwimmer und Leichtathlet betätigt. Seine überragende Reaktionsschnelligkeit hat er dem baskischen Spiel Pelota zu verdanken. Für den Wechsel zum FC Barcelona bricht Zamora sein Medizinstudium ab.

Zamora und Samitier sind auch dabei, als Spanien 1920 sein erstes offizielles Länderspiel bestreitet. Im Rahmen der Olympischen Spiele in Antwerpen trifft die spanische Auswahl in Brüssel auf Dänemark und gewinnt mit 1:0. Die *Selección* beendet das Turnier mit der Silbermedaille. Eigentlich sollte auch der zurückgekehrte Paulino Alcántara mitwirken, der aber kurz vor den Abschlussprüfungen seines Medizinstudiums steht. Alcántara spielt später noch für Spanien. Als die *Selección* Frankreich am 22. April 1922 in Bordeaux mit 4:0 besiegt, schmettert der zweifache Torschütze Alcántara den Ball mit einer solchen Wucht ins Tor, dass das Netz zerreißt.

Mit Jack Greenwell als Trainer, Alcántara, Samitier und Zamora beginnt mit der Saison 1918/19 Barças erste goldene Dekade. Im Zeitraum 1918 bis 1924 gewinnt der Verein zunächst fünfmal den Campeonato de Catalunya sowie 1920 und 1922 den Copa del Rey.

Zamora, Kettenraucher (65 Stück pro Tag; bei Barça wird ihn allerdings später noch Johan Cruyff übertreffen), Cognac-Freund und Frauenschwarm, seit dem Olympischen Turnier nur noch *El Divi* (der Göttliche) genannt und einer der ersten Superstars des europäischen Fußballs, kehrt im Sommer 1922 nach einem Disput mit Hans Gamper zu Español zurück.

Jack Greenwell verlässt den FC Barcelona 1924 und trainiert anschließend noch CD Castellón, Español, RCD Mallorca, erneut Barça, den FC Valencia, Sporting de Gijon, den peruanischen Klub Universitario de Deportes und schließlich die Nationalelf des Andenlandes. Nur Johan Cruyff wird sich später beim FC Barcelona noch länger auf dem Trainerstuhl halten.

Greenwells Nachfolger wird der Ungar Jesza Poszony, dem bis 1931 mit Ralph Kirby und James Ballamy wieder zwei Engländer folgen, bevor Greenwell noch einmal für zwei Spielzeiten das Zepter übernimmt.

Paulino Alcántara bleibt dem FC Barcelona bis zum 3. Juli 1927 erhalten. Dann hängt er seine Fußballschuhe an den Nagel, um den Beruf des Arztes nun in Vollzeit auszuüben. Der Goalgetter kommt in 357 Spielen für Barça auf sagenhafte 356 Tore, bis heute Klubrekord. In den Jahren 1931 bis 1934 sitzt Alcántara im Aufsichtsrat des FC Barcelona.

Samitier bleibt bis 1933 beim FC Barcelona und ist in den 1920ern der bestbezahlte Profi in Barças Team und gemeinsam mit Españols Zamora wohl auch in Spanien.

Unruhige Zeiten

1921 beginnt die vierte Amtszeit von Hans „Joan" Gamper als Barça-Präsident. Gamper agiert erneut als Retter, die Existenz des Klubs ist von politischen Zerwürfnissen bedroht. Der mittlerweile zu Wohlstand gelangte Immigrant ermöglicht mit einer Unterstützung von einer Million Peseten den Bau des Stadions Les Corts im gleichnamigen Stadtteil, dessen Kapazität zunächst 20.000 (später: 60.000) beträgt und dem Klub bis 1957 bzw. bis zum Bau von Camp Nou als Spielstätte dient.

Vor dem Hintergrund des anhaltenden Chaos in Barcelona und der Krise im Kolonialkrieg in Marokko ruft König Alfonso XIII. 1923 den Generalkapitän von Barcelona, Primo de Rivera, nach Madrid. Um die permanente Staatskrise zu beenden, errichtet Primo de Rivera am 13. September 1923 in Absprache mit dem König eine Militärdiktatur. Ab 1925 werden auch Zivilisten in die bis dahin ausschließlich mit Militärs besetzte Junta aufgenommen, und Rivera tauft sich zum „Ministerpräsidenten" um.

Primo de Rivera erfreut sich zunächst der Zustimmung der konservativen Katalanisten und des katalanischen Bürgertums – dank vager Autonomieversprechungen, die er allerdings nie einlösen wird, sowie der Unterdrückung der Arbeiterbewegung einschließlich des Verbots der CNT.

Doch die Stimmung dreht sich bald. Als die *mancumunitat*, die 1914 gewährte Union der vier katalanischen Provinzen, aufgehoben wird, als das Regime gegen die katalanische Sprache und katalanischen Symbole vorgeht, rückt das katalanische Bürgertum mehr und mehr auf Distanz zu De Rivera. Die Militärdiktatur und ihr hartes Vorgehen gegen separatistische Bestrebungen hat eine Radikalisierung und Popularisierung des katalanischen Nationalismus zur Folge.

In Barças Jubiläumsjahr 1924 beginnt die fünfte und letzte Amtszeit von Hans Gamper. Anlässlich des 25-jährigen Bestehens schreibt die satirische Sportzeitschrift *Xut* (Der Schuss), dass „der glorreiche FC Barcelona in seiner Frühzeit richtiggehend ‚exotisch' war. So nach und nach wurde er katalanisiert, und 25 Jahre Hartnäckigkeit haben ausgereicht, das Volk für sich zu gewinnen". Das Jubiläumsposter zeichnet der aus Valencia stammende Künstler Josep Segrelles, einer der fähigsten und prominentesten Illustratoren des 20. Jahrhunderts.

Erfolgreich verläuft Barças Kampagne zur Gewinnung neuer Mitglieder: 25 Jahre nach der Gründung sind es schon 12.207.

Eklat in Les Corts

Zur Saison 1924/25 verstärkt sich der FC Barcelona mit dem deutschen Abwehrspieler Emil „Emilio" Walter. In Deutschland spielte Walter während des Ersten Weltkriegs bereits 16-jährig für die 1. Mannschaft des FC Germania Brötzingen. 1922 hatte der gelernte Kaufmann die inflationsgeplagte Heimat verlassen und war nach Katalonien ausgewandert. Dort schloss er sich zunächst Unió Esportiva Figueres an, bevor Barça auf ihn aufmerksam wurde. Walter wird bis 1933 242 Pflichtspiele für den FC Barcelona bestreiten und dabei dreimal den Copa del Rey gewinnen. Laut dem Fußballforscher Andreas Wittner wird Walter zeitweise als bester Verteidiger Spaniens gehandelt. Für die deutsche Nationalelf reicht es trotzdem nicht, denn der DFB mag keine Profis und Legionäre. Für Spanien wiederum kann Walter wegen seiner deutschen Staatsangehörigkeit nicht auflaufen. Nur in der Auswahl Kataloniens darf der populäre Deutsche mitwirken.

Am 14. Juni 1925 ist das Barça-Stadion Les Corts Bühne eines Benefiz-Spiels, bei dem sich der FC Barcelona und der ebenfalls in Barcelona beheimatete Klub Jupiter gegenüberstehen. 14.000 Zuschauer sind ins Stadion gekommen. Die Eintrittsgelder sollen dem Orfeó Català zugutekommen, einer 1891 von Lluís Millet und Amadeu Vives gegründeten Chor-Gemeinschaft mit Sitz in Barcelonas Palau de la Música Catalana, noch heute der berühmteste Chor Kataloniens. Orfeó Català war als Tribut an Josep Anselm Clave (1824-74) ins Leben gerufen worden, Chorleiter, Komponist und Poet sowie katalanisch-nationalistischer Politiker. Clave, dessen Name einem noch heute in vielen Orten Kataloniens auf Straßenschildern begegnet, hatte die Chormusik der Arbeiterschaft nähergebracht.

Die Chor-Gemeinschaft spielte beim Revival der katalanischen Kultur eine bedeutende Rolle, aber die Benutzung der katalanischen Sprache ist unter dem Militärregime verboten. Die Militärs erlauben die Begegnung, verbieten aber die Spende an Orfeó. Arthur und Ernest Witty haben eine Kapelle der britischen Royal Marines engagiert, die zu diesem Zeitpunkt im Hafen von Barcelona liegen. Nicht wissend, auf welch einem politischen und kulturellen Minenfeld sie sich bewegen, spielen die Musiker vor dem Anpfiff die spanische Nationalhymne, was das Barça-Publikum mit einem gellenden Pfeifkonzert quittiert. Daraufhin wechselt man mitten im Lied zur englischen Nationalhymne über – und das Publikum applaudiert.

Die Militärs, im Stadion vertreten durch den Generaloberst Milans del Bosch, spanischer Befehlshaber für Katalonien, fühlen sich brüskiert. Primo de Rivera lässt das Stadion des FC Barcelona für sechs Monate schließen. Auch der Orfeó Català darf eine Zeitlang nicht öffentlich auftreten.

Barça-Präsident Joan Gamper wird von den Machthabern „nahegelegt", mit Rücksicht auf seine körperliche Unversehrtheit das Land für einige Zeit zu verlassen, was er dann auch für sechs Monate tut. Gamper legt sein Amt als Barça-Präsident nieder und formuliert in seiner Rücktrittserklärung, der FC Barcelona habe niemals aufgehört, sich „getreu der Situation nur an sportlichen Zielen zu orientieren". Die gegenwärtige Situation entspräche nur dem Wunsch, „ein patriotisches Ziel zu erreichen".

Im Exil kann sich Gamper nicht mehr ausreichend um seine Geschäfte kümmern, außerdem leidet er unter Depressionen. Gamper ist ein gebrochener Mann, der sein Lebenswerk FC Barcelona zerstört sieht. Zwar darf er nach Barcelona zurückkehren, aber nur unter der Bedingung, keinen Kontakt zum Klub zu unterhalten. Manuel Tomás: „Dieses Abseitsstellen konnte er kaum ertragen, und er fiel in eine schwere Depression."

Der FC Barcelona verliert auch Arthur Witty, den die Politisierung des FC Barcelona stört. Witty bleibt zwar Barça-Fan, geht aber mehr und mehr auf Distanz zum Klub und widmet sich vornehmlich seinen Geschäften. Gemeinsam mit seinem Sohn Frederick sorgt er dafür, dass in den 1930ern Unternehmen wie Cadbury, Johnnie Walker, Unilever und Bovril den spanischen Markt betreten.

Gampers Freitod
In den neun Spielzeiten 1923/24 bis 1931/32 heißt Kataloniens Meister achtmal FC Barcelona. Der Copa del Rey wird 1925, 1926 und 1928 gewonnen. 1928 bedarf es hierzu gleich dreier Spiele. Zweimal trennen sich Barça und der baskische Klub Real Sociedad San Sebastián unentschieden, die dritte Auflage gewinnt Barça in Santander mit 3:1. Beim ersten Aufeinander-

treffen mit Real Sociedad heißt Barças Bester in einem brutalen Spiel Ferenc Platko. Der ungarische Keeper hatte 1923 die Nachfolge von Ricardo Zamora im Tor des FC Barcelona angetreten. Der anwesende Dichter Rafael Alberti ist von Platkos Heldentaten so hingerissen, dass er ihm anschließend eine „Oda A Platko" widmet.

1926 legalisiert Spanien den Professionalismus. Josep Samitier und Ricardo Zamora sind die ersten Großverdiener im spanischen Fußball. Mit der Saison 1928/29 wird zudem eine nationale Liga eingeführt, die Primera División. Bis dahin hat jede spanische Provinz oder Region ihre eigene Liga und Meisterschaft wie den Campeonato de Catalunya oder den Campeonato Centro in Madrid und Umgebung. Diese regionalen Meisterschaften besaßen eine enorme Bedeutung, denn die jeweiligen Champions qualifizierten sich für den Copa del Rey, der somit zunächst eine Mischung aus Meisterschaft und Pokal war, ähnlich der Deutschen Fußballmeisterschaft vor Einführung der Bundesliga.

Erster Meister der Primera División wird der FC Barcelona, dank einer starken Rückrunde, in der sich Barça nur gegen die Lokalrivalen Europa Barcelona und Español mit einem Remis begnügen muss, und nicht zuletzt dank Samitier. Der Vorsprung auf Vizemeister Real Madrid beträgt zwei Punkte. Die Meisterschaft von 1929 wird Barças letzte bis 1945 bleiben.

Ebenfalls 1929 ist Barcelona zum zweiten Mal nach 1888 Schauplatz der Weltausstellung. Im Vorfeld wird die Stadt erneut und nicht zum letzten Mal umgebaut. Zahlreiche öffentliche Projekte werden angepackt, so der Bau der ersten U-Bahn-Strecke zwischen Plaça Catalunya und Plaça d'Espanya. Der Stadtberg, der Montjuic, wird erschlossen, wozu auch der Bau eines neuen Stadions gehört, und der Placa d'Espanya erneuert. Es entstehen eine Reihe von Gebäuden im Stil der katalanisch-neoklassizistischen Bewegung Noucentisme. Der deutsche Pavillon von Mies van der Rohe (Bauhaus) kündigt einen internationalen Trend zum Rationalismus an.

Die rege Bautätigkeit treibt jährlich über 30.000 Zuwanderer in die katalanische Metropole, die den Baufirmen als billige Arbeitskräfte dienen. Gab einst die Textilindustrie in Katalonien den Ton an, so treten nun die Produktion von Stahl und die Kaligewinnung mit ausländischer Kapitalmehrheit in den Vordergrund.

Zur Eröffnung des neuen Stadions auf dem Montjuic empfängt eine Fußballauswahl Kataloniens am 20. Mai 1929 die Bolton Wanderers, die als frischgebackener FA-Cup-Gewinner nach Barcelona kommen. Die Katalanen überfahren die Engländer mit 4:0. Unter den 70.000 Zuschauern befindet sich auch Walther Bensemann, der deutsche Fußballpionier und Begründer des *Kicker*, der anschließend vor allem von einem Spieler schwärmt: „Der beste Mann auf dem Platz, vielleicht zugleich mit dem ewig jungen Samitier und dem englischen Linksaußen, war der in Barcelona ansässige Emil Walter aus Brötzingen bei Pforzheim, ein ebenso guter Fußballer wie patenter Mensch. Nichts hat mich in Barcelona so gefreut, als bei diesem Spiel einen Landsmann in so angenehmer Rolle wirken zu sehen."

Am 28. Januar 1930 sieht sich Primo de Rivera zum Rücktritt gezwungen. Das Regime versucht damit einer Eskalation der Unruhen und der Entwicklung zum offenen Aufstand zuvorzukommen. Politischer Druck und internationale Finanzkrise haben den Zusammenbruch der Diktatur beschleunigt. De Riveras Nachfolger wird General Brenguer. Die Militärdiktatur hat auch die Monarchie diskreditiert. In Katalonien breitet sich eine Protestbewegung gegen den König aus. Zu den sozialen Spannungen im Land gesellt sich auch der Gegensatz zwischen Katalonien und dem Rest Spaniens.

Am 30. Juni 1930 erschießt sich Hans „Joan" Gamper in seinem Haus in der Carrer de Girona Nr. 4 in Barcelona. Beim Börsencrash von 1929 hat der Kaufmann sein gesamtes Vermögen verloren. Tausende folgen seinem Sarg. Im *Kicker* formuliert Walther Bensemann, der Gamper persönlich kannte, folgenden Nachruf: „Einem jeden, der heute über internationalen Sport schreibt, wird *ein* Name in Erinnerung kommen und damit tiefer Schmerz, dass einer der ganz Großen von uns genommen ist. Ich rede von Hans Gamper, der aus Zürich stammte, von dort nach Spanien ging und in Barcelona den Fußballsport einführte. (…) Der Verlust dieses gebornen Sportführers ist schwer, der Verlust des Menschen unersetzlich. Seine Verdienste um den spanischen Rasen- und Wassersport waren immens; kein großer europäischer Fußball-Club existiert, der nicht Gampers Gastfreundschaft in Barcelona genossen hätte. Zumal während der Inflationszeit hat dieser weitblickende Mann unzählige Vereine des Auslandes auf Jahre hinaus saniert. Wochenlang konnten sich die ausgehungerten Spieler an den catalonischen Fleischtöpfen sättigen, um dann ihren ausgepoverten Klubs Zehntausende von Peseten heimzubringen. Wer von Barcelona zurückkehrte, lobte den idealen Führer, der bei allen Verhandlungen stets großzügig blieb, alle Streitigkeiten schlichtete und allen Verdruss einsteckte. Kam eine Mannschaft um 5 Uhr morgens in Barcelona an, war er an der Bahn; fuhr sie um Mitternacht weg, sah man die riesige Gestalt aus der Bahnhofshalle heraus zum Abschied winken. Seine Freigebigkeit war sprichwörtlich; sowie einer, der mit ihm am Tisch saß, zahlen wollte, kam die typische abwehrende Handbewegung mit dem typischen ‚dumm's Züg!'. Von allen Pionieren der Bewegung, die ich gekannt habe, war er der beste, vornehmste, beliebteste, bescheidenste. Er besaß die große Gabe, andere Menschen wie ein Kind bewundern zu können, und wenn er erzählte, wie sein Freund Hans Enderli als 15-jähriger Bub in den politischen Versammlungen Zürcher Bürger über Sport und andere Dinge gesprochen hatte, dann leuchteten seine Augen. Er war das, was Horaz eine anima candida genannt hat."

Kapitel 3

Fußball und Bürgerkrieg

Am 6. August 1936 befindet sich Josep Sunyol, seit 1935 Präsident des FC Barcelona, auf dem Weg in die Sierra de Guadarrama, einer Bergkette, die sich von Südwesten nach Nordosten erstreckt und dabei südlich in die Provinz Madrid hineinragt. Drei Wochen zuvor ist in Spanien ein erbitterter Bürgerkrieg ausgebrochen, bei dem sich die Verteidiger einer demokratischen Republik und die faschistischen Rebellen des Generals Francisco Franco gegenüberstehen.

Der Fußball ist in den Hintergrund getreten, Sunyol ist in politischer Mission unterwegs. Am 4. August hat er sich noch in Valencia aufgehalten, am Tag darauf ist er nach Madrid gereist. Und nun geht es weiter in die Guadarrama-Berge, wo Sunyol Republikaner treffen will, die noch südlich von Madrid Stellungen halten. Seinen Wagen, nebst Chauffeur eine Leihgabe der republikanischen Militärs, schmückt eine katalanische Standarte. Denn Sunyol ist nicht nur Barça-Boss. Der aus einer wohlhabenden, katalanistisch gesinnten Familie stammende Anwalt ist überzeugter Sozialist, Republikaner und Katalanist, Mitglied der Acció Catalana, einer linksgerichteten katalanischen Gruppierung mit einem gewissen Faible für den Anarchismus. Zudem fungiert er als Parlamentsabgeordneter der 1931 gegründeten links-republikanischen Esquerra Republicana de Catalunya (ERC, zu deutsch: „Republikanische Linke Kataloniens"), einem Zusammenschluss mehrerer linker und republikanischer Parteien.

Dem FC Barcelona ist Sunyol 1925 beigetreten, dem Barça-Vorstand gehört er seit 1928 an. 1930 hat er die linke Zeitung *La Rambla* aus der Taufe gehoben, in der er sich um eine Verzahnung von Fußball und katalanischer Politik bemüht. Nicht nur dem FC Barcelona dient Sunyol als Präsident, sondern auch dem katalanischen Automobilklub (Reial Automòbil Club de Catalunya) und dem katalanischen Fußballverband (Federaciò Catalana de Futbol).

Mord in den Bergen

Die Gegend, die Sunyol nun am 6. August 1936 durchquert, ist eines der hauptsächlichen Schlachtfelder im Ringen um die Kontrolle über Madrid. Wobei zuweilen unklar ist, wer wo genau das Sagen hat, Republikaner oder Falangisten. Hinter dem Ortsausgang der Kleinstadt Guadarramas, wo die Straße in die Berge ansteigt, wird Sunyols Wagen von falangistischen Milizionären gestoppt. Sunyol wird verhört und noch am gleichen Abend standrechtlich erschossen. Javier Cáceres: „Für den FC Barcelona war sein Tod ähnlich aufwühlend wie der Mord am Dichter Federico García Lorca für das kulturelle Spanien. Der Poet wurde kurz nach Kriegsausbruch von Mitgliedern der Guardia Civil, der militarisierten Polizei, verhaftet und erschossen."

40 Jahre später, am Ende der Franco-Herrschaft, ist Sunyol beim FC Barcelona in Vergessenheit geraten. Und in der sensiblen Phase des Übergangs zur Demokratie möchte die Klubführung nicht mit der Erinnerung an einen Linksrepublikaner und „Separatisten" provozieren. Erst 1996, anlässlich des 60. Todestags von Josep Sunyol, nimmt sich der FC Barcelona wieder seiner an.

Sunyol ist nicht der einzige Präsident, den Katalonien als Folge des Bürgerkriegs verliert. Im Sommer 1940 fordert *El Caudillo* Francisco Franco, Spaniens neuer Führer, Vichy-Frankreichs Marschall Pétain auf, 3.617 über die Grenze geflüchtete Republikaner auszuliefern. Einer der Gesuchten ist Lluís Companys, Barça-Fan, Sunyol-Vertrauter, ehemals Bürgermeister von Barcelona und Präsident der Regierung Kataloniens.

Nach der Eroberung Kataloniens durch die Truppen Francisco Francos war Lluís Companys über die Grenze nach Perpignan geflohen, später siedelte er nach Paris über, um in der katalanischen Exilregierung mitzuarbeiten. Nach der deutschen Besatzung zog er sich nach La Baule-les-Pins (Pyrénées-Atlantiques) zurück. Er blieb in Frankreich, um den Kontakt mit seinem geisteskranken Sohn Micó zu halten. Das Vichy-Regime stimmt nur wenigen Auslieferungsbegehren zu. Aber sieben führende Köpfe der Republikaner werden der deutschen Gestapo übergeben, darunter Lluís Companys. In seiner alten Heimatstadt wird er am 15. Oktober 1940 von einem Sondergericht in einem eintägigen Schnellverfahren zum Tode verurteilt und auf Barcelonas Stadtberg Montjuic hingerichtet.

An Josep Sunyol erinnert seit dem 4. Juni 1996 ein unscheinbarer Stein am Rande Guadarramas. Die Inschrift ist schlicht, vermeidet jeden Hinweis auf Sunyols Rolle als Präsident des FC Barcelona und ERC-Politiker und bevorzugt die kastilische Version seines Namens: „José Suñol Garriga: Barcelona 21-VII-1998; Guadarrama 6-VIII-1036." Lluís Companys zu Ehren wird man später das Estadi Olimpic auf dem Montjuic in Estadi Olimpic Lluís Companys umbenennen und am Eingangstor der Arena eine Gedenktafel für den Ermordeten anbringen.

Demokratie und Autonomie

Am 12. April 1931 hatte man auf Barcelonas Straßen noch gejubelt. Primo de Riveras Nachfolger Brenguer hatte in ganz Spanien Kommunalwahlen ausgerufen, als ersten Schritt der Rückkehr zu einer verfassungsmäßigen Ordnung. Überraschend gewinnen am 12. April in allen spanischen Städten die Republikaner. In Barcelona, wo der Barça-Fan Lluís Companys zum Bürgermeister gewählt wird, ist die Euphorie besonders groß. König Alfonso XIII. dankt ab, und am 14. April 1931 wird die Zweite Spanische Republik ausgerufen. Die Zentralregierung in Madrid stellen nun Republikaner und Sozialisten. Am 9. September 1932 erhält Katalonien ein Autonomiestatut und eine Regionalregierung, die Generalitat. Aus den am

20. November 1932 abgehaltenen Wahlen zum katalanischen Regionalparlament geht die ERC als klarer Sieger hervor. Ihr Führer Francesc Marcià erklärt zunächst die Unabhängigkeit Kataloniens, stimmt jedoch später dem Modell katalanischer Autonomie innerhalb einer spanischen Republik zu. Das „autonome" Barcelona avanciert zu einem Zentrum der Avantgarde. Am 12. Juni 1933 beerbt Lluís Companys den verstorbenen Francesc Marcià als Regierungschef Kataloniens. Bei den Wahlen zum spanischen Parlament am 19. November 1933 geht jedoch die vereinigte Rechte als Sieger hervor. Am 6. Oktober 1934 ruft Companys in einer „spanischen Oktoberrevolution" den „Staat Katalonien innerhalb der föderalen Republik Spanien" aus. Aber die Generalitat befehligt keine Armee, weshalb das Abenteuer schnell beendet ist. Madrid schlägt zurück: Das Autonomiestatut von 1932 wird aufgehoben, die Generalitat suspendiert, und ihre Führer werden verhaftet. Companys wird zunächst auf dem Kriegsschiff „Uruguay" im Hafen von Barcelona festgehalten, später nach Madrid verlegt und mit der gesamten katalanischen Regierung zu 30 Jahren verschärfter Haft verurteilt.

Doch 1936 zerbricht die rechte Koalition in Madrid an internen Querelen. Bei den Wahlen vom 16. Februar 1936 gewinnt die Frente Popular (Volksfront) aus Stalinisten, Linkskommunisten, Republikanern und radikaldemokratischen Katalanisten. Allerdings verfügt die neue Regierung nur über eine knappe Mehrheit.

Infolge des Wahlsiegs wird Lluís Companys aus der Haft entlassen und in Katalonien die Generalitat wiederhergestellt – unter der Führung von Companys. Die Region erlebt einige ungewöhnlich friedliche Monate. In anderen Teilen Spaniens wachsen indessen die Spannungen. Rechte Politiker weigern sich, den Verlust der Macht anzuerkennen, und ihre Verbündeten im Militär starten Vorbereitungen für einen Staatsstreich.

Barça wird „kollektiviert"

Für die Ausrichtung der Olympischen Spiele 1924 hatte sich auch Barcelona beworben. Doch der französische IOC-Präsident Baron Pierre de Coubertin hintertrieb dieses Ansinnen, indem er in einem Brief an alle IOC-Mitglieder um die Wahl von Paris als Austragungsort bat. Auch die Austragungsorte für 1928 (Amsterdam) und 1932 (Los Angeles) wurden sehr frühzeitig festgelegt.

1936 sollte es nun endlich klappen. Die IOC-Sitzung, die über die Ausrichterstadt entscheiden sollte, fand 1931 in Barcelona statt, was sich wegen der revolutionären Wirren aber nicht als Vorteil erwies. Nur 19 IOC-Mitglieder konnten nach Katalonien reisen. Die abwesenden Mitglieder mussten per Briefwahl entscheiden. Die Auszählung ergab 43 Stimmen für Berlin und nur 19 für Barcelona. Als infolge der nationalsozialistischen Machtübernahme aus den Spielen in Berlin „Nazi-Spiele" zu werden drohen, will die verhinderte Olympiastadt Barcelona der NS-Propagandashow etwas entgegensetzen: eine Volksolympiade auf dem Montjuic, die Olimpiada Popular.

Etwa 6.000 Sportler aus 22 Ländern melden sich an. Der größte Teil der Sportler soll aus den USA, Großbritannien, den Niederlanden, der Tschechoslowakei, Dänemark, Norwegen, Schweden und Algerien kommen. Auch im Exil lebende deutsche und italienische Sportler wollen nach Barcelona reisen. Viele Athleten werden von Gewerkschaften, sozialistischen und kommunistischen Parteien gesandt.

Die Spiele sollen vom 19. bis 26. Juli 1936 stattfinden und somit sechs Tage vor Beginn der IOC-Veranstaltung in Berlin enden. Doch am 17. Juli beginnt der bewaffnete Putsch von General Francisco Franco und anderen Armeeoffizieren gegen die Republik. Die Rebellion der Faschisten hat ihren Ausgangspunkt in einer Militärrevolte in Spanisch-Marokko. Die Fremdenlegion (Tercio) wechselt per Luftbrücke aufs europäische Festland – mit Hilfe von Hermann Görings Luftwaffe, es ist der erste deutsche Kriegseinsatz seit der Niederlage von 1918. Die

Putschisten um Franco erhalten Unterstützung durch die anti-demokratisch eingestellte katholische Kirche, die sich in einer zweiten Reconquista wähnt – diesmal nicht gegen die Mauren, sondern die „jüdisch-bolschewistische Weltverschwörung". Bischöfe sprechen vom „erhabensten Kreuzzug" gegen „absurde Doktrinen" oder die „Söhne Kains", gemeint sind „Kommunisten und Anarchisten".

In Barcelona kommt es zu ersten bewaffneten Konflikten, die Olimpiada Popular wird abgesagt. Sehr zum Leidwesen von Angel Mur, Platzwart des Barça-Stadions Les Corts, der am 3.000-Meter-Hindernislauf teilnehmen will. Anstatt den Montjuic zu erklimmen, muss sich Mur zwei Tage lang in seinem Haus verschanzen: „Überall waren Schießereien. Den ganzen Tag über rannten Menschen mit Pistolen und Gewehren durch die Stadt. Ich war Sportler, kein Politiker, und mein Rennen war abgesagt worden." Die meisten der Olimpiada-Teilnehmer, die bereits in der Stadt sind, reisen schnellstmöglich ab. Mindestens 200 bleiben und schließen sich dem Kampf zur Verteidigung der Republik an, so beispielsweise Emanuel Mink, der Kommandant der jüdischen Einheit der Internationalen Brigaden „Botwin" wird.

Einige Wochen nach Ausbruch des Bürgerkriegs muss der verhinderte Alternativ-Olympionike Angel Mur den FC Barcelona und Les Corts gegen die Anarchisten von der CNT-FAI verteidigen. Am Morgen des 16. August 1936 entdeckt er im Stadion eine Gruppe von Männern, die Plakate aufhängen, auf denen die sofortige Enteignung des Klubs durch die anarchistische Arbeiterbewegung verkündet wird. Der Platzwart alarmiert den Barça-Vorstand. Dieser erklärt tatsächlich seine Auflösung und wird durch ein „Arbeiterkomitee" ersetzt. Doch in diesem Komitee sitzen auch Mur und Klubsekretär Rosendo Calvet. Zwei Monate später erhalten sie Verstärkung durch drei ehemalige Barça-Direktoren, die als Vertreter der Mitglieder ins Komitee einziehen. Mur, Calvet und ihre Mitstreiter sorgen dafür, dass der formal erste „kollektivierte" Klub Europas weiterhin eine pluralistische Einrichtung bleibt.

Krieg zwischen Moderne und Konservativismus

Der europäische Bürgerkrieg, der de facto seit dem Ersten Weltkrieg schwelt und in dem ein großer Teil der europäischen Kulturlandschaft die Ideen von 1789 zurückweist, findet in Spanien seinen greifbarsten Ausdruck. Der italienische Politologe Enzo Traverso resümiert in seinem brillanten Werk „Im Bann der Gewalt" (2007) den Spanischen Bürgerkrieg als „einen Krieg zwischen der Moderne und dem Konservativismus, in dem die Vertreter des katholischen und ländlichen Spaniens denen des modernen Spaniens, das die Republik verkörperte, entgegentraten. Zudem war es ein Nationalkrieg, in dem die imperiale kastilische Tradition gegen das Autonomiebestreben der Regionen, vor allem Kataloniens, kämpfte. Darüber hinaus war es aber auch ein Klassenkrieg des städtischen und ländlichen Proletariats gegen das Kapital und den Grundbesitz, der von einem Krieg zwischen dem Faschismus und der Demokratie begleitet wurde. Überdies gab es auch noch einen Bürgerkrieg innerhalb des Bürgerkriegs, da sich auch im republikanischen Lager selbst Revolution und Konterrevolution gegenüberstanden, was im Mai 1937 in Katalonien sogar zu bewaffneten Auseinandersetzungen führte. Nicht zuletzt war es ein europäischer Krieg zwischen der Demokratie und dem Faschismus, in dem das franquistische Lager vom Italien Mussolinis und von Hitler-Deutschland unterstützt wurde, während die Sowjetunion die republikanischen Kräfte mit Waffen belieferte."

Im Kampf gegen Francos Truppen erhält die republikanische Regierung Unterstützung durch Freiwilligenverbände aus zahlreichen Ländern. In den Internationalen Brigaden kämpfen ca. 40.000 Mann, darunter auch 5.000 Deutsche. Die Brigaden sind politisch heterogen. In ihren Reihen finden sich bürgerliche Liberale und Intellektuelle (George Orwell, Alfred Kantorowicz), Stalinisten, Sozialisten, Anarchisten etc. Prominente Schriftsteller arbeiten als Berichterstatter und schaffen eine Gegenöffentlichkeit zur Propaganda Francos und der Achsenmächte. Ilja Ehrenburg berichtet für *Istwestija*, Arthur

Koestler für den *New Chronicle,* Kim Philby für die *Times,* Ernest Hemingway, Louis Aragon und Antoine de Saint-Exupéry sind ebenfalls vor Ort. Ebenso profilierte Fotografen wie Robert Capra, David Semur, Hans Namuth und Georg Reisner, die Fotoreportagen für Magazine in aller Welt erstellen. Erstmals wird die Fotografie zur politischen Waffe im Kampf um die Sympathien des Publikums.

Nach den Machtübernahmen Mussolinis (1924) und Hitlers (1933) sieht die europäische Linke in den Siegen der Volksfrontbündnisse in Spanien und Frankreich (Mai 1936) eine Trendwende. Spanien wird zum Schlachtfeld, wo der Gegner endlich zu stellen ist. Willy Brandt schreibt von der „ersten offenen Schlacht gegen den internationalen Faschismus".

Tatsächlich scheitert der Putsch der Militärs um Franco und Emilio Mola zunächst in Katalonien mit Barcelona, in Valencia, Madrid, Andalusien, Asturien und im nördlichen Teil des Baskenlandes. Doch aus dem Putsch wird ein Bürgerkrieg, der fast drei Jahre tobt und einen enormen Blutzoll fordert. Der amerikanische Historiker Gabriel Jackson schätzt, dass 100.000 während der Kampfhandlungen fielen, 10.000 bei Bombenangriffen und 50.000 kriegsbedingt an Krankheiten und Hunger starben. Weitere 150.000 bis 200.000 wurden Opfer der politischen Repression, wobei mindestens zwei Drittel davon auf das Konto der Franquisten gingen.

Ligafußball in einem geteilten Land

Kein gesellschaftlicher Bereich bleibt vom Bürgerkrieg verschont, schon gar nicht der Fußball. Im Februar 1937 verlegt der spanische Fußballverband sein Hauptquartier von Madrid nach Barcelona. Im Juni desselben Jahres bilden die Anhänger Francos in San Sebastián einen Alternativverband, der sich für allein rechtmäßig erklärt. Im Geltungsbereich dieses Verbandes liegen einige der prominentesten Klubs Spaniens, so FC und Betis Sevilla, Real Saragossa, Celta Vigo, Deportivo La Coruña und Athletic Bilbao.

Die FIFA steht vor einem Dilemma, da ihre Statuten nur die Anerkennung eines Verbandes pro Land vorsehen. Der Weltverband lässt den etablierten und von republikanischen Kräften dominierten offiziellen Verband im Regen stehen, indem er ausnahmsweise und vorübergehend beiden Organisationen seine Anerkennung erteilt. So hält sich die FIFA für den Ausgang des Bürgerkriegs alle Optionen offen. Nach dessen Ende wird der italienische Vertreter im Exekutivkomitee der FIFA, der Faschist Giovanni Mauro, ein öffentlicher Unterstützer der Franco-Bewegung, einen Alleinvertretungsanspruch des Fußballverbandes in San Sebastián durchsetzen.

Ein Produkt des Bürgerkriegs ist auch die noch heute existierende Sporttageszeitung *Marca*, deren Erstausgabe 1938 erscheint und auf ihrem Titelblatt ein blondes Mädchen mit dem Faschistengruß zeigt.

Die nationale Liga stellt nach der Saison 1935/36 ihren Spielbetrieb ein. In einem Land, das in eine republikanische und anti-republikanische Zone geteilt ist, erscheint ein gemeinsamer Spielverkehr undurchführbar. Die Klubs in den republikanisch beherrschten Teilen Spaniens messen sich nun in einer „Mittelmeer-Liga" miteinander. Die acht Teams kommen aus Katalonien und der Region Valencia. 1937 wird Barça vor Espanyol Champion der Liga. 72 Jahre später, im April 2009, kündigt der FC Barcelona an, dass er von Historikern prüfen lasse, ob der Liga-Gewinn von 1937 als spanische Meisterschaft zu werten sei. Vorausgegangen ist eine Entscheidung des spanischen Parlaments, UD Levante nachträglich zum Cupsieger des Jahres 1937 zu küren, in dem die Valencianer den Pokal in der republikanischen Zone gewonnen hatten.

Als während der Saison 1937/38 das republikanische Territorium weiter schrumpft, wird eine Lliga Catalunya organisiert, der ausschließlich katalanische Klubs angehören.

Kicken im Exil

Die katalanischen Kicker, die sich vor den Franco-Truppen ins Exil absetzen, sind nicht die ersten Fußball-Flüchtlinge der Geschichte. Eine politisch motivierte Emigration von Fußballern gab es bereits kurz nach dem Ersten Weltkrieg. Schauplatz war Wien, die erste multikulturelle Stadt auf dem Kontinent. Wien war eine Einwandererstadt – vor allem für Tschechen, Ungarn sowie ost- und mitteleuropäische Juden. Genau hieraus sollte der Wiener Fußball seine Stärke beziehen. Wien avancierte zur ersten kontinentalen Fußballmetropole, Anziehungspunkt für ausländische Spieler auch deshalb, weil Österreich 1924 als erstes kontinentales Land das Profitum legalisierte.

1919 hatte in Ungarn der rechtsgerichtete Admiral Miklos Horthy mit der Armee die Macht übernommen. Es folgte der „weiße Terror", der sich vor allem gegen die Juden im Land richtete, unter denen sich überproportional viele Aktivisten und Befürworter der rätekommunistischen Bewegung Bela Kuns befanden. Im Sommer 1919 nutzten prominente Spieler des als „jüdisch" firmierenden Budapester Klubs MTK eine Deutschland-Tournee ihres Teams, um den drohenden autoritären Verhältnissen in ihrer Heimat zu entkommen. Der als Fußballgott gefeierte Alfred „Spezi" Schaffer und Peter Szabo blieben in Deutschland, Schaffer spielte später aber auch u. a. für Austria Wien. Ferenc Platko, Barças erster Ungar, verließ ebenfalls das Land und schloss sich zunächst dem Wiener Association Football-Club an, bevor er vorübergehend nach Budapest zurückkehrte. Als MTK Budapest 1922 eine Spanien-Tournee unternahm, blieb der Keeper, von den Barça-Verantwortlichen als Nachfolger von Ricardo Zamora ausgeschaut, in Barcelona hängen.

Der spanische Bürgerkrieg löste eine weitere Welle von Fußball-Flüchtlingen aus. Im März 1937 erobern Francos Truppen das Baskenland, im Juni fällt auch dessen industriell bedeutende Metropole Bilbao in ihre Hände. Um den Wirren des Bürgerkrieges zu entgehen und für die republikanische und baskische Sache zu werben, startet im April 1937 ein Team mit dem Namen „Republik Euskadi" eine Auslandstournee, darunter immerhin sechs Akteure aus dem spanischen WM-Kader von 1934. Man absolviert Freundschaftsspiele zunächst in Frankreich (Racing Club de Paris, Olympique Marseille, Sète) und der Tschechoslowakei, bevor man Ende Juni in der Sowjetunion eintrifft. Von den neun Begegnungen in Moskau, Kiew, Tiflis und Minsk werden sieben gewonnen. Lokomotive Moskau unterliegt den Basken mit 1:4, Lokalrivale Dynamo mit 4:7. Auch Dynamo Kiew muss sich den Basken beugen (1:3), ebenso eine Auswahl der Stadt Minsk (1:6). In der Geschichte des sowjetischen Fußballs nehmen diese Spiele eine bedeutende Stellung ein, denn die Vorführungen der Basken revolutionieren den bis dahin von der Außenwelt weitgehend abgeschnittenen Fußball im kommunistischen Vielvölkerstaat. So machen die Gäste ihre Gastgeber mit dem W-M-System bekannt.

Nach dem Aufenthalt in der Sowjetunion reist das Team nach Lateinamerika, wo die Basken wiederholt in Mexiko City und Havanna auflaufen. Die Rückkehr nach Bilbao ist nach dem Fall der Stadt nicht mehr möglich. Auch in Lateinamerika kann die Euskadi-Auswahl reüssieren. Fast sämtliche Auftritte enden mit einem Sieg der Basken, so auch vier Begegnungen gegen die Nationalelf Mexikos. Die Spiele wurden möglich, nachdem der mexikanische Fußballverband das baskische Team in seinen Reihen aufnahm. In der Saison 1938/39 spielt das Team Euskadi in der mexikanischen Hauptstadtliga mit, wo es hinter Asturias de Mexico den zweiten Platz belegt. Von den 30 baskischen Akteuren bleiben schließlich 28 in Lateinamerika, wo sie den Klubfußball Mexikos und Argentiniens bereichern.

Auch der FC Barcelona geht auf Tour, um eine Auszeit vom Bürgerkrieg zu nehmen. Im April 1937 erreicht den Klub eine Einladung des mexikanischen Geschäftsmannes und ehemaligen Basketballers Manuel Sas Sariano. Barça soll in Mexiko einige Spiele gegen lokale Teams bestreiten. Die Visite wird mit 15.000 Dollar Cash und der Übernahme von Reisekosten und Verpflegung honoriert. In Mexiko erfährt das Team einen warmherzigen Empfang. Seit 1934 wird das mittelamerikanische Land von dem progressiven Politiker und General Lázaro Cárdenas del Rió regiert. Zahllose Flüchtlinge aus Europa finden hier ein Asyl. Allein 1938 nimmt das Land, trotz immenser innen- und wirtschaftspolitischer Probleme, über 40.000 Flüchtlinge des Spanischen Bürgerkriegs auf. Im Mai 1939, nach dem Ende des Bürgerkriegs, erklärt sich die mexikanische Regierung sogar zur Aufnahme von 150.000 republikanischen Flüchtlingen aus dem französischen Exil bereit.

Von Mexiko aus reisen die Barça-Kicker weiter in die USA, wo sie sich in New York u. a. mit einem Team lateinamerikanischer Immigranten – Hispano of Brooklyn – messen. Von 16 Spielern kehren nur vier mit dem irischen Coach Patrick O'Connel und Klubsekretär Rosendo Calvet in die Heimat zurück. Die Mehrheit lässt sich in Mexiko nieder, drei Spieler gehen nach Frankreich ins Exil.

Die Einnahmen aus der Tournee betragen stattliche 12.500 Dollar. Rosendo Calvet trifft eine weise Entscheidung, als er die Summe auf ein Konto einer Pariser Bank einzahlt. Denn in Barcelona droht die Beschlagnahmung im Namen der Revolution. So aber verfügt der Klub über das notwendige Kapital für den Neustart nach dem Bürgerkrieg.

Vom Futbol Club zum Club de Fútbol

Am 16. November 1938 verlieren die Republikaner eine entscheidende Schlacht am Ebro. Einige Wochen später beginnt die Invasion Kataloniens. Am 16. Januar 1939 ziehen Francos Truppen in Barcelona ein. Falangistische Schlägertrupps marodieren durch die Straßen und bedrohen Passanten: „Bell nicht, katalanischer Hund, sprich christlich!" Und die christliche Sprache ist kastilisch. Unter dem Franco-Regime wird das Katalanische seine gründlichste Unterdrückung erfahren. Nach dem Fall Kataloniens überqueren ca. 450.000 Republikaner die

Grenze nach Frankreich. Unter denjenigen, die Zuflucht im Nachbarland suchen, befinden sich auch die Großeltern des späteren französischen Fußballstars Eric Cantona.

Am 28. März 1939 fällt auch Madrid in Francos Hände. Drei Tage später erklärt Franco das Ende des Bürgerkriegs. Zu den ersten Gratulanten gehört Papst Pius XII.: „Der katholische Glaube hat soeben den Anhängern des materialistischen Atheismus unseres Jahrhunderts den erhabensten Beweis dafür geliefert, dass die ewigen Werte der Religion und des Geistes über allem stehen."

Der Terror geht anschließend weiter. Im ersten Jahrzehnt der Franco-Herrschaft werden im Rahmen eines „legalen Bürgerkriegs" ca. 270.000 Republikaner in Konzentrationslagern festgehalten. Mindestens 50.000 Menschen werden vom Regime hingerichtet. Franco zeichnet den Tod durch die Garotte gewöhnlich bei einer Tasse Kaffee ab, im Beisein seines persönlichen Priesters José Maria Bulart. Wer der Todesstrafe entgeht, dem steht eine lange Haftzeit unter schrecklichen Bedingungen in einer der 500 „Besserungsanstalten" bevor.

Unter der Diktatur wird der spanische Sport zentralisiert. Seine Verbände und Vereine verlieren jegliche Autonomie und unterliegen fortan der Kontrolle durch die Delegación Nacional de Deportes de Falange Española Tradicionalista y de la JONS, an deren Spitze der Bürgerkriegsheld und Fußballfan General José Moscardó steht. In einem Akt von Exorzismus lässt Moscardó die „Befreiung" Kataloniens im Barça-Stadion Les Corts feiern, wo 24.000 Falangisten parieren und Ernest Giménez Caballero, ein rechter Intellektueller und Mitverfasser des Anti-Autonomie-Dekrets der Regierung, als Festredner auftritt.

Am 15. Januar 1941 muss sich der Futbol Club Barcelona in Club de Fútbol Barcelona umbenennen. Der katalanische Name fällt dem Verbot der katalanischen Sprache zum Opfer. Auch das Klubemblem muss verändert werden: Zwei der vier Streifen in der katalanischen Fahne werden gestrichen, sodass dieser Teil des Wappens nur noch als Wiedergabe der spanischen Farben erscheint. Offizielle Ankündigungen des Klubs müssen fortan in Spanisch erscheinen, die katalanische Fahne ist im Stadion verboten. Die Mitgliederlisten werden von der Polizei registriert. Nach dem Gewinn von Trophäen pflegte Barça zur „Schwarzen Madonna" im ca. 50 km nordwestlich von Barcelona gelegenen Kloster Montserrat zu pilgern. Dies ist in Zukunft nur mit Auflagen gestattet: Nur noch nach spanischen Meisterschaften darf gepilgert werden, nicht mehr nach katalanischen; die Strecke muss in Bussen, Zügen oder Privatautos zurückgelegt werden und darf nicht den Charakter einer Demonstration annehmen. Weshalb zwischen den einzelnen Fahrzeugen eine Distanz von nicht weniger als zwei Kilometern einzuhalten ist.

Der katalanische Bestseller- und Krimi-Autor Manuel Vázquez Montalbán später: „Francos Besatzungstruppen betraten die Stadt. Auf dem vierten Platz der Liste der Organisationen, die nun verfolgt wurden, stand hinter den Kommunisten, Anarchisten und Separatisten der Barcelona Football Club. Der FC Barcelona verlor den Bürgerkrieg fast in gleichem Maße wie die Arbeiter, die Anarchisten, die Künstler und die Demokraten."

Zahlreiche Barça-Spieler gehen ins Exil. Einige von ihnen kehren zurück, dürfen aber zunächst nicht wieder für die 1. Mannschaft auflaufen. Erster Präsident nach Kriegsende wird der Aristokrat Enrique Pineyro (Marqués de la Mesa de Asta), der zuvor keinerlei Beziehungen zum Klub unterhielt, aber den Franco-Kräften sehr nahe steht. Allerdings umgibt sich der vom Regime Bestellte in seinem Vorstand mit lebenslangen Barça-Männern. Der Pragmatiker Pineyro sorgt dafür, dass der Bann gegen die aus der Emigration zurückgekehrten Spieler auf wenige Monate reduziert wird. In den folgenden Jahren lässt sich immer wieder beobachten, dass auch die Franco-Gefolgsleute im Barça-Vorstand nicht immer einfach nur im Sinne des Regimes handeln können, was ihnen wiederholt Schwierigkeiten mit der Madrider Zentralgewalt beschert.

Kapitel 4

Ein Superstar, ein Superstadion und ein Team der fünf Pokale

Am 24. September 1957 eröffnet der FC Barcelona unweit der Avinguda Diagonal sein Estadi Camp Nou. Die Geschichte der heute legendären Arena beginnt mit dem Eintreffen eines kaum weniger legendären Spielers und dem Ende seiner Odyssee. Zur Saison 1950/51 gelingt dem FC Barcelona die Verpflichtung des Ungarn Ladislao Kubala. Mit dem offensiven Mittelfeldspieler unterhält Barça nun sein erfolgreichstes Team seit den Tagen von Samitier und Alcántara.

In seiner Jugend hat der begnadete Kicker – wie bereits sein Vater – für Ferencváros Budapest gespielt. Im Alter von nur 17 Jahren durfte er erstmals im Nationaldress auflaufen, doch wenig später floh Kubala vor dem Militärdienst in die benachbarte Tschechoslowakei. Der Jungstar heuerte beim SK Bratislava an, mit dem er Meister wurde. Auch die tschechoslowakische Nationalelf, für die der Fahnenflüchtige spielberechtigt war, weil seine Eltern zur slowakischen Minderheit Ungarns gehörten, erfreute sich an seinen Fußballkünsten. 1948 kehrte Kubala nach Budapest zurück, wo ihn Vasas unter die Fittiche nahm. Im Januar 1949 trat er ein zweites Mal die Flucht an, diesmal vor dem kommunistischen Regime. In der Uniform eines Sowjetsoldaten gelangte Kubala in die amerikanische Besatzungszone Österreichs, von dort ging es mit einem falschen Pass nach Italien weiter, das schon damals nach ausländischen Profis gierte. Insbesondere der AC Turin, in den Nachkriegsjahren zunächst die dominierende Kraft im italienischen Fußball, der auch das Rückgrat der *Squadra Azzurra* stellt, war interessiert. Doch ein Engagement scheiterte am Veto der FIFA. Vasas und der ungarische Verband waren so erbost über den Abtrünnigen, dass sie beim internationalen Verband eine einjährige Sperre Kubalas erwirkten. Zum Glück für Kubala, denn am 4. Mai 1949 kommt die komplette Turiner Mannschaft nach einem Spiel bei Benfica Lissabon bei einem Flugzeugunglück ums Leben. In Ungarn erhob man gegen Kubala wegen wirtschaftlicher Vergehen Anklage, und die kommunistische Regierung beantragte seine Auslieferung. Kubala wollte einfach nur kicken, weshalb er in Cinecittà, einem Flüchtlingslager in der US-Besatzungszone, mit anderen „heimatlosen" Kickern ein Team namens „Hungaria" ins Leben rief, das durch Westeuropa tingelte, um Geld für den Lebensunterhalt einzuspielen.

Im Sommer 1950 bringt das Team Hungaria die spanische Nationalelf in einem Testspiel für die WM in Brasilien an den Rand einer Niederlage, beobachtet von der Barça-Legende „Pepe" Samitier, mittlerweile Technischer Direktor und Chefscout der Katalanen. Begeistert vom ungarischen Exilanten – Samitier: „Mit ihm ging der Fußball von der Operette zur Oper über" –, bietet er Kubala einen Vertrag beim FC Barcelona an.

Kubala wird die Massen mobilisieren, und schon bald erweist sich Barças traditionsreiches Stadion Les Corts als zu klein. Noch heute firmiert Camp Nou als „das Haus, das Kubala gebaut hat".

Die Geburt von *El Clásico*

Diktator Franco, *El Caudillo,* ist sportinteressiert – und anders als bei Hitler zählt auch der Fußball zu seinen Leidenschaften. Wenngleich die Kickerei nicht seine erste Passion ist, denn dem Angeln und Jagen ist der Diktator noch mehr zugeneigt. Sein Lieblingsspieler wird Real Madrids Linksaußen Francisco Gento, den er bei Empfängen freundlich mit: „Wie geht es meinem Namensvetter?", begrüßt. Aber auch zur Barça-Legende Josep Samitier pflegt der Diktator ein freundschaftliches Verhältnis.

Im Fußball will Franco den Regionalbestrebungen ein Ventil bieten – eine Strategie, die im Falle des FC Barcelona nicht aufgehen wird. Der katalanische Verein darf Trophäen gewinnen, wenngleich nicht zu häufig. Was es aber vor allem zu verhindern gilt, ist die Politisierung seiner Triumphe.

Dies bekommt der FC Barcelona erstmals Anfang der 1940er Jahre zu spüren. In der Saison 1941/42 entgeht der Verein nur knapp dem Abstieg, gewinnt aber wenig später den Copa del Generalísimo, wie der Copa del Rey nun heißt.

In der folgenden Spielzeit 1942/43 trifft Barça im Halbfinale des Pokals auf Real. Im Stadion Les Corts siegen die *Blaugrana* mit 3:0. Die Kicker aus der Hauptstadt werden mit Schmähungen und Pfeifkonzerten bedacht. Eduardo Teus, ehemals Real-Keeper und nun als Sportredakteur für die rechtskatholische Tageszeitung *Ya!* unterwegs, interpretiert das Verhalten der Barça-Fans als einen Angriff auf die Repräsentanten des Staates. Die Zuschauer hätten sich gegenüber der Nation respektlos gezeigt.

Die Rache folgt auf dem Fuß. Beim Rückspiel in Madrid werden an die Fans der „Königlichen" Trillerpfeifen verteilt. Vor dem Anpfiff betritt José Finat y Escrivá de Romani, Chef der Staatssicherheit, die Barça-Kabine und gibt den Spielern zu verstehen, dass einige von ihnen nur deshalb spielen dürften, weil ihnen das „großzügige" Regime ihre unpatriotische Haltung verziehen habe.

Die ersten 45 Minuten verbringt Barça-Keeper Luis Miró aus Angst vor Wurfgeschossen weit vor seinem Gehäuse. Nahezu jeder Angriff Barças wird vom Schiedsrichter wegen vermeintlicher Abseitsstellung abgepfiffen. Nach 45 Minuten steht es 8:0 für die Hausherren. Als die Barça-Spieler zur zweiten Halbzeit nicht mehr auflaufen wollen, werden sie von einem bewaffneten Uniformierten unter Androhung ihrer Verhaftung aufs Feld gescheucht. Am Ende gewinnt Real mit 11:1.

Die Begegnung vom 13. Juni 1943 bildet den Auftakt einer besonderen, auch politisch begründeten Rivalität zwischen Real und dem FC Barcelona. Selbst die regimetreuen Kräfte in der Barça-Führung fühlen sich brüskiert. Barças Präsident, der Marqués de la Mesa de Asta, erklärt nach dem Skandalspiel und gegenseitigen Beschimpfungen der Klubführungen seinen Rücktritt. Auch der spätere IOC-Präsident Juan Antonio Samaranch, ein katalanischer Franquist, sieht sich als Berichterstatter der Zeitung *La Prensa,* die von einer absolut regimeloyalen Medienkette herausgegeben wird, zu kritischen Zeilen genötigt. Eine 0:4-Niederlage wäre seiner Ansicht nach in Ordnung gewesen, ein Unterschied von zehn Toren sei indes unglaubwürdig. Einige Barça-Spieler hätten aus Furcht vor dem Publikum selbst auf harmloseste Tacklings verzichtet. Auch *La Prensa* übt anschließend Verzicht, nämlich auf die weitere Mitarbeit des Hobby-Journalisten Samaranch.

Dem Marqués de la Mesa de Asta folgt Augustí Montal i Galobert auf dem Präsidentenstuhl, ein Industrieller und Demokrat, der aber vom Regime geduldet wird. Montal stammt aus einer angesehenen Familie von *Barcelonistas,* auch sein Sohn wird später das Präsidentenamt bekleiden. Seine Enkelin, die Ärztin Marta Montal, wird hingegen einen Österreicher namens Peter Löscher heiraten, heute Vorstandsvorsitzender der Siemens AG. Nach Augustí Montal i Galobert werden den Klub mit Francesc Miró-Sans (1953-61) und Emil Llaudet (1961-68) allerdings wieder dem Diktator ergebene Männer führen.

Trotzdem avanciert der FC Barcelona nach der Zerschlagung katalanischer Institutionen und Strukturen Schritt für Schritt zum wichtigsten Symbol antikastilischer Opposition und katalanischer Identität und „zum sichtbaren Zeichen bürgerlichen Widerstands gegen diktatorische Herrschaft" (Manuel Vásquez Montalbán). Insbesondere die Begegnungen gegen Real geraten zu Foren katalanischer Manifestationen. Die riesige Betonschüssel des Nou Camp wird während des *El Clásico* zum unkontrollierten Raum für Gespräche und Gesänge in Katalanisch.

Carles Rexach, Jahrgang 1947, der 1959 als Zwölfjähriger zum FC Barcelona findet und dort Mitte der 1970er mit Johan Cruyff ein starkes Duo bildet: „Da die Katalanen keine politischen Parteien hatten oder eine regionale Regierung oder das Recht, ihre eigene Sprache zu sprechen, investierten sie ihren kompletten kulturellen Stolz in Barça. Bei Barça-Spielen konnten die Menschen jederzeit in Katalanisch schreien, ihre traditionellen Lieder singen – zu einer Zeit, wo sie dies nirgendwo anders tun konnten."

Real und Santiago Bernabéu

Trotz des Skandalspiels vom 13. Juni 1943 erholt sich der FC Barcelona schneller vom Bürgerkrieg als Real Madrid und wird in den Spielzeiten 1944/45, 1947/48 und 1948/49 Meister.

Real war 1902 als Madrid Football Club ins Leben gerufen worden und avancierte rasch zu einem spanischen Repräsentationsklub. Beim Gründungsakt der FIFA am 21. Mai 1904 war Spanien von den sieben Gründungsmitgliedern das einzige Land, das mit dem FC Madrid von einem Verein vertreten wurde. 1920 verlieh ein Erlass des Monarchen Alfonso XIII. dem Klub den Ehrentitel einer königlichen Ballspieltruppe.

1931 verlor der Klub den Beinamen für einige Jahre. Nach der Ausrufung der Republik wurden royalistische Symbole verboten. Während des Bürgerkriegs erlebten die „Königlichen", entsprechend den politischen Machtverhältnissen in Madrid, eine kurze republikanische Phase, die tragisch endete. Reals Präsident Rafael Sánchez Guerra, ein moderater Republikaner, wurde von den Putschisten verhaftet und ging anschließend ins Exil nach Frankreich, wo er eine bedeutende Rolle in der Exil-Regierung spielte. Vize-Präsident Gonzalo Aguirre geriet ebenfalls in die Fänge der Franco-Kräfte und wurde ermordet, Schatzmeister Valero Rivera erlitt das gleiche Schicksal. 1937/38 wurde Real mit Antonio Ortega von einem Kommunisten geführt. Ob Ortega ebenfalls von Franco-Kräften ermordet wurde oder in die Sowjetunion emigrieren konnte, ist unbekannt. Am Ende des Bürgerkriegs war das Real-Stadion Chamartín eine Ruine. Die Holztribünen wurden demontiert, da man in der belagerten Stadt Brennholz benötigte.

Prägender als die kurze republikanische Phase des Klubs sollten nun aber die Franco-Jahre werden, auch weil sie mit dem Aufstieg zur europäischen Topadresse und der ruhmreichsten Ära des Klubs verbunden sind. Der Rechtsanwalt Santiago Bernabéu, der Real seit 1944 vorsitzt, hat im Bürgerkrieg an der katalanischen Front auf Seiten Francos gefochten und brüstet sich damit, Katalonien „befreit" zu haben. Bernabéu bricht nun mit sämtlichen republikanischen Verbindungen Reals und bringt den Klub dem Regime nahe. Laut Javier Cáceres ist Bernabéu weniger Franquist als Monarchist. Vor allem aber hegt er eine tiefe Abneigung gegen die Katalanen und deren Kultur.

Der neue Real-Boss brennt vor Ehrgeiz. Schon kurz nach seiner Wahl nimmt er einen Kredit von fünf Millionen Peseten auf, damit der Klub ein fünf Hektar großes Gelände erwerben kann, auf dem ein gigantisches Stadion entstehen soll. Bernabéu will das größte Stadion Europas errichten, das – gemeinsam mit einem erfolgeichen Klub – Madrids zentrale Rolle in Spanien unterstreichen soll.

Kurz vor Weihnachten 1947 steht mit dem Nuevo Chamartin zumindest das Stadion, das zunächst 75.000 Zuschauern Platz bietet. 1953 wird Reals Arena auf ein Fassungsvermögen von 125.000 ausgebaut. 1955 erfolgt die Umbenennung zum Estadio Santiago Bernabéu.

Doch zunächst ist Real auch in der Hauptstadt nur die Nr. 2. Vor ihm rangiert das „faschistischere" Atlético Madrid, das im Oktober 1939 mit dem Luftwaffenverein zu Atlético Aviación fusionierte, 1940 und 1941 sowie 1950 und 1951 Meister wird und sich zunächst auch mehr als Real der Sympathien des Diktators erfreut. Die letzten beiden Titel erringt der Klub wieder unter seinem ursprünglichen Namen, zu dem die Mitglieder die Führung 1947 gedrängt haben.

Dank einer offiziellen Politik der Neutralität hat das Franco-Regime zwar anders als Hitler-Deutschland und Mussolini-Italien den Zweiten Weltkrieg überlebt, doch der Faschismus ist diskreditiert. Und im re-demokratisierten Westeuropa gelten Spanien und sein iberischer Nachbar Portugal als politische Schmuddelkinder. Am 13. Dezember 1946 empfehlen die Vereinten Nationen den Abzug der Botschafter aus Spanien; 1948 bleibt Spanien von Marshallhilfen ausgeschlossen. Das Regime bemüht sich daraufhin um wirtschaftliche Autarkie, was ein Absinken des Lebensstandards und hohe Arbeitslosigkeit zur Folge hat. Forschung und Entwicklung stagnieren.

Kubala, der Artist

Auf Ladislao Kubala hatte auch Real ein Auge geworfen, was der Umworbene auszunutzen versuchte. Die Verhandlungen zogen sich hin, bis ein entnervter Samitier einem schwer angetrunkenen Kubala einen Vertragsentwurf vorlegte, von dem dieser nicht so recht wusste, ob er nun von Real oder von Barça stammte. Kubala unterschrieb und wurde mit einem Jahresgehalt von 647.850 Peseten zum bis dahin bestbezahlten Spieler in der Geschichte des FC Barcelona.

Das Regime half dabei, die Spielerlaubnis der FIFA einzuholen. Ein Weltstar, der sich aus dem kommunistischen Machtbereich absetzt, um sein Leben und seine Karriere im franquistischen Spanien fortzusetzen, erschien als gelungener Propagandacoup.

Kubala, auch mit dem Talent zum Boxer ausgestattet, ist ein technisch brillantes Kraftpaket. Dirk Gieselmann in der Zeitschrift *11 Freunde* über den ersten internationalen Star des FC Barcelona: „Seinerzeit bestand der Reiz des Spiels weniger in der Athletik heutiger Tage als vielmehr in der Eleganz. Alfredo di Stéfano, der blonde Pfeil, trieb bei Real Madrid den Ball durchs Mittelfeld, und alle schauten ihm zu wie in Erwartung einer Inszenierung, eines vorkomponierten Stücks. Kubala, sein großer Widersacher beim Erzrivalen Barcelona, war sogar noch versierter, aber zuweilen etwas faul. Seine Art zu spielen ist heute wohl noch schwerer vorstellbar als die Alfredo di Stéfanos. Sie war ein letzter Gruß an die Fußballartisten, die dann verschwanden, Arthur Friedenreich etwa, der Brasilianer, José

Andrade, Weltmeister mit Uruguay 1930, oder Matthias Sindelar, der ‚Papierne' – ein letzter Gruß aus einer Welt, die unterging." Schon als Jugendspieler habe er „zu jener seltenen Art von Offensivspielern" gehört, „die sich selbst Tore überlegen". Der FC Barcelona profitiert von Kubalas strategischem Weitblick, seinem exzellenten Passspiel und seiner Kreativität. In elf Jahren im Trikot der *Blaugrana* wird der Ungar in 329 Spielen 243 Tore schießen. Dabei setzen ihm seine Gegner heftig zu, bis an den Rand der Brutalität. In der Regel ohne Konsequenzen, denn in den Franco-Jahren erwerben sich Spaniens „Unparteiische" einen katastrophalen Ruf. „Nichts freute die Franco-Funktionäre mehr, als wenn die Separatisten vom FC Barcelona verloren und der fahnenflüchtige Kubala mit dem Gesicht im Rasen lag." (Gieselmann)

Nach Kubalas Ankunft räumt der FC Barcelona mit der grandiosen Offensivreihe Kubala, Basora, César, Moreno und Manchón und trainiert vom Slowaken Ferdinand Daucik eine Trophäe nach der anderen ab. In der Saison 1951/52 sind es gleich deren fünf. Das „Barça der fünf Pokale" gewinnt die Meisterschaft, den Copa de Generalísimo, den Eva-Duarte-Pokal, den Martini-Rosso-Pokal und den Copa Latina.

Der Copa Latina ist ein 1949 erstmals ausgetragener Wettbewerb der Champions Frankreichs, Italiens, Portugals und Spaniens. Obwohl nur vier Länder beteiligt waren, besaß der Wettbewerb aufgrund der Spielstärke seiner Teilnehmer sportliche Bedeutung. Von den ersten 20 Finalteilnehmern des Europapokal der Landesmeister (1955/56 bis 1964/65) kamen 19 aus diesen Ländern. Im Copa-Latina-Finale von 1952 besiegt der FC Barcelona OGC Nizza in Paris mit 1:0. Auf den Rängen vereinigen sich angereiste Barça-Fans mit in Frankreich lebenden katalanischen Exilanten und schwingen die *senyera*.

Di Stéfano wird Madrilene

1953 hat der FC Barcelona den argentinischen Fußballstar Alfredo di Stéfano von den Millionarios Bogota an der Angel. *La*

Saeta Rubia (Der blonde Pfeil) hat in Barcelona sogar schon unterschrieben, und Barça hat bereits vier Millionen Peseten an River Plate, den eigentlichen „Besitzer" des Spielers, überwiesen. Anders als Ladislao Kubala ist der Sohn eines wohlhabenden Großgrundbesitzers kein Naturtalent, sondern, wie Uli Hesse-Lichtenberger anmerkt, „vor allem ein ausdauernder Arbeiter, der gerne und viel lief und Wert auf Disziplin und Kampfgeist legte". Dies bringt ihm neben *La Saeta Rubia* einen weiteren Spitznamen ein: *El Alemán,* der Deutsche.

Di Stéfano läuft in drei Freundschaftsspielen für Barça auf und hinterlässt dabei einen schwachen Eindruck. Möglicherweise, weil er sich die Hauptrolle mit Kubala nicht teilen will. Real zieht nun sämtliche Register, um den schussstarken und behänden Argentinier doch noch zu Real zu holen. Es beginnt ein langwieriger Transferstreit, in dem der spanische Fußballverband schließlich den obskuren Vorschlag unterbreitet, di Stéfano für beide Klubs spielen zu lassen – abwechselnd jeweils eine Saison in Madrid und Barceona. Der FC Barcelona lehnt dies schließlich ab, erklärt seinen Verzicht auf den Spieler, und Real überweist Barça jene vier Millionen Peseten, die der Klub bereits an River Plate gezahlt hatte.

Kubala und di Stéfano, diese Kombination, hätte sie denn wirklich funktioniert, wäre wohl eine Garantie dafür gewesen, auf Jahre hinweg den spanischen Klubfußball zu dominieren. Weshalb man bis heute in Barcelona der Auffassung ist, dass das Regime am Wechsel di Stéfanos zu den „Königlichen" mitgestrickt habe. So sei der FC Barcelona zum Verzicht genötigt worden. Das Regime habe verhindern wollen, dass der FC Barcelona zu übermächtig werde.

Real lässt sich di Stéfano insgesamt 5,75 Millionen Peseten kosten, da nun auch noch die Millionarios mitkassieren. Es ist der Beginn einer Politik, die noch heute Real kennzeichnet. Bernabéu erkennt schon früh, dass Fußball auch ein Spektakel ist, das von Stars lebt. Di Stéfanos Eintreffen bei Real markiert einen Wendepunkt in der Fußballgeschichte Madrids wie auch

Spaniens. 1952, im Jahr des 50-jährigen Jubiläums, hat Real noch daheim gegen Atlético mit 3:6 und in Barcelona sogar mit 2:7 verloren. Doch nun treten die „Königlichen" aus dem Schatten Atléticos und Barças heraus. Beim ersten Wiedersehen von Barcelona und di Stéfano am 25. Oktober 1953 langt der Argentinier gleich dreimal zu, und Real gewinnt mit 5:0. Am Ende der Saison 1953/54 ist Real erstmals seit 21 Jahren wieder Meister. In den Augen der gedemütigten Katalanen ist Real nur noch das „Regime-Team". Als Real Madrid einen Trainingskomplex errichten will, kommt ihm tatsächlich die Franco-Regierung zu Hilfe. Der Besitzerin des vorgesehenen Geländes wird erzählt, es gehe um den Bau von Sozialwohnungen. Als sie den dafür festgesetzten Preis nicht akzeptieren will, wird das Gelände auf persönlichen Befehl von Franco konfisziert, und der Klub kann mit dem Bau seiner Ciudad Polideportivo Real Madrid beginnen.

Bis heute bleibt umstritten, wie stark Real mit dem Regime verstrickt war. Fakt ist, dass der Verein von allerlei Vergünstigungen profitiert, die der Diktator gewährt. Zahlreiche Funktionäre der Franco-Administration tummeln sich bei Real. Vor allem aber sind es die bereits erwähnten Schiedsrichter, die in Katalonien für Unmut sorgen. Einige von ihnen scheinen – angewiesen oder im vorauseilenden Gehorsam – für Real zu pfeifen, was den spanischen Pfeifenmännern auch international einen nachhaltig schlechten Ruf einbringt. Manuel Vásquez Montalbán: „Franco war ein eingefleischter Madrid-Anhänger. Die spanischen Fußballschiedsrichter wussten das. Wir Katalanen hatten stets den Verdacht, dass sie Madrid systematisch begünstigten. Aber die objektiven und subjektiven Ungerechtigkeiten gegen den geliebten Klub haben nur zur Festigung des Antifranquismus in Katalonien beigetragen."

Europa-Triumphe des Rivalen

Als der französische Journalist Gabriel Hanot im Dezember 1954 in der *L'Équipe* die Idee einer Europameisterschaft der Vereine lanciert, gehört Santiago Bernabéu zu deren heftigsten

Befürwortern. Uli Hesse-Lichtenberger zu den Motiven Bernabéus: „Erstens ließ sich durch einen solchen Wettbewerb sein gigantisches Stadion eher füllen als mit Spielen gegen Valladolid oder Alicante. Zweitens stellte er einen weiteren Schritt auf dem Weg zum Ziel des Präsidenten dar – aus Real den besten, größten, berühmtesten Fußballverein des uns bekannten Universums zu machen." Und last but not least habe Bernabéu nicht geruht, „bis er auf allen Ebenen mit Barcelona gleichgezogen hatte. Und als er dann von Hanots Vorschlag erfuhr, sah er die Chance, den Rivalen gar zu überholen." Während Spanien beim politischen und wirtschaftlichen Einigungsprozess Europas außen vor bleibt, gehören Real und sein Präsident Santiago Bernabéu nun zu den treibenden Kräften beim Aufbau einer europäischen Institution namens Europacup.

In der Saison 1954/55 wird Real erneut Meister, und Bernabéu kann nun europäische Ambitionen verfolgen. Denn am 2./3. April 1955 haben 15 europäische Vereinsvertreter im Pariser Hotel „L'Ambassador" die Einführung des Europapokals der Landesmeister beschlossen, der in der Saison 1955/56 erstmals ausgespielt wird. Der FC Barcelona hat die Einladung nach Paris mit der Begründung ausgeschlagen, der Wettbewerb sei zu teuer und eine zu große zusätzliche Belastung für die Spieler.

Mit dem Europacup steigt das Interesse des Regimes an Real. Der Klub bekommt eine wichtige außenpolitische Funktion. Franco benutzt die „Königlichen" als diplomatische Brücke für sein diskreditiertes Regime zu den liberalen Demokratien Westeuropas. Sein Außenminister Fernando de Castiella preist Real später als „den besten Botschafter, den wir je hatten".

Im ersten Finale des Europapokals der Landesmeister bezwingen di Stéfano und Co. den französischen Champion Stade de Reims am 13. Juni 1956 im Pariser Parc des Princes mit 4:3. In der Saison 1956/57 verteidigt Real den Titel, u.a. verstärkt durch den Franzosen polnischer Abstammung, Raymond Kopa, der ein Jahr zuvor noch das Trikot von Stade de Reims trug. 1957 nimmt Real den Uruguayer José Santamaria unter Vertrag. Und 1958 wird der ungarische Superstar Ferenc Puskás, zu diesem Zeitpunkt der beste Linksfuß der Welt, ein „Königlicher". Während sich Spanien in der Weltpolitik mit einer nicht einmal zweitrangigen Rolle begnügen muss und provinziell wirkt, spielt Real im Weltfußball die erste Geige und besitzt internationales Flair.

Zeitgleich mit dem Aufstieg Reals zur Führungsmacht im globalen Vereinsfußball hat in Europa erneut eine politisch motivierte Emigrationswelle von Fußballern eingesetzt. Auslöser ist der Ungarn-Aufstand von 1956. Als in Budapest die Stalinisten mit Hilfe sowjetischer Truppen die Oberhand behalten, setzen sich ca. 240 Erst- und Zweitligaspieler in den Westen ab, wo nicht nur die Freiheit lockt, sondern auch der Status eines gut bezahlten Profis. Auch eine Drohung der FIFA mit längeren Sperren kann die Spieler nicht abhalten.

Spanien, Europas Schmuddelkind westlich des „eisernen Vorhangs", nimmt die Fußballer mit offenen Armen auf. Die Stars lenken von den eigenen Missständen ab. Franco-Spanien, das seine Andersdenkenden einsperrt, foltert und ermordet, kann sich nun selbst als Zufluchtsort für politisch Verfolgte gerieren und eine Gemeinsamkeit mit den liberalen Demokratien Westeuropas herausstreichen: den Antikommunismus, „das Schlüsselelement des geistigen Überbaus der Francodiktatur" (Javier Cáceres). Der Kalte Krieg ermöglicht Spanien, sich den USA als Verbündeter anzudienen. Die politische Isolation lockert sich. Bereits 1951 erhielt Madrid erstmals US-Kredite, 1953 folgte ein Stützpunktabkommen mit den USA. Nach dem Ende der Diktatur werden spätere Generationen den USA diesen Kurswechsel übelnehmen.

Real Madrid, das auch 1957/58, 1958/59 und 1959/60 den Europapokal der Landesmeister gewinnt (was dem Klub bis heute keiner nachmachen konnte), firmiert nun als das „weiße Ballett". 1972 schreibt das *Zeit-Magazin* über den legendären Real-Sturm dieser Jahre: „Carino – Del Sol – di Stéfano – Puskás – Gento. Nie wieder wird es einen solchen Sturm geben.

Zehn Superfüße, 100 Hyperzehen. Um das in einer anderen Dimension zu verdeutlichen, muss man sich vorstellen, Bach, Mozart, Beethoven, Haydn und Händel hätten alle zusammen für den Fürstbischof von Salzburg komponiert. Zur gleichen Zeit, das gleiche Concerto, am gleichen Klavier. Mit Brahms auf der Reservebank."

Weckt ein derartiger Sturm Assoziationen an ein faschistisches Regime? Mitnichten. Reals Wert für das Regime besteht gerade im Kontrast zu den sonstigen Verhältnissen im rückständigen und düsteren Spanien. Real ist dynamisch, modern, elegant und international. Aber das „weiße Ballett" steht nicht für die Philosophie des schönen Spiels. Alfredo di Stéfano, dessen Team viel mehr arbeiten muss, als es manche Rückschau suggeriert, über die Erwartungen des Real-Publikums: „Es will, dass das Team kämpft. Es will, dass das Team gewinnt. In erster Linie soll es gewinnen, dann erst spielen."

Camp Nou, zwei Ungarn und *El Magio*

Auch wenn der FC Barcelona international im Schatten der „Königlichen" steht, zieht er die katalanischen Massen an, und der Bau eines neuen, größeren Stadions erweist sich als dringend notwendig. Dieses Stadion soll zunächst nach dem Vereinsgründer Hans „Joan" Gamper benannt werden, doch das Regime erhebt Einspruch. Klub-Historiker Manuel Tomàs: „Franco hat sich total dagegen gewehrt. Gamper war ein Ausländer, er hatte Suizid begangen, er war Protestant, er hatte eine liberale Gesinnung und war Anhänger der Unabhängigkeit Kataloniens. Und dann hatte er noch seinen deutschschweizerischen Vornamen in einen katalanischen gewechselt. Für die Diktatur Francos war Joan Gamper ein Tabu-Thema."

Camp Nou bietet zunächst 90.000 Zuschauern Platz. Zur Eröffnung, die trotz der Anwesenheit von Regime-Offiziellen ziemlich katalanisch gerät, kommt die polnische Nationalelf alias Legia Warschau und verliert mit 2:4. Der katalanische

Dichter Josep Maria de Sagarra verfasst ein Sonett mit dem Titel „Blaugrana", aus dem Josep Badia und Adolf Carbané eine Stadionhymne komponieren, die „Himne a l'Estadi".

Die monumentalen Arenen von Real und Barça sollen nicht nur deren Gegner einschüchtern, sondern ihre Eigentümer mit den Einnahmen versorgen, die notwendig sind, um die mit internationalen Stars gespickten Kader zu unterhalten. Camp Nou ist aber mehr als nur ein Fußballstadion. Camp Nou avanciert zum Parlament des katalanischen Widerstands gegen das Franco-Regime und den kastilischen Zentralismus.

Am 22. April 1958 wird der Argentinier Helenio Herrera neuer Barça-Trainer. Dessen Eltern waren einst vor der Armut Andalusiens an den River Plata geflohen. *El Magio* (der Magier), wie Herrera genannt wird, betreibt schrittweise die Demontage von Kubala, dessen Trinkgewohnheiten ihm ein Dorn im Auge sind, zumal sie die Form des 31-Jährigen beeinträchtigen. Konflikte mit Führungsspielern bleiben ein Markenzeichen der Trainerkarriere Herreras.

Während Real Madrid Ferenc Puskás an Land zieht, gelingt Barça aus der Konkursmasse des ungarischen Fußballs die Verpflichtung von Sándor Kocsis und Zoltán Czibor, die ebenfalls der Heimat den Rücken gekehrt haben, um sich im Westen als „freie Profis" zu versuchen. Wie Puskás gehörten Kocsis und Czibor zum legendären Team von Honved Budapest, das sich während der Niederschlagung des Ungarn-Aufstands auf Tournee in Westeuropa (einschließlich freundschaftlicher Begegnungen in Madrid und Barcelona) befand, Anfang Januar 1957 eine Südamerikareise antrat, um schließlich im März desselben Jahres in Wien zu landen. Der größte Teil des Teams kehrte anschließend nach Budapest zurück, während Puskás, Czibor und Kocsis in der österreichischen Hauptstadt blieben.

Zoltán Czibor, der trotz nur 1,69 m Körpergröße als einer der weltbesten Linksaußen seiner Zeit gilt, trifft 1957 in der katalanischen Metropole ein, Kocsis folgt ein Jahr später. Sándor Kocsis war der torgefährlichste Spieler im ungarischen Dream-

Team, das 1952 olympisches Gold gewann, am 25. November 1953 das „Fußball-Mutterland" England im Wembleystadion mit 6:3 abfertigte und als heißester Favorit auf den WM-Titel 1954 gehandelt wurde. „Schani", wie der kopfballstarke Stürmer von seinen Mitspielern gerufen wird, holte sich beim Turnier in der Schweiz mit elf Treffern die Torjägerkrone, aber im Finale unterlagen die Ungarn Sepp Herbergers DFB-Elf mit 2:3 – bis heute die größte Endspielsensation in der Geschichte des World Cups. Ausgerechnet im Finale gelang Kocsis kein Torerfolg. Zuvor waren die Magyaren 31 Spiele in Folge ungeschlagen geblieben.

Kocsis erzielte in 68 Länderspielen für Ungarn 75 Tore, was einer Quote von 1,103 pro Auftritt entspricht. Der Goalgetter ging zunächst in die Schweiz, wo er die FIFA-Sperre als Trainer der Young Fellows Zürich überbrückte. Frau und Schwiegermutter hatten bereits während der Wirren des Aufstands Zuflucht im Alpenland gefunden.

Dass Czibor und Kocsis beim FC Barcelona unterschreiben, ist der Vermittlung von Ladislao Kubala zu verdanken. Bei ihrer Ankunft sind beide knapp 28 (Czibor) bzw. knapp 29 (Kocsis) Jahre alt und somit im damals besten Fußballalter. Ihre Verpflichtung sollte sich sportlich schnell auszahlen.

In der Saison 1958/59 gewinnt Herreras Barça das Double aus Meisterschaft und Pokal. In der Verteidigung lässt Herrera „meine großen Katalanen" spielen, im Angriff die fintenreichen Ausländer. „Zu den Katalanen sagte ich: ‚Farben von Katalonien, spielt für euer Land', und den Ausländern sagte ich etwas über Geld", verrät Herrera mehr als 30 Jahre später dem niederländischen Journalisten Simon Kuper. Wann immer Herrera der Meinung war, dass einer seiner Leistungsträger zu schlecht bezahlt wurde, war der Trainer der Erste, der sich für eine Gehaltserhöhung einsetzte. So steigen Barças Gehaltsausgaben binnen einer Saison von neun Mio. auf 21 Mio. Pesetas.

Der ungeliebte und autoritäre Barça-Präsident Francesc Miró-Sans, erfolgreich im Baumwollgeschäft tätig, widmet die

Meisterschaft Franco. Fast zeitgleich beginnt sich die Anti-Franco-Opposition wieder zu regen und erreicht wachsende Teile der Gesellschaft. 1959/60 gewinnt der FC Barcelona erneut die Liga, was aber nicht über die beiden Niederlagen gegen Real im Europapokal der Landesmeister hinwegtrösten kann. Dort kommt es im April 1960 im Halbfinale erstmals auch auf europäischer Ebene zu *El Clásico*. Vor dem Hinspiel in Madrid streiten sich Kubala und Czibor mit dem Präsidium über die Prämienzahlung. Doch Barça hat sich finanziell übernommen, der Kader von 25 bestens dotierten Profis ist nicht mehr finanzierbar. Die beiden Ungarn sind dann im Bernabéu-Stadion nicht dabei, sodass die Show allein di Stéfano und Puskas gehört, die Real zu einem 3:1-Sieg schießen.

Für das Rückspiel setzt das Präsidium nur eine lächerliche Erfolgsprämie von 1.500 DM aus. Czibor schmollt am Tresen seiner Bar, auch Kubala ist erneut nicht dabei. Die Mannschaft kickt schlecht und unterliegt erneut mit 1:3. Herrera, von erbosten Zuschauern mit Sitzkissen und Obst beworfen, muss seine Koffer packen.

Anschließend besiegt Real im vielleicht schönsten Finale in der Geschichte des Wettbewerbs Eintracht Frankfurt mit 7:3. Dem FC Barcelona bleibt als Trost nur der Gewinn des Messepokals, Vorläufer des UEFA Cups.

1960 wird erstmals die Europameisterschaft der Nationen ausgetragen. Im Viertelfinale soll Spanien sich mit der Sowjetunion messen, doch Franco untersagt der abflugbereiten *Selección* die Reise in die „Hauptstadt des Weltkommunismus". „Fußballländerspiel fällt Kaltem Krieg zum Opfer" meldet die französische Nachrichtenagentur AFP.

Déjà-vu im Wankdorfstadion

In der folgenden Saison 1960/61 besitzt der FC Barcelona mit Kubala, Kocsis, Czibor und Luis Suárez sowie dem Brasilianer Evaristo eine brillante Offensive. Der geniale Offensivspieler und Spielgestalter Suárez, aufgrund seines Spielverständnisses auch „Architekt" genannt, begann seine Profikarriere bei Deportivo La Coruña. 1954 war er im Alter von 19 Jahren zum FC Barcelona gewechselt. 1960 wird Suárez Europas „Fußballer des Jahres" und ist bis heute der einzige Spanier, dem diese Ehre zuteil wurde.

In dieser Saison befreit sich Barça europäisch etwas aus dem Schatten der „Königlichen" aus Madrid, die den Europapokal der Landesmeister nun bereits seit fünf Jahren dominieren. Im Achtelfinale kommt es im März 1961 erneut zum Duell Barça kontra Real. Für dieses Kräftemessen bemühte auch Edgar Wangen einen Vergleich aus der klassischen Musikwelt: „Man stelle sich vor: Die besten Opernkomponisten der Welt stehen sich gegenüber. Auf der einen Seite Mozart, Beethoven, Wagner, Tschaikowski und Rossini, auf der anderen Seite Verdi, Puccini, Donizetti, Strauß und Smetana. Allein die Wucht der Sturmreihen ließ sie [die Fans, Anm. dsm] mit der Zunge schnalzen. Die Offensive der Madrilenen hieß di Stéfano, Didi, Gento, Puskás und Rial. Aber ihr Respekt [der der Katalanen, Anm. dsm] hielt sich in Grenzen, denn sie wussten, was Barcelona im Sturm entgegenzusetzen hatte: Suárez, Evaristo, Kocsis, Czibor und Kubala."

In Madrid führt Real bis zur 87. Minute mit 2:1, dann zeigt der englische Referee Arthur Ellis im Strafraum der Madrilenen auf den Elfmeterpunkt. Keeper Vicente ist gegen Kocsis zu unbeholfen eingestiegen, allerdings hat der Linienrichter zuvor eine Abseitsposition des Torjägers ausgemacht. Reals Spieler und Fans kochen, doch Suárez verwandelt ungerührt zum 2:2. Das Rückspiel gewinnt Barça mit 2:1, das Siegtor erzielt Evaristo mit einem spektakulären Kopfballtorpedo. Erneut steht ein englischer Unparteiischer Pate. Reginald Leaf verweigert vier Treffern Reals die Anerkennung. Es scheint, als wollten englische Referees, im „Mutterland des Fußballs" die Institution der Unparteilichkeit und des Fair Play schlechthin, mit zwei Spielen alle Ungerechtigkeiten korrigieren, die Barça seitens regimehöriger spanischer Schiedsrichter widerfahren waren.

Nach einem Sieg und einem Remis gegen den tschechoslowakischen Vertreter Spartak Kralovec und drei denkwürdigen Begegnungen mit dem Hamburger SV (1:0, 1:2 und 1:0) steht der FC Barcelona am 31. Mai 1961 erstmals im Finale des Europapokals der Landesmeister. Dort wartet im Berner Wankdorfstadion Benfica Lissabon auf die Katalanen. Das favorisierte Barça ist sich des Sieges dermaßen sicher, dass das Team erst 30 Stunden vor dem Anpfiff anreist und ein Stadthotel bezieht. Benficas ungarischer Coach Béla Guttmann weilt mit seiner Mannschaft schon seit einer Woche in der Schweiz, um seine Spieler optimal auf das große Spiel vorzubereiten. Die Portugiesen haben ihre Zelte am Thuner See aufgeschlagen, im Belvedere Hotel in Spiez, wo sieben Jahre zuvor Sepp Herberger und die deutsche Nationalelf residierten. Mit den bekannten Folgen.

Im Wankdorfstadion, Stätte der größten Tragödie des ungarischen Zauberfußballs, erleiden Kocsis und Czibor nun ein Déjà-vu-Erlebnis. Gekonnt dirigiert von Kubala und Suárez überrollt Barça die Namenlosen aus dem Lissaboner Vorort zunächst, auf der Bank fürchtet der ungarische Coach Béla Guttmann für sein Team das Schlimmste. Guttmann noch 20 Jahre später: „Ich hatte solche Furcht vor ihrem Sturm. Noch heute bekomme ich Angst, wenn ich die Namen höre… Kubala, Kocsis, Czibor, Evaristo, Suárez." Die Züricher Zeitung *Sport* sieht die „hölzerne Steifheit der Emporkömmlinge, die wie gelähmt vor dem Schlangenrachen zittern." Zu allem Überfluss bricht sich Benficas Coluna bereits in der 8. Minute das Nasenbein und spielt fortan stark gehandicapt. In der 20. Minute bringt Kocsis seine Farben in Führung, natürlich mit dem Kopf. Ludger Schulze schwärmt von einer „geometrischen Meisterleistung, von Suárez und Kocsis wie mit Zirkel und Lineal auf den Rasen des Berner Wankdorfstadions geworfen."

Doch anschließend begehen die Stars einen Fehler, „der ihren großen Rivalen von Real nie unterlaufen wäre. Sie verplemperten nach dem 1:0 die Chance, das Spiel früh zu entscheiden, weil zu viele von ihnen die Laufleistung herunterschrauben, als alles seinen Gang zu gehen schien" (Ulrich Hesse-Lichtenberger). Nach 55 Minuten führt der Underdog mit 3:1. Barça schmeißt in einem atemberaubenden Schlussspurt nun alles nach vorne. Kubala und Czibor treffen dreimal nur den Pfosten, ehe Czibor auf 2:3 verkürzen kann. Dabei bleibt es. Für Kocsis und Czibor endet die Rückkehr ins Berner Wankdorfstadion mit dem gleichen Ergebnis wie sieben Jahre zuvor. In Barcelona bricht eine Welt zusammen, noch heute erinnert man sich hier an das Finale von 1961 als eine der größten Enttäuschungen in der Geschichte des Klubs. Das Dream-Team, das seinen großen Traum nicht erfüllen konnte, genauer: verspielte (Ludger Schulze: „In nur 90 Minuten hatten sie Reals geordneten Nachlass verschleudert"), bricht auseinander. Nicht der FC Barcelona tritt die Nachfolge Reals an, sondern Benfica Lissabon, gefolgt von Inter Mailand mit Ex-Barça-Trainer Helenio Herrera.

Abschiede

Am 30. August 1961 bestreitet Kubala sein letztes Spiel im Barça-Trikot. Zum Abschied kommt Stade de Reims ins Camp Nou, und an Kubalas Seite spielen Ferenc Puskás und Alfredo di Stéfano. Kubalas Team gewinnt mit 4:2, und auf den Rängen fragt sich so mancher Barça-Fan, wie die Geschichte des europäischen Vereinsfußballs wohl verlaufen wäre, hätte Barça sich 1953 der Dienste di Stéfanos versichern können. Anschließend verbringt der mittlerweile 36-jährige Kubala noch eine Saison beim Lokalrivalen Espanyol.

Ladislao Kubala, einer der größten Spieler des 20. Jahrhunderts, der von sich selbst einmal sagte: „Ich bin ein Weltbürger", gewinnt in seiner langen Karriere nicht einen einzigen bedeutenden internationalen Titel. Er trug zwar das Nationaltrikot dreier Länder: Für die Tschechoslowakei lief er 1946-47 siebenmal auf, für Ungarn 1948 viermal und für Spanien 1953-61 19-mal. Aber bei einer WM war er als Spieler ebenso wenig dabei wie di Stéfano. Erst als Trainer fährt er zur WM: 1978 führt Kubala Spaniens *Selección* nach Argentinien. Bereits 1969 hatte Kubala die Verantwortung für die Auswahl übernommen, die er bis 1981 betreut – so lange wie kein anderer vor ihm und nach ihm. Im Jubiläumsjahr 1999 wählen ihn die Barça-Fans zum größten Barça-Spieler aller Zeiten. Kubala stirbt 2002 in seiner Wahlheimat Barcelona und findet auf dem Friedhof De Las Corts, in Nachbarschaft zum Estadi Camp Nou, seine letzte Ruhe. Im Stadion war auf zahlreichen Transparenten zu lesen: „Adiós a una leyenda!" Evaristo geht 1962 zu Real Madrid und anschließend zurück nach Brasilien. Bei der WM 1986 wird er das Team des Iraks betreuen. Zoltán Czibor wechselt 1963 zum Lokalrivalen Espanyol, für den er noch bis 1965 spielt. Luis Suárez ist bereits 1961 Herrera zu Inter Mailand gefolgt und gewinnt dort zweimal den Europapokal der Landesmeister. 25 Mio. Pesetas zahlen die Milanesen dem FC Barcelona, der unter den Folgen der Misswirtschaft seines Präsidenten Francesc Miró-Sans leidet.

Sándor Kocsis beendet 1966 seine Karriere fast 37-jährig. Er bleibt in Barcelona, wo er mit seiner Frau ein Restaurant mit dem Namen „Tete d'Or" (zu deutsch: „Goldköpfchen") eröffnet. 1974 wird bei dem einstigen Goalgetter eine Gefäßverengung im linken Fuß diagnostiziert, außerdem erkrankt Kocsis an Leukämie und Magenkrebs. 1979 ist eine Amputation nicht mehr zu vermeiden. Ein Fußballer ohne Bein – für Kocsis unvorstellbar. Am 22. Juli 1979 nimmt er sich das Leben. Der verzweifelte 49-Jährige stürzt sich aus dem vierten Stockwerk des Quiron-Krankenhauses in Barcelona.

Ein Lächeln, das Kraft kostet

Im Finale der Europameisterschaft 1964 besiegt Spanien vor knapp 80.000 Zuschauern im Estadio Santiago Bernabéu die Sowjetunion mit 2:1. Die reaktionäre Zeitung *ABC* veröffentlicht einen Cartoon, auf dem Franco zu sehen ist, wie er der *Selección* mit den Worten gratuliert: „Sie und ich haben sich als Sieger erwiesen. Wir haben beide die Roten geschlagen." Für *ABC* ist die Begeisterung im Stadion und auf Madrids Straßen Ausdruck des „größten Enthusiasmus", den das Volk „dem Staat, der aus dem Sieg über den Kommunismus hervorging, in diesem Vierteljahrhundert entgegengebracht hat". Die Realität ist komplizierter. Im Team des Siegers stehen mit Zoco und Amancio nur zwei Akteure von Real Madrid, denn der Verband und Coach José Villalonga, im Bürgerkrieg auf Seiten der Falangisten, wollen nur Spieler, die in Spanien geboren und aufgewachsen sind. Die „naturalisierten Spanier" wie Puskás, Kubala und di Stéfano hätten dem spanischen Spiel seine ursprüngliche Stärke geraubt, heißt es. Nach dem Scheitern bei der WM 1962 – mit dem Argentinier Helenio Herrera als Coach – schreibt *Marca:* „Das Nationalteam ist so voll mit Fremden und in einem Ausmaß von ausländischen Taktiken geprägt, dass es nicht mehr wie ein richtiges spanisches Team spielt." Ein solches würde dem Gegner mit „Leidenschaft", „Aggressivität", „Manneskraft", „vor allem aber mit Raserei (= furia)" begegnen. In diesem von kriegerischen Phantasien durchdrungenen franquistischen Weltbild ist der Fußball ein pures Kampfspiel, das „schöne Spiel" hat hier keinen Platz. Schon kurz nach dem Ende des Bürgerkriegs hatte das Regimeblatt *Arriba* die Meinung geäußert, dass sich die in allen Aspekten des spanischen Lebens gegenwärtige *furia española* am besten im Fußball ausdrücken lasse, einem Spiel, „in dem die Männlichkeit der spanischen Rasse" zur vollen Entfaltung kommen würde. In internationalen Kräftemessen seien die Gegner zwar technisch überlegen, aber durch das höhere Maß spanischer Aggressivität zu bezwingen.

Allerdings ist Villalongas *Selección* alles andere als ein Team von Franquisten. Vom FC Barcelona sind Pereda, Olivela und Fusté dabei, das Tor hütet mit José Angelo Iribar von Athletic Bilbao ein baskischer Separatist. Auch Luis Suárez, der Star des Teams und dessen einziger Legionär, mag das Regime nicht. An die anschießende Audienz des Europameisters beim Generalissimo erinnert sich Suárez nur mit Grauen: „Als mir die Nadel ans Revers geheftet wurde, musste ich mich zu einem Lächeln zwingen, das mehr Kraft kostete als alle Spiele meiner Karriere."

Bewegung und Stagnation

Ab 1966 bemüht sich das Franco-Regime um eine gewisse Liberalisierung, auch um die Vorbehalte des Auslands abzubauen – noch 1962 hatte Madrid vergeblich an die Türen der EWG geklopft. Das Regime nimmt konstitutionelle Züge an. 1969 billigt die Cortes ein Gesetz, in dem Franco Prinz Juan Carlos als seinen Nachfolger einsetzt.

In diesen Jahren kommt es zu den ersten großen Konzertveranstaltungen katalanischer Sänger wie Raimon, Francesc Pi de la Serra, Maria del Mar Bonet und Lluís Llach, deren Lieder vom Rock beeinflusst sind. „Anders als der ‚Rock‘ in den USA und in Westeuropa blieb die Popularität nicht auf eine Generation beschränkt, sondern wurde eine neue ‚Volksmusik‘. Die Inhalte der ‚nova cançó‘ waren meist nicht explizit politisch, aber ihre bewegende Bildersprache wurde verstanden und trug zur Entstehung eines kritischen herrschaftsfeindlichen Lebensgefühls Ende der sechziger Jahre bei." (Erich Rathfelder / Erich Süßdorf)

Lluís Llach, der sich selbst als „Anarcho-Marxist" sieht, besingt in „l'estaca" den Franquismus allegorisch als einen „faulenden Pfahl", der mit gemeinsamen Anstrengungen besiegt werden kann. „Wenn du fest ziehst", so der Sänger, „wird er fallen, fallen, fallen." Die Fans des FC Barcelona nehmen das Lied in ihr Repertoire auf.

Im Januar 1968 wird Narcis de Carreras Barça-Präsident. Carreras, ein Mann hochherrschaftlicher Natur und mit einer „gewissen liberalen Haltung, die ganz mit den ‚demokratisierenden‘ Strömungen der Zeit übereinstimmte", wie Jaume S. Sabartés schreibt, war schon zweimal Anwärter auf die Präsidentschaft gewesen. Das erste Mal verhinderte der Einspruch der Falangisten seine Kandidatur, das zweite Mal lehnte er selbst ab. Aus Carreras Mund stammt das heutige Vereinsmotto „més que un club", erstmals strapaziert anlässlich seiner Amtseinführung. Im Punkt sechs seines Sieben-Punkte-Programmes heißt es: „Der Verein muss eine Schule des Bürgersinns sein, und wir wollen im Hinblick auf den Sport ein kulturelles Werk schaffen, das dem Ansehen der Farben, die die Mannschaft verteidigt, gerecht wird."

Wenige Monate später kommt es im Finale des spanischen Pokals zu *El Clásico*. Barça, trainiert vom Katalanen Salvador Artigas, der im Bürgerkrieg Pilot der republikanischen Armee gewesen war, besiegt Real im Estadio Santiago Bernabéu mit 1:0. Frustrierte Real-Fans werfen allerlei Gegenstände auf das Spielfeld, darunter auch Glasflaschen, weshalb die traditionelle Ehrenrunde nicht stattfinden kann. Die Begegnung geht als „Endspiel der Flaschen" in die Annalen ein, und seither ist der Verkauf von Getränken in Glasflaschen auf allen Fußballplätzen Spaniens untersagt.

Frust herrscht nicht nur auf den Rängen, sondern auch in Reals Ehrenloge, wie Narcís de Carreras Jahre später gegenüber dem Buchautor Jaume S. Sabartés zu berichten weiß: „Franco hatte gerade die Ehrenloge verlassen, als sich die Frau von Camilo Alonso Vega, des damaligen Innenministers, an den Vorsitzenden von Real Madrid, Bernabéu, wandte und sagte: ‚Santiago, wir haben verloren. Wie schrecklich!' Ihr Gatte, der sah, dass ich das gehört hatte, meinte zu ihr: ‚Beglückwünsche den Vorsitzenden von Barcelona', woraufhin sie sich verwirrt zu mir wandte und sagte: ‚Ach ja, natürlich… Ich gratuliere Ihnen, denn … Barcelona ist ja auch Spanien, nicht wahr!' Ich antwortete ganz leise: ‚Gnädige Frau, reden Sie keinen Unsinn!'"

Am 6. Juni 1970 treffen Barça und Real im Pokal erneut aufeinander. In Madrid gewinnt Real mt 2:0, im Rückspiel führt Barça mit 1:0, als Schiedsrichter Guruceta kurz nach der Halbzeit im Barça-Strafraum auf den Elfmeterpunkt zeigt. Zuvor hatte Barças Rifé Reals Velázquez gefoult – allerdings drei Meter vor der 16-Meter-Linie. Madrid gleicht aus, Barças Eladio applaudiert Guruceta, woraufhin der Referee den Spieler vom Platz stellt. Zehn Minuten vor dem Abpfiff wird ein Barça-Spieler gefoult, woraufhin Jugendliche den Platz besetzen und Mannschaften und Schiedsrichter in die Kabinen flüchten. Es folgt ein brutaler

Polizeieinsatz. Jaume S. Sabartés: „Ich glaube, dieses Ereignis hat mehr dazu beigetragen, die Barça-Anhänger zu politisieren, als alle politischen Versammlungen es je vermocht hätten."

Im europäischen Vergleich ist der FC Barcelona nach dem Finale von Bern 1961 mehr und mehr in der Mittelmäßigkeit versunken, aber auch Real Madrid kann auf der internationalen Bühne nicht mehr in gewohnter Weise reüssieren. In der Saison 1961/62 erreichen die Königlichen zwar zum sechsten Male das Finale des Europapokals, aber auch Real zieht gegen Guttmanns Benfica mit 3:5 den Kürzeren. 1966 heißt der Sieger dann noch einmal Real, aber die folgenden 25 Jahre bekommt kein spanischer Klub mehr die Hände an die Trophäe.

Nach italienischen und britischen Klubs werden es Anfang der 1970er Jahre die Niederländer sein, die den Wettbewerb beherrschen. Den Anfang macht 1970 Feyenoord Rotterdam. 1971, 1972 und 1973 gewinnt Ajax Amsterdam das Finale, mit einem der größten und prägendsten Teams, das der europäische Fußball je gesehen hat. Ludger Schulze: „Ajax zählte zu den wenigen Teams, die, wie Real Madrid, Benfica Lissabon oder der AC Mailand, dem europäischen Fußball wichtige Impulse gegeben haben." Das Team sei „exakt in die Lücke gestoßen, die von den romanischen Klubs freigemacht worden war. Spanien und Italien hatten ihre Grenzen für ausländische Spieler gesperrt, sofort sank das Niveau entscheidend. Außerdem war der kunstvolle Stil der Südländer nicht mehr gefragt, Individualismus und technische Eleganz traten in den Hintergrund. Ajax repräsentierte eine ganz andere Auffassung des Fußballs: kühl, nüchtern, rationell, beherrscht, mannschaftlich geschlossen, dabei aber keineswegs reizlos. Die Niederländer verbanden eine überraschend brillante Technik mit höchstem Tempo. Und sie besaßen Einzelkönner von hohem Rang. Der größte unter ihnen war zweifellos Johan Cruyff, der sich mit Franz Beckenbauer um den Ruf des besten Fußballers der Welt stritt."

Cruyff wird es sein, der Barças Rettung und Erneuerung bringt.

Kapitel 5

Kulturtransfer: Der „totale Fußball" kommt nach Katalonien

1648 errang die Republik der Vereinigten Niederlande im Westfälischen Frieden ihre völkerrechtliche Anerkennung. Vorausgegangen war ein achtzigjähriger Krieg gegen die spanische Krone. Die Niederländische Republik war der erste Staat im neuzeitlichen Europa, der seine Existenz und seine Identität einer Revolte verdankte. Die Aufständischen hatten sich der Befreiung vom spanischen Joch, religiöser Toleranz und der Beseitigung feudalistischer Herrschaftsstrukturen verschrieben.

Bereits im 16. Jahrhundert waren die Niederlande ein Zufluchtsort für andernorts Verfolgte, so auch für die spanischen und portugiesischen Juden, die auf der iberischen Halbinsel von der Inquisition bedroht wurden. Anders als das katholische Spanien wurden die calvinistischen Niederlande, in denen bereits im 12. Jahrhundert eine bürgerliche Gesellschaft mit egalitären Zügen entstanden war, zu einem Hort der Toleranz und Liberalität in Europa. In keinem europäischen Land war der Wandel von der Stände- zur bürgerlichen Gesellschaft so weit fortgeschritten wie in den Niederlanden des 17. Jahrhunderts. Die niederländische Gesellschaft war einzigartig in Europa – hier herrschten kein König, kein Adel und kein Klerus.

Auch zu Beginn der 1970er Jahre trennten die Niederlande und Spanien politische und kulturelle Welten. Die Niederlande waren eines der liberalsten Länder Westeuropas, während das düstere katholische Spanien Francos das andere Ende der Skala repräsentierte.

Eine vielschichtige Revolution hatte die eher provinziellen und rückständigen Nachkriegs-Niederlande zu einem der progressivsten Flecken in Europa verwandelt. Die konfessionellen

Parteien verloren ihre Machtstellung, neue Parteien entstanden, und die alten Eliten wurden von einer politischen Kultur der Individualisierung, Emanzipation und Demokratisierung abgelöst. Die Niederlande wurden ein Land von mündigen Bürgern, die sich weniger von traditionellen politischen und kirchlichen Autoritäten ihres jeweiligen Milieus leiten ließen, sondern individuelle Selbstständigkeit praktizierten. Zentrum dieser ungemein dynamischen Entwicklung war Amsterdam, das auch zu einem Mekka der europäischen Jugendkultur avancierte.

Auf dem Fußballplatz wurde diese Entwicklung durch Ajax Amsterdam, vor allem aber seinen Jungstar Johan Cruyff dokumentiert, der wie kein anderer seiner Generation das Programm der 1960er Jahre, die Verbindung von kreativem Individualismus und Kollektivismus verkörperte. Hubert Smeets, ein Zeitgenosse Cruyffs: „Die Holländer sind dann am besten, wenn sie System mit kreativem Individualismus kombinieren. Johan Cruyff ist der bedeutendste Repräsentant dieser Kombination. Er prägte das Land nach dem Krieg. Er war der Einzige, der die sechziger Jahre wirklich verstand."

Fußball à la *Oranje* bedeutete in diesen Jahren auch lange Haare und das Hemd über der Hose. Es waren vor allem die Niederlande, die den Typus des aufmüpfigen und selbstbewussten Fußballers gebaren. Simon Kuper sieht die Wurzeln demokratischer Streitlust in der Kultur der niederländischen Arbeiterklasse angelegt: „Für die niederländische Arbeiterklasse hatten Debatten einen hohen Stellenwert. Man war calvinistisch (und selbst niederländische Katholiken hatten stark calvinistische Züge), und Calvin hatte die Gläubigen einst gelehrt, dass sie die Priester ignorieren und die Bibel lesen sollten. Die Folge war, dass ein 20-jähriger holländischer Fußballer in dem Bewusstsein lebte, die heilige Wahrheit genauso zu kennen wie sein Trainer."

Die Niederlande waren ein calvinistisches Land voller Individualisten. Unterordnung, Gehorsam und Konformismus waren nicht deren Sache. Johan Cruyff: „Wir Holländer sind eigensinnig. Selbst am anderen Ende der Welt erzählen wir den Leuten immer, wie sie ihren Kram zu machen haben. In dieser Hinsicht sind wir ein unangenehmes Volk."

Ein „Schmachtlappen" und ein „General"

Johan Cruyff, geboren am 27. April 1947, stammt aus dem Amsterdamer Osten. Sein Zuhause befindet sich zunächst in der Akkerstraat in der Siedlung Betondorp (Betondorf), einem trist anmutenden architektonischen Experiment aus den 1920er Jahren, bei dem erstmals im großen Stil Fertigbauteile aus Beton verwendet wurden. Von Betondorp sind es nur wenige Minuten bis zum auf der anderen Seite des Boulevards Middenweg gelegenen Ajax-Stadion De Meer.

Cruyffs Vater ist ein kleiner Gemüsehändler. Als Hermanus Cornelis Cruyff stirbt, ist Sohn Johan zwölf Jahre alt. Seine Mutter Petronella Bernarda muss den Gemüseladen aufgeben, arbeitet zunächst als Putzfrau und schließlich in der Kantine von Ajax. Dort taucht nun auch Johan Cruyff stets nach der Schule unter. Der Junge lauscht den Gesprächen der Spieler, erfährt, dass man mit Fußball Geld verdienen kann, und beschließt, Fußballprofi zu werden. Das Gymnasium schmeißt er nach drei Jahren, um sich nun verbissen dem runden Leder zu widmen.

Cruyff ist von schmächtiger Gestalt, gehört aber, wie der Journalist Ulfert Schröder schreibt, „zu jenen Burschen, denen die Zähigkeit angeboren wird, die wild und geschmeidig und unverletzlich wie Katzen sind, die selbst dann gesund und am Leben bleiben, wenn sie sich aus Mülltonnen ernähren müssten." Jorge Valdano, der ehemalige argentinische Nationalspieler und Weltmeister von 1978, später Sportdirektor von Real Madrid und „Fußballphilosoph", ist sich ganz sicher, „dass Cruyff „als kleiner Junge in seinem Viertel der Chef war".

Der erste Trainer, der sich bei Ajax mit Cruyff beschäftigt, ist der Engländer Vic Buckingham, Pionier des Ajax-Professionalismus. Buckingham, als Aktiver für Tottenham Hotspur am Ball und als Trainer 1959 von Westbromwich Albion gekommen, sorgt dafür, dass die Ajax-Jugendspieler nach englischem Vorbild behandelt werden. In Deutschland zu dieser Zeit noch undenkbar, bekommen die jungen Kicker bereits Geld. Pro Spiel dürfen sie zehn Gulden einstreichen, sodass sie nicht gezwungen sind, anderweitig ihr Taschengeld zu verdienen, sondern sich ganz auf den Fußball konzentrieren können. Buckingham erkennt als Erster das einzige Defizit des Talents aus Betondorp, die fehlende Kraft. Erst im Alter von 15 Jahren ist Cruyff dazu in der Lage, einen Eckball bis vors Tor zu bringen. Ein weiterer englischer Ajax-Coach, Keith Spurgeon, lehrt Cruyff die englische Sprache, unverzichtbares Werkzeug für einen Spieler, der vielleicht einmal die internationale Bühne betreten will.

1965 wird Cruyff Ajax-Profi; sein monatliches Salär beträgt zunächst 120 Gulden. In der Vorstandsetage hält sich die Begeisterung für das Talent in Grenzen. Mit nur 60 Kilo gilt der 18-Jährige nach wie vor als zu schmächtig. Vor allem aber missfällt den Funktionären Cruyffs öffentlicher Zigarettenkonsum.

Trainiert wird Ajax nun von Rinus Michels. Dieser trimmt Cruyff durch tägliche Hantelübungen und Waldläufe. Michels: „Abends war der Schlacks so müde, dass er im Stehen einschlief." Cruyff: „Er rief mich jeden Abend an, um sicherzustellen, dass ich zu Hause war. Michels war mein erster und einziger Fußballlehrer. Er war ein Perfektionist. Er arbeitete so lange an einer Taktik, bis er zum gewünschten Ergebnis kam. Unter seiner Führung wurden wir eine Maschine zur Produktion von Fußball."

Totaal voetbal

Als Michels im Januar 1965 den Trainerjob bei Ajax übernahm, fand er ein demoralisiertes Team mit einer desolaten Abwehr vor, das just gegen Feyenoord Rotterdam mit 4:9 verloren hatte. Der Disziplinfanatiker, von der Presse „der General" getauft, führte nun bei Ajax Trainingslager und den Full-Time-Profi ein, betrieb mit eiserner Hand Teambuilding und revolutionierte die Taktik des Teams.

Michels, von der FIFA 1999 zum „Trainer des Jahrhunderts" gekürt, predigte Pressing und ständige Formationswechsel. Die Gründe hierfür lagen in der Struktur der niederländischen Liga. Je stärker und dominanter Ajax wurde, desto mehr suchten die heimischen Gegner ihr Heil in massierten Abwehrreihen, die von den etatmäßigen Stürmern allein nicht mehr zu knacken waren. Bei Ajax mussten sich nun auch die Abwehr- und Mittelfeldspieler mit ins Angriffsspiel einschalten. Michels: „Ich versuchte, etwas zu entwickeln, mit dem wir unsere Gegner überraschen konnten. Also beschloss ich, das Mittelfeld und die Abwehr in den Spielaufbau einzubeziehen. Das klingt zunächst sehr einfach. Das Problem ist aber nicht, einem Innenverteidiger beizubringen, sich in den Angriff einzuschalten, das macht er gerne, sondern jemanden zu finden, der für ihn einspringt und die Lücke schließt. Gelingt einem dies, und das Team bringt die Beweglichkeit und das erforderliche taktische Verständnis mit, ist der Rest tatsächlich ein Kinderspiel. Dann hast du es geschafft und den Höhepunkt der Entwicklung erreicht."

Ruud Krol, einer der Leistungsträger im Ajax-Team der frühen 1970er, verweist auf die Bedeutung räumlichen Denkens im Ajax-System: „Wir unterhielten uns über ‚Raum' stets in praktischer Weise. Wenn wir verteidigten, hatten die Lücken zwischen uns sehr klein zu sein. Griffen wir an, strömten wir aus und nutzten die Flügel. Unser System war auch eine Lösung für ein physisches Problem. Die Fitness muss hundertprozentig stimmen, aber wie kann man sie über 90 Minuten konservieren? Wenn ich als linker Verteidiger 70 Meter die Außenbahn hochlaufe, ist es nicht gut, wenn ich unmittelbar danach wieder 70 Meter zurücklaufen muss, um meine Ausgangsposition wieder einzunehmen. Aber wenn der linke Mittelfeldspieler meine Position übernimmt und der linke Flügelstürmer die Position des linken Mittelfeldspielers, verkürzen sich die Distanzen."

Totaal voetbal, wie Journalisten Michels Kreation nannten, basierte auf der Theorie vom „flexiblen" Raum. Durch die Laufwege der Spieler ließ sich ein Spielfeld vergrößern oder verkleinern. *Totaal voetbal* erforderte intelligente und kommunikationsfähige Kicker. Der *Times*-Journalist David Miller kürte Johan Cruyff zu einem „Pythagoras in Fußballschuhen". Cruyff selbst sprach später davon, Fußball sei ein Spiel „für den Kopf".

Michels *totaal voetbal* trug bereits Züge des modernen Fußballs von heute. Wie dieser erforderte er ein hohes Maß an taktischer Flexibilität, beinhaltete das „Pressen" und „Verschieben", erwartete von den Spielern defensive wie offensive Qualitäten, setzte auf Automatismen und war offensiv ausgerichtet. Manche meinen gar, er sei die letzte wirkliche Revolution im Fußball gewesen. Alles, was anschließend folgte, habe lediglich den Charakter von Korrekturen und Modifikationen am *totaal voetbal* besessen.

Valerij Lobanowski, von 1973 bis 1990 Trainer von Dynamo Kiew, dem taktisch und spielerisch beeindruckendsten „Ostblock"-Team dieser Jahre, sollte in der Sowjetunion nahezu zeitgleich eine „kommunistische Version" von *totaal voetbal* entwickeln. Doch während das von Lobanowski erdachte System den Spielern oktroyiert wurde, war *totaal voetbal* in den Niederlanden organisch gewachsen und verdankte sein Funktionieren auch der Tatsache, dass eine Reihe von Ajax-Akteuren bereits seit Jahren gemeinsam kickte und in der gleichen Gegend aufgewachsen war.

Mit *totaal voetbal* wird Ajax Amsterdam nicht nur zu einer dominanten Kraft daheim – im Zeitraum von 1966 bis 1973 gewinnt der Klub sechsmal die Landesmeisterschaft und viermal den Pokal –, sondern avanciert auch zur europäischen Nr. 1. In der Saison 1970/71 schlägt Ajax im Finale des Europapokals der Landesmeister Panathinaikos Athen mit 2:0. Ein Jahr später verteidigt Ajax den Cup mit einem 2:0-Sieg über den AC Mailand im Rotterdamer Stadion De Kuip – beide Treffer erzielt Johan Cruyff. In der Saison 1972/73 bezwingt *totaal voetbal* erneut italienische Defensivfußballer. In Belgrad gelingt Cruyff und Co. mit einem 1:0-Sieg über Juventus Turin (1:0) der Titelhattrick.

Bei der WM 1974 im Nachbarland Deutschland sind die Niederlande erstmals seit 1938 wieder dabei und erreichen das Finale, wo das technisch beste und kreativste Team des Turniers allerdings am Gastgeber und der eigenen Überheblichkeit scheitert. Dennoch: Fußball à la *Oranje* ist in aller Munde. In Südamerika tauft man das niederländische System *naranja mecánica*, die britische Presse spricht vom *Clockwork Orange*. Niederländische Fußballer sind heiß begehrt. Und wäre seinerzeit nicht der Einsatz ausländischer Akteure im europäischen Ligafußball sehr beschränkt gewesen, wäre der totale Ausverkauf des niederländischen Vereinsfußballs wohl schon damals erfolgt.

Von Amsterdam nach Barcelona

Zur Saison 1970/71 folgt Rinus Michels nach sechseinhalb Jahren Ajax dem Ruf des FC Barcelona. Mit Michels Ankunft in der katalanischen Metropole beginnt eine bis heute währende niederländisch-katalanische Connection und einer der interessantesten und nachhaltigsten Kulturtransfers in der Geschichte des Fußballs.

Beim FC Barcelona heißt Michels Vorgänger wie zuvor in Amsterdam Vic Buckingham, der Cruyff-Entdecker. Das Konzept des *totaal voetbal* wird nun von Amsterdam nach Barcelona exportiert, kommt dort aber zunächst über den Status einer Idee nicht hinaus. Zwar gewinnt Michels im ersten Jahr mit Barça den letzten europäischen Messepokal, aber vom Flair des Ajax-Spiels ist wenig zu sehen.

Die Spielzeiten 1971/72 und 1972/73 werden von Spannungen zwischen Trainer und Spielern überschattet; Michels bezichtigt seine Mannschaft fehlender Disziplin und Professionalität. Im Sommer 1973 ist es bereits 13 Jahre her, dass Barça die spanische Meisterschaft gewonnen hat.

Am 26. Mai 1973 öffnet der spanische Fußballverband wieder die Grenzen des Landes für ausländische Spieler. Von nun an darf jeder Klub zwei Ausländer in seinen Reihen aufweisen. Der FC Barcelona hatte entsprechenden Druck ausgeübt. Der Klub fühlte sich durch den 1965 verfügten Importstopp diskriminiert. Dieser gestattete nur noch Spielern mit „spanischen Wurzeln" die Teilnahme am Ligabetrieb, womit als externes Rekrutierungsfeld nur Südamerika übrig blieb. Bemühte sich Barça um südamerikanische Akteure vermeintlich spanischer Nationalität, scheiterte dies in der Regel. Bei Real Madrid und anderen Vereinen drückte der Verband indes beide Augen zu.

Der von Barça beauftragte Anwalt Miguel Roca Junyent, der dem Lager des katalanischen Nationalisten Jordi Pujol angehört, findet heraus, dass von den 60 südamerikanischen Akteuren, die in der Liga spielen, 46 ihre Spielerlaubnis mit Hilfe gefälschter Dokumente erschlichen haben. Eine beliebte Methode lautet, unbekannte und nicht auffindbare spanische Dörfer als Geburtsort des Vaters anzugeben, die der Bürgerkrieg von der Landkarte gefegt habe.

Real Madrid kontert, katalanische Nationalisten würden aus einer Maus einen Elefanten machen, doch der Fußballverband befürchtet weitere, den spanischen Fußball international diskreditierende Enthüllungen über Machenschaften in der Liga. So kommt es schließlich zu einem Deal: Barça-Präsident Agustí Montal verspricht, von weiteren Enthüllungen abzusehen. Als Gegenleistung hebt der Verband die Sperre für ausländische Profis auf, durch die der spanische Klubfußball international ins Hintertreffen geraten ist. Die Voraussetzung ist geschaffen, den Kulturtransfer von Amsterdam nach Barcelona nun auch durch Spieler zu manifestieren.

Katalanischer Widerstand

Die Reform der Ausländerregelung findet zu einer Zeit statt, in der in Spanien vieles in Bewegung geraten ist und die Autorität des Regimes zusehends unterspült wird. Auch die bereits Ende der 1950er erfolgte Liberalisierung der Wirtschaft und die Öffnung gegenüber dem Weltmarkt trägt dazu bei. Spanien erfährt massive Bevölkerungsbewegungen – zwischen 1960 und 1974 verlassen auf der Suche nach besseren Löhnen mehrere Millionen Männer und Frauen ihre Dörfer – und entwickelt sich von einem Agrarland zu einem Land der Städte. Barcelona wirkt wie ein Magnet, der Hunderttausende von Einwanderern aus anderen Teilen Spaniens anzieht. Zwischen 1950 und 1975 wächst die Bevölkerung Kataloniens von 3,2 auf 5,6 Millionen Einwohner. Weniger der RCD Espanyol, einst gegründet, um den zentralstaatsorientierten Bürgern Barcelonas eine Heimat zu geben, als der FC Barcelona profitiert von dieser Einwanderung. Barça ist der beste Weg, um in Barcelona und Katalonien anzukommen. Barças Katalanismus ist eine symbolische Identität, die nicht auf realer ethnischer Herkunft basiert.

So etabliert sich in Katalonien der FC Barcelona als sichtbarstes Zeichen bürgerlichen Widerstands gegen die Diktatur. Manuel Vázquez Montalbán über die Zeit zwischen 1968 und 1975: „In den Jahren, in denen die bürgerliche Gesellschaft ungeachtet des Fortbestands der Diktatur immer mehr Freiräume besetzte, wurde auch der Futbol Club Barcelona immer mehr zum Forum des Widerstands. Bei den Heimspielen war auf den Rängen nicht eine spanische Fahne zu sehen, wohl aber zunehmend katalanische Fahnen. Als offenkundig wurde, dass auch ein Franco sterblich war, als der Diktator in einem Gewirr von Transfusionskanülen dahinvegetierte, begannen sogar seine Zivilgouverneure Zugeständnisse zu machen. Im Stadion wurde die seit 1939 unterdrückte katalanische Hymne ‚El cant dels segadors' angestimmt. Offensichtlich diente Barça als Kristallisationspunkt für ein klassenübergreifendes (von den Havannarauchern auf der überdachten Tribüne bis hin zu den

Stehplatzzuschauern) katalanisches Nationalgefühl, ein Gefühl, das durch die Intellektuellen noch unterstützt wurde."

1962 war Montalbán, ein engagierter Regimegegner, inhaftiert und mit einem zeitweiligen Schreibverbot belegt worden. 19 Monate später wurde er begnadigt, Montalbán arbeitete nun für die Zeitschrift *Triunfo*, ein Sprachrohr der spanischen Linken. 1972 war der erste in einer Serie von Romanen um den Privatdetektiv Pepe Carvalho erschienen, die zu einem Welterfolg avancierten. Carvalho war ein Alter Ego Montalbáns, wie sein Schöpfer ein leidenschaftlicher Gourmet, Ex-Kommunist und scharfer Zyniker. Der „hedonistische Marxist" Montalbán, der bis zu seinem Tod im Oktober 2003 mehr als 100 Romane, Gedichtbände, Sportreportagen, Restaurantkritiken, Kochbücher und Essays sowie Tausende von Zeitungsartikeln, darunter eine allmontägliche gesellschaftskritische Kolumne in *El País*, veröffentlichte, war ein typisches Produkt Barcelonas und natürlich ein begeisterter Barça-Fan.

Der FC Barcelona ist im Laufe der 1960er so stark geworden, dass er sich seine Führungsriege nicht mehr vorschreiben lassen muss. Es sind weniger seine Erfolge auf dem Spielfeld, die das bewirkt haben, als seine Funktion als „epische Waffe eines Volkes ohne Staat" (Montalbán). Hinzu kommt, dass unter der Diktatur andere regionale Institutionen abgeschafft oder geschwächt worden sind.

Seit Dezember 1969 wird der Klub von Agustí Montal i Costa geführt. Der Sohn von Agustí Montal i Galobert, Barça-Präsident 1946-52, kämpft gegen die vom Regime auferlegten Beschränkungen und für die Demokratisierung der Sportverbände und Klubs und füllt das von seinem Vorgänger Narcis de Carreras kreierte Motto „més que un club" mit Leben. Innerhalb der Barça-Führung existieren zwei Fraktionen: Die „katalanische Gruppe" besteht aus katalanischen Nationalisten und Regimegegnern und wird von Jordi Pujol und seiner Banca Catalana unterstützt. Diese ist weit mehr als nur ein normales Geldinstitut, sondern ein Sponsor katalanischer Kultur und Industrie. Pujol war am 14. September 1948 als 18-Jähriger dem FC Barcelona beigetreten und gehört zu den Köpfen der nationalistischen Bewegung in Katalonien. Vom Mai 1960 bis August 1963 hat Pujol im Gefängnis gesessen, nachdem ihn Francos Polizei der Subversion bezichtigt hatte.

Die „Gruppe der Delegierten und Spanier" besteht aus regimenahen Kräften mit Verbindungen zur Banco Condal und dem Unternehmen Danone. Diese versuchen, alles zu blockieren, was ihnen als zu katalanisch und politisch erscheint. Im Oktober 1971 werden Montal und sein Vorstand in Francos Amtssitz zitiert, wo sie der *Caudillo* dazu auffordert, den rebellischen Tendenzen im Klub Einhalt zu gebieten.

Mittlerweile erschüttern in ganz Spanien Arbeiter- und Studentenproteste sowie terroristische Aktionen das Franco-Regime. 1970 versammeln sich im Schutz des rund 50 km nordwestlich von Barcelona auf einem Berg gelegenen Benediktinerklosters Montserrat fast 300 Intellektuelle und verabschieden ein „Manifest von Barcelona", das weltweit Beachtung findet. Die Unterzeichner verurteilen die laufenden Burgos-Prozesse gegen Mitglieder der ETA und fordern eine Generalamnestie für alle politischen Häftlinge, die Abschaffung von Sondergerichtsverfahren und der Todesstrafe. Das Manifest endet mit den Worten: „Ein wahrhaft demokratischer Staat ist zu schaffen, der die Ausübung der demokratischen Freiheiten und Rechte der Völker und Nationalitäten, die den spanischen Staat bilden, einschließlich des Rechts auf Selbstbestimmung, gewährleistet." Die Polizei umzingelt das Kloster drei Tage lang, bis der Abt, Cassa Just, einen Deal aushandelt, der den Teilnehmern einen freien Abzug und den Verzicht auf Strafverfolgung garantiert – Letzteres wird dann allerdings nicht eingehalten.

1811 war das imposante Bauwerk durch einen Brand stark in Mitleidenschaft gezogen worden. Zwischen 1945 und 1947 wurde es restauriert und ausgebaut. Dem Ausbau folgte im gleichen Jahr eine Feier zu Ehren der 1881 vom Papst zur

Schutzpatronin Kataloniens gekürten „Schwarzen Madonna" (La Moreneta). Dieses Fest geriet mit über 100.000 Teilnehmern zu einer katalanistischen und antifranquistischen Massendemonstration.

Montserrat unterstand nicht den von Franco ernannten Bischöfen, sondern genoss eine gewisse Exterritorialität, die auch das Verlesen der Messe in katalanischer Sprache ermöglichte. Das Kloster entwickelte sich zum Zufluchtsort für politisch Verfolgte, Refugium des Widerstands und Hauptquartier der „Politik des Machbaren". Insbesondere der Abt Aurelio M. Escarré war Franco ein Dorn im Auge. 1963 hatte sich der Abt einer französischen Zeitung gegenüber kritisch über den Franquismus geäußert, 1965 wurde er des Landes verwiesen.

Hinter Montserrats Mauern wurden oppositionelle Flugblätter verfasst. Das Kloster unterstützte auch die Herausgabe der seit 1959 erscheinenden katalanischsprachigen Kulturzeitschrift *Serra D'Or*, die 12.000 Abonnenten zählte und zum wichtigsten Organ der katalanischen Intellektuellen wurde, deren Treffpunkt das Kloster war.

1966 waren zwar die Pressegesetze gelockert worden, trotzdem existierte zunächst noch keine Tageszeitung in katalanischer Sprache, auch Radio und Fernsehen sendeten nur einige Stunden im Monat auf katalanisch. Gleichzeitig hatte in Katalonien das Bewusstsein für die eigene Kultur seit Anfang der 1960 wieder zugenommen. Franco hatte dies am eigenen Leibe zu spüren bekommen, als er 1960 Barcelona erstmals seit Ende des Bürgerkriegs einen offiziellen Besuch abstattete. Im Palau de la Música Catalana hatten 2.000 Ehrengäste den *Caudillo* mit der Katalanen-Hymne „El cant dels segadors" begrüßt. Hunderte von Polizisten stürzten in den Saal, um den Sängern den Mund zuzuhalten. Der Diktator brach seine Visite ab und kehrte nach Madrid zurück.

1971 gründen zahlreiche illegale Gruppierungen Kataloniens die Assembla de Catalunya, eine parlamentarische Versammlung Kataloniens, die sich nun mit ihren über 300

Delegierten regelmäßig an einem geheimen Ort außerhalb Barcelonas trifft.

Auch beim FC Barcelona lässt man sich vom Regime nichts mehr vorschreiben. Am 8. November 1973 sorgt Montal dafür, dass der Klub nicht mehr länger Club de Fútbol Barcelona heißt, sondern wieder Futbol Club Barcelona – mit Zustimmung des nationalen Fußballverbandes. Die Rundbriefe des Klubs erscheinen nun in katalanischer Sprache.

Die Diktatur des 80-jährigen Franco nähert sich spürbar ihrem Ende, doch das Regime wehrt sich gegen seinen Niedergang mit aller Härte.

Am 11. Juni 1973 wird der Admiral Carrero Blanco als Nachfolger Francos vereidigt. Blanco gilt als starker Mann und Garant dafür, dass der Franquismus Franco überlebt. Doch solchen Überlegungen macht wenige Monate später ein Attentat der baskischen ETA einen Strich durch die Rechnung. Am 20. Dezember 1973 besucht Carrero Blanco in Madrid in der Kirche des Heiligen Francisco de Borja die Morgenmesse. Als er sich anschließend in sein gepanzertes Gefährt begibt, explodiert unter dem Fahrzeug eine Bombe. Die Wucht der Explosion schleudert das Auto 35 Meter in die Höhe, über die Kirche und ein fünfstöckiges Wohnhaus hinaus, in dessen Innenhof es auf einem Balkon im zweiten Stock landet. Carrero Blanco und sein Leibwächter sterben auf der Stelle, sein Fahrer nach der Einlieferung ins Krankenhaus.

Der teuerste Spieler der Welt

Die Ausländersperre im Profifußball ist also aufgehoben, aber nicht der FC Barcelona profitiert als Erster davon, sondern der Rivale Real Madrid. Im Sommer 1973 heuert dort Günter Netzer an. Der deutsche Fußball ist top, die deutsche Nationalelf 1972 Europameister geworden, ein Titel, der auch noch heute vor allem mit dem Namen Netzer in Verbindung gebracht wird. Die Deutschen spielen so „undeutsch" wie seit den Tagen der legendären „Breslau-Elf" nicht mehr.

Barça versucht Real mit einem anderen deutschen Star zu kontern. Der stämmige Goalgetter Gerd Müller von Bayern München soll in die katalanische Metropole kommen, eine Tormaschine par excellence. Bei der WM 1970 war Müller mit zehn Treffern Torschützenkönig geworden, nur der Franzose Just Fontaine traf beim Turnier 1958 noch häufiger. Barça bietet 5,5 Mio. DM für den bis heute besten deutschen Torjäger, doch Müller will nicht weg aus München. Michels verpflichtet zunächst den Peruaner Hugo Sotil, aber schließlich finden die in ihrem Stolz verletzten Katalanen doch noch das Gegenstück zu Günter Netzer: Johan Cruyff.

1973 war der Niederländer zum zweiten Mal nach 1971 zum Europäischen Fußballer des Jahres gewählt worden, was vor ihm nur einem anderen gelungen war: Alfredo di Stéfano. Doch im Sommer 1973 ist das Verhältnis Cruyffs zu Ajax gestört. Auf Rinus Michels war als Trainer Stefan Kovác gefolgt, ein Rumäne ungarischer Abstammung, unter dem das Team mit den Europapokalsiegen 1972 und 1973 den Zenit seines Könnens erreichte. Anders als der „General" Michels war Kovác ein eher lockerer Typ. Horst Blankenburg, der deutsche Abwehrspieler im großen Ajax-Team, dem eine DFB-Karriere verwehrt blieb: „Er kannte die menschliche Unzulänglichkeit und verzieh Fehler. Das hatte zur Folge, dass wir uns freier fühlten und die Kreativität eines Genies wie Johan Cruyff sich erst voll entfalten konnte." Unter Kovác spielt Ajax noch mehr *totaal voetbal* als unter Michels.

Im Sommer 1973 übernimmt Georg Knobel die Mannschaft. Dieser lässt den Mannschaftskapitän wählen. Die unbedeutenderen Spieler reiben sich an Cruyffs Dominanz und votieren für Piet Keizer, womit für den beleidigten Star das Kapitel Ajax geschlossen ist. Cruyff will weg, und Ajax ist seinen Abwanderungsplänen nicht mehr abgeneigt. Zumal angesichts der beträchtlichen Ablösesumme, die ein Verkauf des Stars, dessen Vertrag noch fünf Jahre läuft, verspricht. Außerdem glaubt die Ajax-Führung, auch ohne Cruyff im Europacup bestehen zu können – was sich allerdings als Illusion entpuppen wird.

Barça-Gründer Hans alias Joan Gamper, gebürtiger Schweizer und überzeugter Katalane, ca. 1910.

Die Mannschaft des FC Barcelona von 1902 bestand aus Katalanen, Engländern, Schweizern und einem Deutschen. Stehend v.l.: Ilobet, Terrades, Reig, Vidal. Sitzend v.l.: Ossó, Steinberg, Maier, Witty, Gamper, Witty und Lasaleta.

Barças erster Star: Josep
Samitier, *El Mag* (der Magier),
der in 454 Spielen für Barça 326
Tore erzielte.

Der Ungar Ladislao Kubala
war in den 1950er Jahren der
erste internationale Star des
FC Barcelona.

Barça-Präsident Josep Sunyol (2. v. links) und Lluís Company (3. v. links),
Kataloniens politischer Repräsentant, hier 1936 im Stadion Les Corts,
wurden im spanischen Bürgerkrieg Opfer der Franco-Faschisten.

Wies Barça den Weg: Johan Cruyff, der 1973 zum FC Barcelona kam.

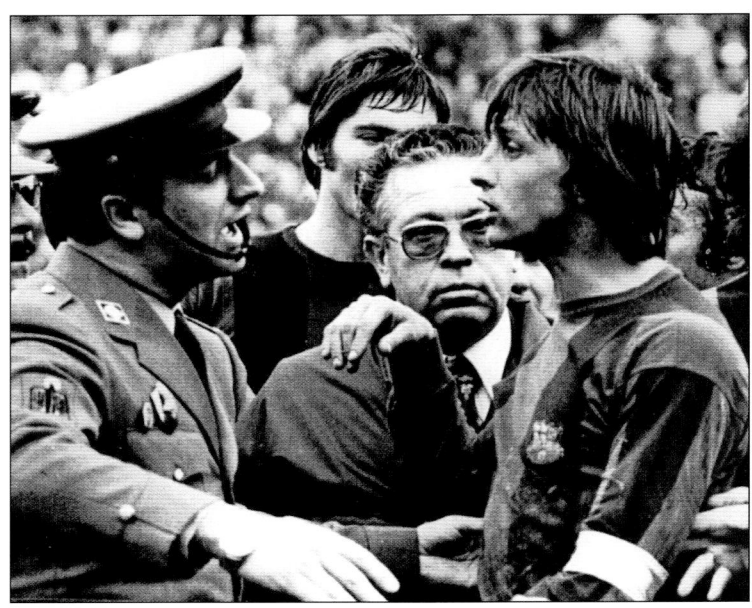

Cruyff im Disput mit Francos Polizei, 1975. Der niederländische Star machte keinen Hehl aus seiner Abneigung gegen das Regime.

Bernd Schuster spielte auch in Barcelona zuweilen das Enfant terrible.

1988 kehrte Johan Cruyff als Trainer ins Camp Nou zurück. Das Foto zeigt ihn mit Barça-Präsident Josep Lluís Núñez.

Chefcoach Cruyff ließ „Fußball total" spielen, und einer seiner gelehrigsten Schüler war Josep „Pep" Guardiola (rechts), der heutige Trainer des FC Barcelona.

1992 holte der FC Barcelona unter Trainer Johan Cruyff erstmals den Europapokal der Landesmeister. Cruyffs Dream-Team bestand aus jungen Katalanen wie Guardiola, zähen Basken wie Bakero, erfahrenen Akteuren wie Keeper Zubizarreta und Salinas sowie den ausländischen Superstars Ronald Koeman, Michael Laudrup und Hristo Stoichkov.

Mit Trainer Frank Rijkaard setzte Barça seinen „Kulturtransfer"
aus den Niederlanden fort. In seinem Team sorgte vor allem der
Kameruner Samuel Eto'o für Torgefahr.

Mit dem brasilianischen Weltstar Ronaldinho gewann Barça die Champions League 2006. Der *Spiegel* schrieb über die erfolgreiche Mannschaft: „Sie zelebriert Fußball, sie erfüllt die Sehnsucht ihrer Anhänger nach ästhetischem, offensivem, dominantem Spiel."

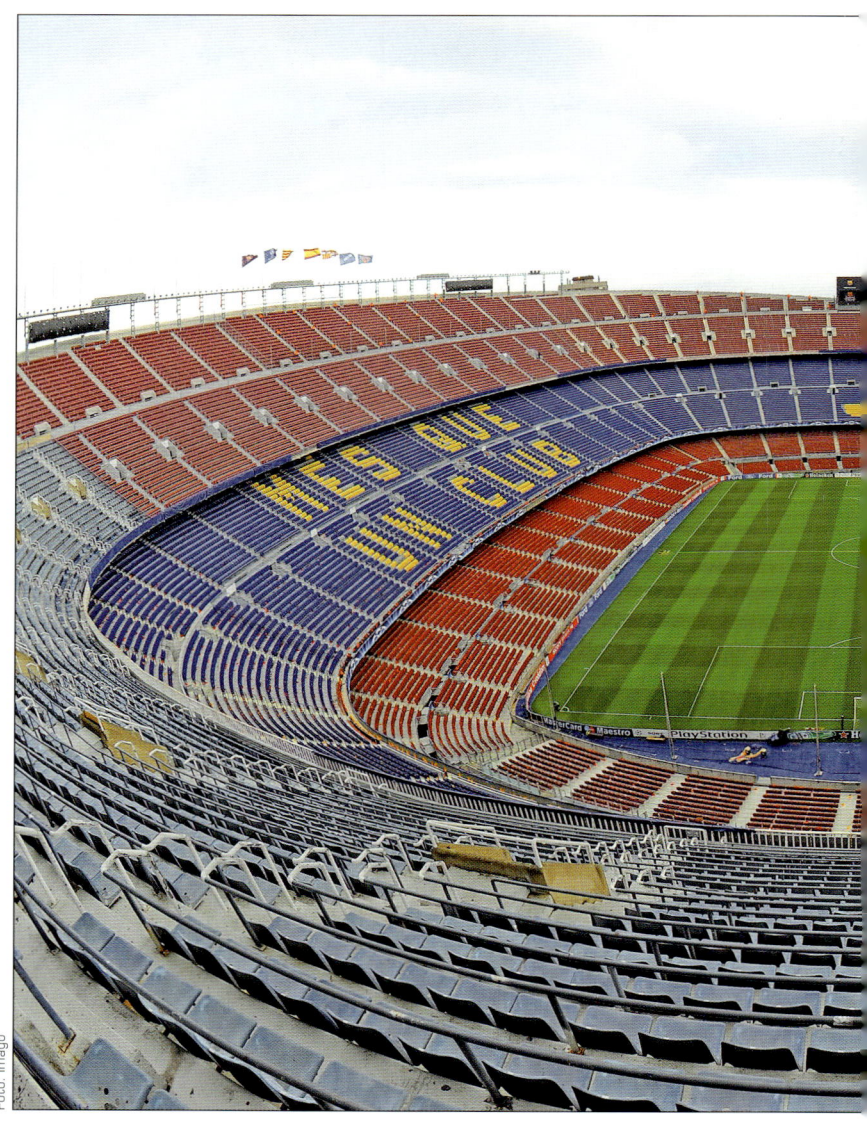

Foto: Imago

Das größte Stadion Europas, das Camp Nou, hat ein Fassungsvermögen von knapp 99.000 Zuschauern. Das Vereinsmotto „Més que un
Club" füllt unübersehbar die Ränge der Gegengeraden.

Ein Musterschüler der Nachwuchsschmiede: „Pep" Guardiola, der im Alter von 13 Jahren zu Barça stieß, war sowohl als Spieler wie als Trainer erfolgreich.

Jubel mit Messi: Sein Siegtor im Champions-League-Finale 2009 gegen
Manchester United feierten (von links): Sergio Busquets, Andrés Iniesta,
Yaya Toure, er selbst (im Trikot Nr. 10), Sylvinho und Xavi Hernandez.

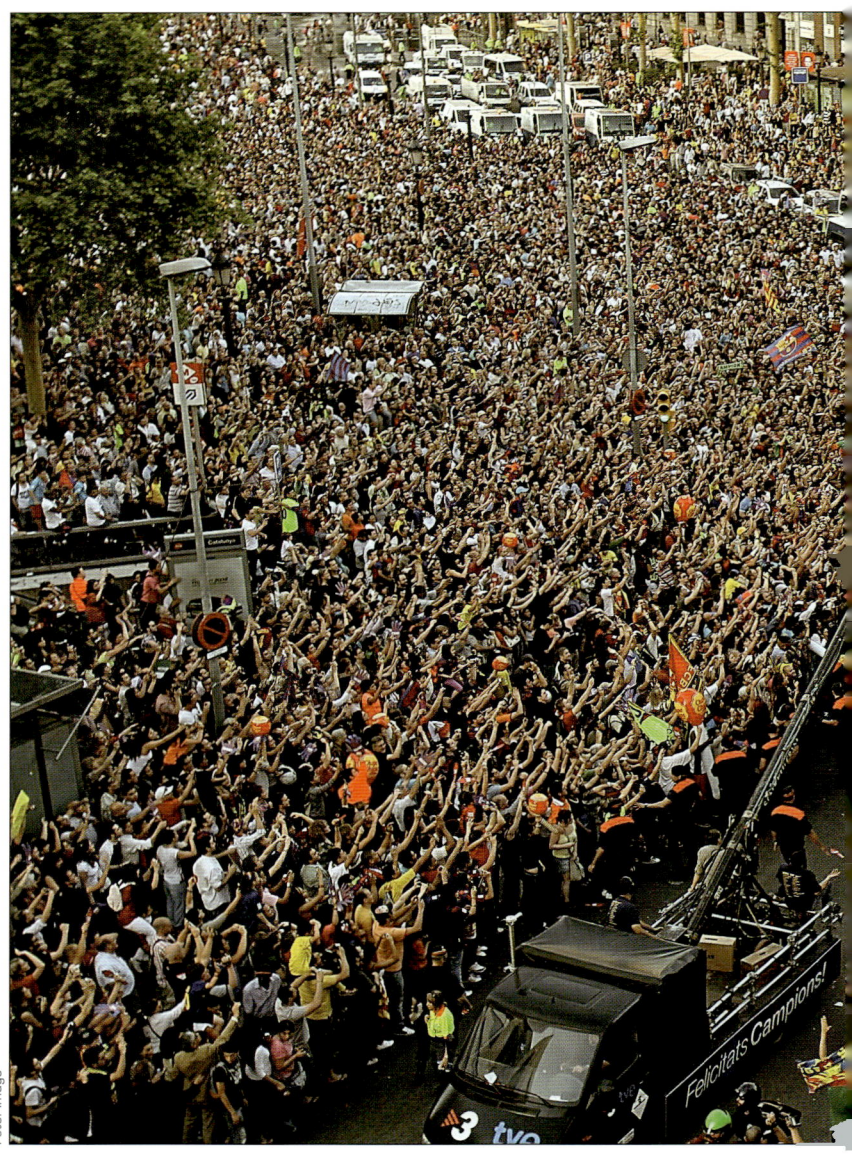

Foto: Imago

Triumphzug durch Barcelona 2009. In diesem Jahr gewann Barça mit sechs Titeln alles, was möglich ist. Fast eine Million Fans feierten ihre Mannschaft.

Derzeit der beste Spieler der Welt: Lionel Messi, hier bei seinem
Siegtor im Champions-League-Finale 2011, wurde zwischen 2009 und
2012 viermal in Folge zum „Weltfußballer des Jahres" gewählt.

Cruyffs Interessen werden von seinem Schwiegervater Cor Coster vertreten, einem wohlhabenden Amsterdamer Diamantenhändler, der schockiert die maue Kassenlage seines Schwiegersohnes zur Kenntnis genommen hatte, der nicht einmal ein Bankkonto besaß. Dank des Phänomens Cruyff war das Ajax-Stadion De Meer alle 14 Tage ausverkauft, aber das Jahressalär des Publikumsmagneten betrug lediglich 15.000 Gulden. Während die Klubs mittlerweile hohe Einnahmen verzeichneten, verharrten die Spieler häufig noch im Status von Halbprofis und wurden wie rechtlose Leibeigene behandelt.

Mit Costers Einstieg in das Fußballgeschäft sollte sich dies ändern. Coster handelte für Cruyff einen neuen Vertrag aus, der ihm 50.000 Gulden pro Jahr einbrachte. Zwei Jahre später unterschrieb Cruyff bei Ajax einen mit jährlich 100.000 Gulden dotierten Kontrakt über sieben Jahre. Der Sponsor Koninklijke Bjenkorf garantierte Cruyff zusätzlich bis zu seinem 65. Geburtstag jährlich 60.000 Gulden. Auch andere Ajax-Akteure wie Gerie Muhren, John Rep, Ruud Krol und Johan Neeskens versicherten sich der Dienste Costers, bei der WM 1974 hatte er zum Leidwesen des Koninklijke Nederlandse Voetbalbond (KNVB) das komplette Oranje-Team als Klienten.

Nach einigen Pokerrunden meldet das Züricher Fachblatt *Sport* am 15. August 1973: „Johan Cruyff, Europas Fußballer des Jahres, wird Ajax Amsterdam nun doch verlassen und wie Günter Netzer einem spanischen Klub beitreten. Nach einer vierstündigen Sitzung, die der Manager von Barcelona, Armando Caraben, dramatisch nannte und in deren Verlauf Cruyff drohte, den Fußballsport aufzugeben, falls er die Freigabe nicht erhalte, kam schließlich doch eine Einigung zustande: Ajax Amsterdam wird Cruyff für die Rekordsumme von drei Millionen Gulden für Barcelona freigeben. Ungefähr die gleiche Summe soll Cruyff für seinen Drei-Jahres-Vertrag erhalten.“

Die *Bild*-Zeitung kann später mit konkreteren Zahlen aufwarten: „Cor Coster hat für Johan einen der sensationellsten Verträge der Fußballgeschichte ausgehandelt. (…) Erstens erhält Johan Cruyff für einen Drei-Jahres-Vertrag eine Million Dollar (2,35 Mio. DM) netto. Coster: ‚Barcelona zahlt die Steuern.‘ Zweitens erhält Johan ein Grundgehalt (6.000 DM), das höher liegt als jenes, das Gerd Müller vom selben Verein geboten wurde (5.000 bis 5.500 im Monat). Drittens sind an Prämien im Jahr zwischen 50.000 und 60.000 Mark zu verdienen. (…) Viertens wird Johan Cruyff auf Kosten des Vereins ein Haus bewohnen, das er sich unter mehreren Angeboten aussuchen kann. Fünftens kann er mit allen Familienmitgliedern, Ehefrau und den beiden Töchtern, jederzeit fliegen, wohin er will. (…) Ajax wird der Abschied von Cruyff mit einer Ablöse von 3,7 Mio. DM versüßt.“ Summa summarum bedeuten die Zahlungen, dass Cruyff nun die Liste der weltweit teuersten Transfers anführt – vor Pietro Anastasi (vom FC Varese zu Juventus Turon), Luciano Speggiorin (von Vicenca zum FC Florenz), Luciano Chiarugi (vom FC Florenz zu AC Mailand), Pierino Prati (vom AC Mailand zu AS Rom) und Günter Netzer, der Real Madrid 2,4 Mio., weniger als die Hälfte Cruyffs, kostet. Cruyffs Verpflichtung wird von Jordi Pujols Banca Catalana finanziert.

Der perfekte Profi

Cruyffs Wechsel nach Barcelona signalisiert einen Machtwechsel. Auch Real hatte sich um Cruyff bemüht, besaß aber offenbar nicht die notwendigen finanziellen Mittel. Außerdem ahnte Real-Boss Santiago Bernabéu wohl, dass dieser Niederländer, „der aus einem fernen Land einen Hauch des Libertären brachte" (Javier Cáceres), zu den gestrengen „Weißen" nicht passen würde. Bernabéu: „Er ist ein Crack, aber mir gefällt nicht seine Visage."

Cruyff selbst erklärt zur Begeisterung der Katalanen, er habe sich für den FC Barcelona und gegen Real Madrid entschieden, weil er nicht für einen Klub spielen könne, der mit einem Diktator assoziiert wird. Mit Cruyff schließt Barça die di-Stéfano-Wunde. Real hatte zwar Netzer verpflichtet, aber Barça mit Cruyff den zu dieser Zeit wohl weltbesten Fußballer.

Cruyffs Ankunft in Barcelona verzögert sich zunächst. Während sich Ajax und der FC Barcelona einig sind, zickt nun der KNVB. Der Verband kennt nur zwei Transferperioden, die erste ist bereits am 15. Juli abgelaufen. Folglich müsse Cruyff bis zum Dezember mit seinem Wechsel warten. Die niederländische Meisterschaft ist bereits gestartet, Ajax schlägt am 1. Spieltag Groningen mit 4:0 – mit Johan Cruyff, der zwei Tore schießt.

Außerdem befürchtet der Verband, dass ein Johan Cruyff in Barcelona der Nationalelf, die sich für die WM 1974 in Deutschland qualifizieren will, nur bedingt zur Verfügung stehen würde. Bei den KNVB-Oberen ist Cruyff ohnehin in Ungnade gefallen. Der aufmüpfige Star hat sie immer wieder „hilflose Amateure" geschmäht, die verantwortlich dafür seien, dass die WM-Turniere seit 1938 ohne die Niederlande stattfanden. Cruyff und sein Schwiegervater Coster bleiben stur. Die *Bild*-Zeitung meldet in großen Lettern: „,Ich spiele nicht mehr für Holland', damit droht Cruyff, wenn er nicht nach Barcelona darf." Im Text heißt es weiter: „Johan Cruyff setzt dem holländischen Verband die Pistole auf die Brust. Der 26-jährige Stürmer-Star droht: ,Wenn ich nicht die Freigabe für den CF Barcelona erhalte, spiele ich nie wieder für Holland.'"

Dem KNVB bleibt nichts anderes übrig, als einzuknicken. Die Verbandsoberen ändern kurzerhand die Satzung, indem sie jene Klausel im Reglement streichen, die Cruyff einen Wechsel vor dem 1. Dezember 1973 bzw. zwischen den beiden Transferperioden untersagt. Damit nicht genug. Auf Verlangen des FC Barcelona versichert der KNVB Cruyff bei Lloyd's. Sollte Cruyff sich bei einem Einsatz für *Oranje* so schwer verletzen, dass ihn dies an der Fortsetzung seiner Karriere hindert, erhält der Spieler eine halbe Million und sein Klub drei Millionen Gulden.

Arie Haan, Cruyffs Kollege bei Ajax und in der Nationalelf, ist dem Rebell noch viele Jahre später dankbar: „Unsere Generation hat ,Cruyffie', dem perfektesten Profi, alles zu verdanken. Er hat nicht nur den holländischen Fußball revolutioniert, sondern auch die Funktionärsmentalität verändert. Wir ernten heute täglich, was er durchsetzte."

Der fliegende Holländer

Wer ist dieser schmächtige, langhaarige, kettenrauchende Fußballer, der Barças Fans bald fasziniert und begeistert wie seit den Tagen Ladislao Kubalas kein Spieler mehr? Und der im Verlauf der nächsten 20 Jahre – zunächst als Spieler, später als Trainer – zur Barça-Ikone schlechthin aufsteigen wird?

Die *Süddeutsche Zeitung* beschreibt ihn als eine „Gazelle", die „ihre Gegenspieler foppt", als „Kranich, der die Außenlinie entlang fliegt", als „Synchronisation von Armen, Händen und Beinen", die Cruyff zu einer „Wildkatze stilisieren". Das gelungenste Porträt des Fußballers Cruyff stammt aus der Feder von Ulfert Schröder: „Sämtliche Eigenschaften, die ein erstklassiger Mann besitzen muss, waren in ihm vereinigt. Und auf sonderbare Weise schien jener Johan Cruyff eine Mixtur all der großen Stars zu sein, die vor ihm auf der Bühne des europäischen Fußballs aufgetreten waren. Vor ihm, da waren Alfredo di Stéfano, Puskás, Eusébio, Mazzola, Rivera, Bobby Charlton gewesen. Und von diesen allen steckte ein wenig in Cruyff. Keine Eigenschaft war hundertprozentig ausgeprägt, doch jede war in ausreichendem Maße vorhanden. Beispielsweise hat Cruyff von Puskás die Genauigkeit seiner Schüsse und deren Plötzlichkeit. Er schießt wie Puskás aus dem Fußgelenk. Cruyff schlendert wie di Stéfano zwischen den Strafräumen hin und her, arbeitend, die Bälle schleppend wie ein Maultier, mit derselben Übersicht, wie sie di Stéfano besessen hatte. Cruyff ist fleißig und umsichtig wie Bobby Charlton, und er vermag Alleingänge zu unternehmen wie Eusébio. Seine Ballbehandlung ist im Übrigen so gut wie jene von Beckenbauer oder Overath, er kann schlau sein wie Mazzola und künstlerisch wie Rivera, und er ist duldsam wie Netzer, der die Rauheiten der Abwehrspieler ohne ein böses Wort hinnimmt und lediglich durch seine Gesten den Zuschauern andeutet: Seht her, mit welch schlimmen Kerlen ich mich hier herumschlagen muss. Jawohl, auch diese Fähigkeit des Schauspielens besitzt Johan Cruyff. Er ist also, wie man sagt, ein kompletter Star und ein perfekter Fußballspieler.

Worin er freilich die meisten seiner Vorgänger übertrifft, ist seine Schnelligkeit. Auf den ersten 20 Metern verfügt Cruyff über die Antrittsschnelligkeit eines Weltklassesprinters. Rinus Michels: ‚Das ist genau der Aktionsradius, um als Erster am Ball zu sein.' Doch Cruyff ist nicht nur physisch schnell, sondern auch im Erfassen von Situationen und deren Auswertung während des Spiels, also in der ‚Verarbeitung', er ist schnell in Zweikämpfen, die er wie ein Florettfechter betreibt, stets lässt er dabei den Gegner wie einen Elefanten im Porzellanladen ausschauen. Mit langen Schritten, die Arme ein wenig ausgebreitet und in den Ellbogen angewinkelt, so rast er mit riesigen Schritten über das Spielfeld, und man muss nicht besonders phantasiebegabt sein, um sogleich, wenn man Cruyff spielen und rennen sieht, an den ‚Fliegenden Holländer' zu denken. ‚Fliegend' ist im Übrigen die rechte Bezeichnung für den Fußball, den Johan Cruyff spielt. Denn Cruyff stellt an das Team, in dem er spielt, keine hohen, aber sehr spezifische Ansprüche. Die Mannschaft muss athletisch und konditionsstark sein. Vor allem aber muss sie schnell sein und eine rasche Auffassungsgabe besitzen. Alles andere, was sonst noch zu tun ist, macht Cruyff. Und das ist ebenso die schöpferische Arbeit im Mittelfeld wie das Ausnutzen der Chancen vor dem gegnerischen Tor. Denn gerade diese Vielseitigkeit macht die Wirkung von Cruyff aus. Er bereitet sozusagen seine eigenen Torchancen schon im Mittelfeld vor, von seinen Kollegen nur erwartend, dass sie ihm dabei behilflich sind, dass sie jene Positionen und jene Vorteile, die er erarbeitet hat, bis zum endgültigen Abschluss aufrechterhalten und verteidigen. Auf diese Weise wird Cruyff zum Kopf und zum Motor einer Mannschaft."

In Deutschland, so Schröder weiter, habe man Cruyff stets als Mittelstürmer, als Torjäger bezeichnet. Auch die Münchener Bayern hätten sich, als sie im März 1973 im Viertelfinale des Europapokals in Amsterdam gegen Ajax spielten und mit 0:4 untergingen, auf den „Mittelstürmer" Cruyff eingerichtet. Schröder: „Das war falsch, denn Cruyffs Wirkung auf seine Mannschaft war vielmehr die eines offensiven Mittelfeldmannes. Auch bei Barcelona übernahm er diese Rolle, und gerade das macht es für jede Mannschaft so schwer, Cruyff lahmzulegen oder ihn auch nur in seiner Wirkung einzuengen. Denn das Schwergewicht seiner Arbeit legt Cruyff stets ins Mittelfeld, dort versieht er seine Mannschaft mit Impulsen, dort bereitet er seine eigenen Attacken vor, und am gefährlichsten für den Gegner wird er, wenn er aus der Tiefe des Mittelfeldes zum Tor vordringt. Er pendelt sozusagen zwischen der eigenen Hälfte und dem Strafraum des Gegners, er lässt sich an der Mittellinie anspielen, er befindet sich selten vor dem gegnerischen Tor, um dort auf das Vordringen seiner Mitspieler zu warten. Den Mittelstürmer Cruyff hat es also im Grunde nie gegeben."

„Fußballphilosoph" Jorge Valdano sieht es ähnlich: „Wenn man sagt, Johan Cruyff spielte wie ein Gott, dann ist das nur die halbe Wahrheit; was er eigentlich tat, war, Spiele zu regieren. Er organisierte, protestierte, erteilte Befehle, verlangte Erklärungen, und manchmal ließ er sich dazu herab, uns auch ein bisschen spielen zu lassen. Die Grundlage seines Talents war die Täuschung. Er rannte, weil er eigentlich bremsen wollte, er bremste, um dann schnell anzutreten, er täuschte einen Pass an, weil er dribbeln wollte, und begann ein Dribbling, weil er einen Pass spielen wollte, er schaute nach links, weil er nach rechts spielen wollte…"

Als die Fußball-Feuilletonisten des Fanzines *Der tödliche Pass* im Herbst 2009 den wunderschönen Film „Johan Cruyff – Esta es su vida" ausgruben, war ihre Begeisterung groß: „Wer im Jahr 1967 das Licht und die Schatten der Welt erblickte und in keiner besonders fußballaffinen Welt aufwuchs, kennt Johan Cruyff nur als historische Figur. Als Foto, als Instanz, als Studiogast. Gut gespielt muss er haben, im bewegten Bild existiert er aber im eigenen Kopf nicht. Und nun bewegt er sich doch: zunächst als kleiner Junge im hüfthohen Wasser, Fallrückzieher und Kopfbälle übend, dann, auf einer Garageneinfahrt, den Ball hochhaltend, erst mit dem Kopf, später mit dem Fuß, und abschließend seinen kleinen Mitspieler tunnelnd. Ein normaler Junge, der neben Fußball genau zwei Dinge im Kopf hat: Fußball und Fußball. Doch dann geht's los: Cruyff als junger Ajax-Spieler, immer und immer wieder über sich hinauswachsend. Cruyff in Barcelona, Cruyff in den USA, Cruyff wieder bei Ajax und schließlich in Rotterdam. Cruyff mit links, Cruyff mit rechts, Cruyff mit dem Kopf. Ein Tor nach dem anderen, ein Dribbling nach dem anderen. Und immer dieser ‚Gib-mich-die-Kirsche'-Habitus; Cruyff forderte jeden Ball und bekam wohl die allermeisten. Am ersten Gegner links vorbei, am zweiten rechts, und immer auch, wenn es irgendwie passte, am Torwart. Straßenfußball in Vollendung. Ballführung und Schuss meist mit links, längst aber nicht immer, und dann der Torjubel: Luftsprünge wie ein junges Reh. Hätte Cruyff jemals unter Eid aussagen müssen, mit welchem Bein er lieber geschossen habe, er hätte vermutlich das linke genannt, tatsächlich war aber auch sein rechtes stärker als das der meisten Rechtsfüßler."

Auch „Kaiser" Franz Beckenbauer ist davon überzeugt, dass „König Johan" „der bessere Spieler war." Um hinzuzufügen: „Aber ich bin Weltmeister." Dieses Schicksal teilten Cruyff und seine niederländischen Spielkameraden mit Puskás, Hidegkuti und Co. Die beiden spielerisch größten europäischen Nationalmannschaften des 20. Jahrhunderts, die Ungarn der Jahre 1950 bis 1954 und die Niederländer der Jahre 1972 bis 1974, scheiterten beide, als es galt, die Ernte großartiger Spielkultur einzufahren, im WM-Finale an Deutschland. Als aber im Jahr 2000 Europas „Jahrhundertfußballer" gewählt wurde, hatte „König Johan" gegenüber „Kaiser Franz" die Nase vorn.

Kapitel 6

El Salvador: **Ein Niederländer erlöst Katalonien**

2006 feierte bei den Internationalen Filmfestspielen von Cannes Manuel Huergas „Salvador – Kampf um die Freiheit" Premiere. Huergas Werk widmet sich dem Schicksal des katalanischen Anarchisten Salvador Puig Antich (gespielt vom in Barcelona geborenen Daniel Brühl), der einer Gruppe von Rebellen angehörte, die bewaffnete Raubüberfälle „zum Wohle des Kampfes der Arbeiter" durchführte. Im September 1973 mündete ein Banküberfall in einen Schusswechsel mit der Polizei, bei dem Salvador schwer verwundet und festgenommen wurde. Ein Polizist kam ums Leben, und Salvador wurde des Polizistenmordes angeklagt. Im Gefängnis durfte Salvador mit seiner Familie nicht auf katalanisch reden, auch der Schriftverkehr auf katalanisch war verboten.

Am 28. Oktober 1973 feierte Johan Cruyff sein Debüt im *Blaugrana*-Trikot. Der FC Barcelona schlug Granada mit 4:0, zwei Tore schoss Cruyff.

In „Salvador – Kampf um die Freiheit" studiert ein Gefängniswärter am Morgen danach die Zeitung, deren Schlagzeile dem Cruyff-Auftritt gilt. Der Wärter flucht gegenüber einem Kollegen: „Gestern hat dieser Cruyff sein Debüt gegeben. Vier Tore hat er gegen Granada geschossen, verdammt noch einmal." Woraufhin der Kollege beschwichtigt: „Warte erst einmal ab, wenn ihn auswärts die Verteidiger zermürben – dann wird er nicht mehr so gut aussehen." Wenig später werden neue Gefangene in den Trakt geführt, Mitglieder der demokratischen Opposition, und der zeitunglesende Wärter empfiehlt seinem Kollegen: „Behandel sie nett. Vielleicht wirst du einmal für sie arbeiten müssen."

Nicht nur im Film, auch in der Wirklichkeit reagierten Anhänger und Angestellte des Regimes verunsichert, als sie vom Cruyff-Debüt vernahmen. Als ob das Spiel und sein Ergebnis nicht nur einen bevorstehenden Machtwechsel auf dem Fußballfeld, sondern auch in der Politik signalisiert hätte. Für Salvador Puig Antich kamen Johan Cruyffs Tore indes zu spät. Der 25-Jährige wurde zum Tode verurteilt. Am 2. März 1974 wurde der antifranquistische Widerstandskämpfer im Gefängnis Modelo hingerichtet – trotz massiver internationaler Proteste. Mit dem DDR-Flüchtling Georg Michael Welzel war Puig Antich der letzte Verurteilte, der den grausamen Tod durch die Garotte starb.

„Cruyffmania"

Für Cruyffs Mannschaftskameraden war die Begegnung gegen Granada bereits der 7. Spieltag der Saison 1973/74. Die sechs Spiele davor musste man wegen des Transfer-Hickhacks ohne den Niederländer bestreiten. Am 1. Spieltag verlor Barça beim FC Elche 0:1, der erste Sieg wurde erst am 4. Spieltag mit einem 3:0 über den Lokalrivalen Espanyol eingefahren. Nach sechs Begegnungen hatte der FC Barcelona lediglich sechs Punkte auf seinem Konto und rangierte auf dem vorletzten Platz der Tabelle.

Mit Cruyff kommt nun die Wende. Das Klub-Magazin *Barça* schwärmt nach der gelungenen Premiere gegen Granada: „Cruyff spielt nicht nur für den Rest des Teams, er bringt das Team auch zum Spielen." Sein Debüt ist der Auftakt zu einer Serie von 24 ungeschlagenen Spielen: 18-mal verlässt Barça als Sieger das Feld, sechsmal muss man sich mit einer Punkteteilung begnügen. Erst am 32. Spieltag kassiert man mit einem 0:2 bei Atlético Madríd wieder eine Niederlage.

Cruyffs Spielstil ist der Stadt und ihrer Mentalität auf den Leib geschneidert. Kommt Barças Spiel bis dahin eher behäbig daher, vollzieht sich nun ein Stilwandel. Barças Fans lieben Cruyffs Tempowechsel, seinen Variationsreichtum, seine

Kreativität. Cruyff gibt der Mannschaft des FC Barcelona binnen kürzester Zeit ein anderes Gesicht. Ulfert Schröder: „Noch nie zuvor war das Spiel einer Mannschaft durch einen einzigen neuen Mann derart positiv beeinflusst worden wie in diesem Falle, als Cruyff zu den Spaniern gekommen war. Über Nacht hatten die Katalanen ihren Stil geändert, spielten plötzlich herrlichen Fußball und ließen erkennen, dass sie nun wieder stark genug waren, um ernsthaft in den Wettbewerb der europäischen Landesmeister einzugreifen. (…) Johan Cruyff bewies in Barcelona, dass in der Tat ein einziger Spieler eine ganze Mannschaft verwandeln kann."

Cruyffs Darbietungen wecken Hoffnungen, die übers Camp Nou weit hinausreichen. Schröder: „Die Fans frohlockten, dass damit dem schrecklichen Defensivfußball ein Ende bereitet werde. Diese Abwehrtaktik, einst von den Italienern kreiert, hatte auf der iberischen Halbinsel nie Beifall gefunden. Die Fans ertrugen ihn wie ein böses Schicksal. Nun, da er überwunden schien, vertrauten die Spanier wieder auf die Zukunft des Unterhaltungsspiels. Durch Cruyff wurden auch die anderen beflügelt. Marcial, der Torjäger (zehn Treffer in dreizehn Spielen), Asensi, Costas, Rexach liefen plötzlich wieder zur Topform auf und inszenierten zusammen mit dem holländischen Inspirator einen einfach berauschenden Traumfußball, wie er einst zu den großen Zeiten von Real Madrid so selbstverständlich gewesen war."

Schnell entsteht in Barcelona und Katalonien eine „Cruyffmania". Ähnlich wie seinerzeit Ladislao Kubala löst Cruyff einen Zuschauerboom aus. Zu seinen ersten Heimauftritten kommen jeweils 100.000 Zuschauer ins Camp Nou. Im Verlauf der Meisterschaftsrunde steigt der Zuschauerschnitt von 35.000 auf 90.000, weshalb die Vereinsführung das Stadion nach der Saison auf ein Fassungsvermögen von 120.000 Zuschauer – 75.000 Sitz- und 45.000 Stehplätze – ausbauen lässt. Und binnen weniger Monate gewinnt Barça über 10.000 neue Mitglieder. Für Freundschaftsspiele kann der Klub nun umgerechnet fast 150.000 DM pro Spiel einstreichen. Das ist deutlich mehr, als nach der Saison 1973/74 der frischgebackene Europapokal-Sieger und Ajax-Erbe Bayern München verlangen kann. Am Ende der Spielzeit liegen Barça 35 Einladungen für internationale Freundschaftsspiele vor.

Wie alle technischen Überflieger muss auch Cruyff Bekanntschaft mit den gröberen Vertretern seiner Branche machen. Beim Auswärtsspiel gegen Athletic Bilbao weiß sich ein frustrierter Gegenspieler nur mit einem Faustschlag gegen Cruyffs Kinnspitze zu helfen. Der „fliegende Holländer" fällt rücklings zu Boden und ist über eine Minute bewusstlos. Barças Fans sind so besorgt um die Unversehrtheit ihres Stars, dass sie vor dem Rückspiel gegen Granada Trainer Rinus Michels per Unterschriftensammlung bitten, Cruyff nicht aufzustellen. Schließlich hat der Gegner mit dem Argentinier Ramón Alberto Aguirre Suárez einen der brutalsten Akteure des Weltfußballs in seinen Reihen. Mit Estudiantes de la Plata, einem der hässlichsten Teams in der Fußballgeschichte Südamerikas, hatte Suárez mehrere Weltpokalfinals bestritten, in denen die Argentinier – unter ihnen auch der spätere Nationaltrainer und Menotti-Gegenspieler Carlos Bilardo – vor allem durch Spucken, Schlagen, Treten, Beißen und Zeitschinden auffielen. In einer Begegnung gegen den AC Mailand hatten die „Studenten" dermaßen zugelangt, dass Argentiniens Präsident das gesamte Team verhaften ließ. Suárez, einer der Hauptübeltäter, wurde vom eigenen Verband ein halbes Jahr für sämtliche internationalen Wettbewerbe gesperrt. Auch sein Landsmann Alfredo di Stéfano sah in Suárez nur einen „Schläger".

Barças Fans sind überzeugt, dass der Argentinier „alles versuchen wird, um Johan Cruyff für den Rest seines Lebens unglücklich zu machen". Doch Michels winkt ab. Er könne sich nicht vorstellen, „dass es einen einzigen Berufsspieler gibt, der sich zum Ziel gesetzt hat, einen Kollegen mutwillig zu verletzen. Fußball ist ein hartes Spiel, und Verletzungen sind das permanente Risiko."

Ohnehin hat Cruyff mit dem Bilbao-Spiel seine Lektion gelernt. Fortan setzt er sich zu Wehr. Beim Spiel gegen Real Saragossa nimmt er eine „drohende Haltung" gegenüber einem Gegenspieler ein, wofür er die erste Gelbe Karte seiner Karriere kassiert.

Cruyff kontra Franco

Im Februar 1974 lassen zwei Ereignisse Johan Cruyff zum katalanischen Nationalhelden avancieren. Am 9. Februar bringt Danny Cruyff in einem Amsterdamer Krankenhaus einen Sohn zur Welt. Die Cruyffs nennen ihn Jordi – nach Kataloniens Schutzpatron, dem heiligen Georg. In den Niederlanden verläuft die Registrierung des neuen Erdenbürgers problemlos, in Barcelona sperren sich die Behörden. Die repressive Sprachenpolitik des Regimes kennt keine „Jordis". Doch Cruyff bleibt stur. „Ich sagte ihnen: Schaut her. Hier sind die niederländischen Papiere und sein niederländischer Pass mit dem Namen Jordi. Macht hin und fotokopiert die Sachen." Die Beamten wollen nur Jorge akzeptieren, die spanische Version von Jordi. Cruyff beendet das Gespräch mit den Worten: „Hier sind die offiziellen Papiere mit seinem Namen Jordi – ob Sie es mögen oder nicht. Wenn mir Leute erzählen, dass sie etwas nicht tun können, dann will ich es erst recht."

Die Beamten geben schließlich klein bei, vermutlich auf Anweisung von höherer Stelle, wo man keinen öffentlichen Konflikt mit der populärsten Person Kataloniens riskieren will. Cruyff junior über die Motive seines Vaters: „Ich glaube, mein Vater wollte den Katalanen auf diese Weise für den Empfang, den sie ihm bereitet hatten, danken. Dass ich in den Niederlanden geboren wurde, war allein dem Umstand geschuldet, dass meine Mutter dasselbe Krankenhaus und dieselben Ärzte wie bei der Geburt meiner älteren Schwester haben wollte. Aber nach der Geburt wurde ich sofort nach Barcelona gebracht. Ich hatte stets das Gefühl, dass dies mein Geburtsort war. Die ersten beiden Sprachen, die ich lernte, waren Katalanisch und

Spanisch. Katalonien gab mir meine Wurzeln, und es ist etwas, was ich stets gefühlt habe."

Johan Cruyff selbst: „Ich benötigte eine Zeitlang, bevor ich verstand, was in Spanien politisch vor sich ging. Obwohl ich schnell realisierte, wie bedeutend der Klub für die Katalanen war."

Auf dem Feld ist Cruyffs wichtigster Kompagnon der Katalane Carles Rexach, ein Barça-Mann durch und durch, der als Zwölfjähriger zum Klub gestoßen ist, diesem bis zum Ende seiner aktiven Karriere treu bleibt und anschließend auch noch als Scout, Co-Trainer und Cheftrainer dient. 1971 hat der Flügelstürmer als erst zweiter Barça-Spieler nach Cayetano Re die seit der Saison 1952/53 von *Marca* verliehene Pichichi-Trophäe für den erfolgreichsten Torjäger der Liga gewonnen. Die Auszeichnung ist benannt nach Rafael Moreno Aranzadi, dem nur 1,54 Meter „großen" legendären Torjäger von Athletic Bibao, der in 170 Spielen für die Basken 200 Tore erzielt hatte. Es wären wohl noch deutlich mehr geworden, wäre der „Pichichi" gerufene Stürmer nicht 1922 als 29-Jähriger an einer Typhus-Erkrankung verstorben.

Barça spielt in dieser Saison 1973/74 enorm selbstbewusst, als würde den Klub das sich anbahnende Ende der Diktatur beflügeln. Besonders hart bekommt dies Real Madrid zu spüren. Am 17. Februar 1974, acht Tage nach der Geburt von Jordi Cruyff, unterliegen die „Königlichen" im eigenen Stadion dem FC Barcelona mit 0:5. Im Zentrum des spektakulären Auftritts steht Johan Cruyff, der den Sieg seinem Sohn Jordi widmet. Aseni trifft zweimal, Juan Carlos, Sotil und Cruyff jeweils einmal, wobei insbesondere Cruyffs Tor in Erinnerung bleibt.

Reals Trainer Luis Molowny: „An eine Niederlage in dieser Höhe kann ich mich nicht erinnern, und ich habe elf Jahre in der ersten Mannschaft gespielt. Mit di Stéfano und den anderen Stars. Aber mit 5:0, im Bernabéu-Stadion, haben wir noch nie verloren. Cruyff ist ein Phänomen. Wir haben Netzer, auch einen guten Spieler, und mit ihm wollten wir das verlorengegangene Prestige zurückgewinnen. Aber als Cruyff zu Barcelona kam, da konnten wir diesen Plan vergessen. Netzer ist eben doch kein Cruyff." Der mit Real Madrid sympathisierende Schriftsteller Javier Marías stößt später in ein ähnliches Horn: „Cruyff war innerhalb und außerhalb des Feldes so intelligent, dass uns nicht einmal unser ausgezeichneter Netzer trösten konnte."

Kein anderes Vereinsspiel im Europa nach dem Zweiten Weltkrieg dürfte eine so große politische Symbolik entwickelt haben wie *El Clásico* vom 17. Februar 1974. In den Franco-Jahren galten Siege über Real stets als verwegene Form politischer Opposition, aber dieses 5:0 ist das Verwegenste schlechthin.

Johan Cruyff wird mit diesem Spiel zum Nationalhelden Kataloniens und der wenige Tage zuvor geborene niederländische Säugling Jordi Cruyff „zu einer Art Reliquie des katalanischen Nationalismus", wie der *Spiegel* Jahre später schreibt. Der Spanien-Korrespondent des *International Herald Tribune* berichtet seinen Lesern: „Der Holländer Cruyff ist der Stolz Barcelonas. Von allen Erfolgen, die der FC Barcelona errungen hat, war keiner süßer als dieses 5:0 über Madrid. Niemand kann sich an eine schwerere Niederlage Reals erinnern, und dieser Sieg der Katalanen war ein empfindlicher Schlag gegen den Zentralismus der Hauptstädter." Der Kollege der *New York Times* ist davon überzeugt, dass Cruyff in den 90 Minuten auf dem Rasen des Estadio Santiago Bernabéu mehr für den Geist der katalanischen Nation erreicht habe als viele Politiker vor ihm.

In Barcelona strömen die Menschen nach dem Schlusspfiff auf die Straßen und in die Bars und feiern den Triumph beim Erzrivalen wie einen Sieg über das Regime. „Barça, Barça – Cruyff, Cruyff!" hallt es durch die Stadt. Cruyff ist längst nicht mehr nur ein Fußballspieler – Barcelonas Bürger taufen ihn *El Salvador* (Der Erlöser).

Der 17. Februar 1974 wird später zum Anfang vom Ende der Diktatur verklärt. Manuel Vásquez Montalbán dichtet: „1:0 für Barcelona – 2:0 für Katalonien – 3:0 für Sant Jordi – 4:0 für Demokratie – 5:0 gegen Madrid. An jenem Tag, so empfanden es Millionen im Land, setzte der endgültige Niedergang der faschistischen Diktatur ein. An jenem Tag, sagen viele, fing die Freiheit an."

Nach einem 4:2-Sieg am 29. Spieltag bei Sporting Gijon darf Barça bereits fünf Runden vor Saisonende den neunten spanischen Meistertitel und den ersten seit 14 Jahren feiern. Nach dem Schlusspfiff verwandelt sich das Zentrum Barcelonas in ein Tollhaus. Über 200.000 Menschen wälzen sich durch die Straßen. Viele von ihnen tragen das Barça-Trikot mit Cruyffs Nr. 9, die auch auf Dächer und Autohecks gepinselt ist. Als die Mannschaft am folgenden Montagmorgen auf dem Flughafen eintrifft, warten dort schon Tausende vor dem Hauptgebäude. „Cruyff, König von Barcelona", titeln die lokalen Blätter.

Cruyff selbst erinnert sich: „Was mich am meisten erstaunte, war, dass die Menschen auf der Straße zu uns nicht ,Glückwunsch' sagten, sondern ,Danke!'. Das werde ich nie vergessen. Alles was sie sagten war ,Danke', überall. Einmal waren wir an der Costa Brava shoppen, und eine alte Frau kam zu mir und sagte immer und immer wieder: ,Danke, Danke.' Das hat auf mich einen tiefen Eindruck hinterlassen."

Nach 34 Spieltagen stehen für den FC Barcelona, der es nach dem Sieg in Gijon gemächlicher angehen lässt, 50 Punkte zu Buche – acht mehr als bei Vizemeister Atlético und 16 mehr als für Real, das nur auf dem 9. Platz endet. 75 Tore hat Barça geschossen, 34 mehr als in der Vorsaison und 26 mehr als der Vorjahresmeister. Atlético kommt nur auf 50, Real auf 48.

Johan Cruyff hat in 26 Meisterschaftsspielen 16-mal getroffen. Die europäischen Fachjournalisten küren den „fliegenden Holländer" zum dritten Mal zum „Europäischen Fußballer des Jahres". Nach ihm gelingt dies nur noch Marco van Basten und Michel Platini.

Abschied von Cruyff

Im Sommer 1974 findet mit Johan Neeskens ein weiterer Niederländer den Weg zum FC Barcelona. Im WM-Finale von 1974 hatte Cruyffs kongenialer Spielkamerad die *Elftal* zunächst mit einem knallharten Strafstoß in die Mitte des Tores in Führung geschossen. Bei Ajax spielte Neeskens im zentralen Mittelfeld hinter Cruyff und war bei allen drei Europapokalsiegen 1971 bis 1973 dabei. Bei Barça erhält Neeskens den Beinamen *Johan Segon,* was so viel wie „Johan der Zweite" bedeutet.

Im Europapokal der Landesmeister, wo Barça erstmals seit der Saison 1960/61 wieder vertreten ist, feiern Cruyff und Neeskens im Achtelfinale ein Wiedersehen mit dem alten Ajax-Rivalen Feyenoord Rotterdam. Nach einem torlosen Remis im De Kuip schlägt Barça Feyenoord im Camp Nou mit 3:0. Die Partie bildet den Höhepunkt des Zusammenspiels von Cruyff und Rexach: Der Katalane erzielt alle drei Tore, samt und sonders vorbereitet vom Niederländer. Leeds United ist dann im Halbfinale aber Endstation für Barça.

Auch national ist der Höhenflug nicht von Dauer. In den Spielzeiten 1974/75, 1975/76 und 1976/77 geht der FC Barcelona leer aus und muss wieder Madrid den Vortritt lassen. Wer geglaubt hatte, mit dem Oranje-Duo der beiden Johans würde nun bei Barça die Post abgehen, wird enttäuscht. In Barcelona werden Cruyff und Neeskens nie so richtig miteinander harmonieren. Real wiederum hat sich schnell vom Nackenschlag der Saison 1973/74 erholt und gewinnt bis zum Sommer 1980 vier der fünf Meisterschaftsrennen. Europäisch können auch die „Königlichen" allerdings nicht reüssieren, erst 1985 und 1986 tragen sie sich mit dem Gewinn des UEFA-Cups wieder auf der europäischen Ehrentafel ein.

Zur Saison 1975/76 verpflichtet Barça den deutschen Trainer Hennes Weisweiler. Dieser setzt Cruyff auf die Bank. „Auswärts ist er nie über die Mittellinie gekommen", mäkelt „Don Hennes" später. Ludger Schulze: „Weisweiler duldete neben sich keinen anderen Gott, und für einen solchen hielt sich Johan Cruyff." Der Star moniert, er möge es nicht, wenn man ihn autoritär behandele. Die Fans demonstrieren für Cruyff, und am Ende muss Weisweiler vorzeitig gehen. Günter Netzer:

„Die Spanier waren der Meinung, dass es viele Weisweilers geben würde, aber nur einen Cruyff."

Nun kehrt Rinus Michels noch einmal zurück, und in der Saison 1977/78, Cruyffs letzter in Barcelona, gewinnt Barça durch einen 3:1-Sieg über Las Palmas den spanischen Pokal, der seit der Saison 1976/77 nicht mehr *Copa de S.E. El Generalísimo,* sondern *Copa de S.M. El Rey Don Juan Carlos* (kurz: Copa del Rey) heißt. „Johan der Erste" emigriert in die North America Soccer League, der „General" ebenfalls. „Johan der Zweite" bleibt noch ein Jahr in Barcelona. Der Copa del Rey ist die einzige Trophäe, die das niederländische Trio Michels, Cruyff und Neeskens gemeinsam gewinnt. Der „totale Fußball" ist in erster Linie eine attraktive Vorstellung davon, wie Fußball gespielt werden sollte, und weniger ein erfolgsorientiertes oder gar den Erfolg garantierendes System. Weshalb sein Gelingen stark davon abhängig ist, mit welchen Spielern der „totale Fußball" umgesetzt werden soll. Michels Trainer-Nachfolger Cruyff, Frank Rijkaard und Josep „Pep" Guardiola werden zu ihrer Zeit bei Barça personell über weitaus bessere Möglichkeiten verfügen, um ihre Idee vom Fußball auf dem Feld umzusetzen in den Gewinn von Trophäen.

Mit einem Meistertitel und einem Pokalsieg fällt Cruyffs Bilanz im Vergleich zu di Stéfanos Real-Jahren auch aus anderen Gründen bescheiden aus. Nach dem Triumph von 1974 ließ es der Star wohl etwas zu locker angehen. Salvador Sadurni, Barça-Profi von 1961 bis 1975 und Keeper der Meisterelf: „Als Johan nach Barcelona kam, war er ein Phänomen. Aber in seinem zweiten und dritten Jahr wollte er nicht mehr trainieren. Wenn die anderen auf dem Platz waren, dehnte er sich im Massageraum." Bei den Spielen habe Cruyff in der Halbzeitpause „immer eine Camel ohne Filter geraucht".

Und trotzdem war es Cruyff gelungen, den FC Barcelona von Grund auf zu verwandeln. Javier Cáceres: „In der gleichen Weise, wie sich bei Real Madrid die Zeitrechnung durch die Ankunft di Stéfanos in ein Vorher und Nachher unterteilt, so ist dies beim FC Barcelona mit Cruyff der Fall."

Am 28. Mai 1978 bereitet ein bis an den Rand gefülltes Estadi Camp Nou *El Salvador* einen warmen Abschied – nach 227 Meisterschafts-, Pokal- und Europapokalspielen und 85 Toren für den FC Barcelona. Gegner ist Ajax Amsterdam, Cruyff spielt sowohl für die Rot-Weißen wie die Blau-Roten.

Zurück in die Freiheit

Obwohl Barça zunächst wieder Real Madrid den Vortritt lassen muss, gibt es in Barcelona auch nach dem Gewinn der „historischen Meisterschaft" 1974 einiges zu feiern. Mitten drin: die *Culés* und *Socios* des FC Barcelona, seine Fans und Mitglieder also. Am 17. November 1974 versammeln sich 6.000 Barça-Mitglieder im Kloster Montserrat, um den 75. Geburtstag des Klubs zu begehen. Die Versammlung dient als Tarnveranstaltung für die Gründung der Convergència Democràtica de Catalunya von Jordi Pujol, die nach dem Ende der Diktatur für lange Zeit Regierungspartei Kataloniens werden wird.

Barças offizielles Jubiläumsposter stammt vom introvertierten Joan Miró, nach Salvador Dalí der zweite katalanische Maler, der im 20. Jahrhundert Weltruhm erringt. Wie Dali, der in seiner Kindheit auf der Straße mit der Barça-Legende Josep Samitier kickte, ist Miró ein Fan des FC Barcelona – aber im Gegensatz zum ebenso genialen wie opportunistischen Dali auch ein bekennender Franco-Gegner.

Nach Ausbruch des Bürgerkriegs hatte Miró Barcelona in Richtung Paris verlassen. Für die Weltausstellung 1937 in der französischen Hauptstadt produzierte der Unterzeichner des „Manifests des Surrrealismus" von 1924 das Monumentalgemälde „Le faucheur" (Der Schnitter) und das Plakat „Aidez l'Espagne" (Helft Spanien). Beide Werke enthielten revolutionäre Motive gegen die Franco-Faschisten. Der Siebdruck des Plakats wurde für einen Franc verkauft, der Erlös wanderte in die Kasse der republikanischen Regierung in Madrid.

Am 27. November 1974 wird Barças neue Hymne „Cant del Barça" – gedichtet und komponiert von Jaume Picas und Josep

Maria Espinàs – uraufgeführt, von einem 3.500-köpfigen Chor unter Leitung von Oriol Martorell. 1947 hatte Morell den Coral Sant Jordi gegründet, der zu einem Symbol des kulturellen Anti-Franquismus und einer anerkannten Größe unter Europas Chören aufstieg. In den 1990ern wird Morell für die Sozialisten im katalanischen Regionalparlament sitzen. Unter den Barça-Anhängern wird die Hymne schnell so populär, dass die alten Vereinslieder aus den Jahren 1923, 1949 und 1957 in Vergessenheit geraten.

Die kämpferische Hymne zeichnet das Bild eines Klubs, der deutlich mehr als nur ein Fußballverein ist. Eine Institution, die Einwanderern aus anderen Regionen Spaniens eine Heimat bietet und zu Katalanen macht; und die in den zurückliegenden Jahrzehnten bewiesen hat, dass auch Diktatoren wie Primo de Rivera und Franco sie nicht in die Knie zwingen können:

„Ganz gleich, woher wir kommen,
Ob aus dem Süden oder Norden,
Jetzt sind wir eins, wir sind eins,
Eine Fahne vereinigt uns.
(…)
Spieler! Anhänger!
Unsere Einheit macht uns stark,
Viele geopferte Jahre,
Viele gefeierte Tore,
Und es ist bewiesen, es ist bewiesen,
Dass uns niemand wird besiegen."

Am 21. Juli 1975 wird ein Treffen des Barça-Vorstands erstmals seit dem Ende des Bürgerkriegs wieder in katalanischer Sprache protokolliert. Mehr und mehr wird die alte Ordnung aufgeweicht.

Als am 20. November Franco stirbt, bleibt es in Barcelona zunächst erstaunlich still. Manuel Vázquez Montalbán: „Am 20. November 1975 wimmelte die Stadt von Passanten, die vorsichtig schwiegen, aber in deren Augen doch die Botschaft vom Fall der Mauern stand. Ramblas hinauf, Ramblas hinunter. Wie immer. Aufseher, Polizisten und Hilfspolizisten beobachteten die stumme Demonstration und hörten wohl mit ihrem sechsten Sinn, dem Argwohn, die ‚Hymne an die Freude‘ in der verborgenen Seele der Feuerrose, der vorsichtigen Seele der verwitweten Stadt, der weisen Seele der besetzten Stadt." In ihren Häusern lassen es die Bürger dann in der Nacht doch noch kräftig krachen – am nächsten Morgen quellen in Barcelona die Mülleimer über von geleerten Cava-Flaschen.

Im Büro des Barça-Bosses Agustí Montal holt Klubsekretär Joan Granados eine Franco-Büste von einem Regal herunter, schmeißt sie an die Wand, sodass sie in tausend Stücke zerbricht. Die Führung des FC Barcelona steht mittlerweile unter dem Einfluss von Jordi Pujol und seiner katalanisch-nationalistischen Bewegung. Pujol betrachtet Barça als wichtigen Alliierten und Vehikel für die Umsetzung seiner politischen Visionen.

Entsprechend der fragilen Situation zwischen zwei Herrschaftsformen schickt der FC Barcelona zwei Telegramme ab. Im ersten heißt es: „An die Casa Civil Seiner Exzellenz, el Pardo Madrid. Der Fútbol Club Barcelona schließt sich der nationalen Trauer über den unersetzlichen Verlust des Staatschefs an. Mit tiefempfundenem Beileid. Agustí Montal, Vorsitzender." Das zweite richtet sich an den designierten König: „In diesem folgenschweren historischen Moment bitte ich Sie untertänigst, Seine Königliche Hoheit des persönlichen Beistands unseres Vereins zu versichern, der auf eine Zukunft des friedliebenden und demokratischen Zusammenlebens hofft, die Seine Königliche Hoheit repräsentiert. Agustí Montal, Vorsitzender."

Es beginnt die Phase der *transición*, des Übergangs von der Diktatur zur Demokratie. Am 22. November 1975 wird der Bourbone Juan Carlos I zum König proklamiert. Einen Monat später empfängt Barça im Camp Nou Real Madrid. Eine gute Gelegenheit, im Prozess der *transición* Flagge zu zeigen – im wahrsten Sinne des Wortes: Joan Granados, Mitglied von Pujols Convergència, lässt 700 katalanische Fahnen ins Stadion schmuggeln.

Am 9. Juni 1976 ist Camp Nou Schauplatz eines Spiels zwischen einer katalanischen Auswahl und der Nationalmannschaft der UdSSR. Das Ankündigungsplakat, gemalt vom Illustrator Avel-li Artis Gener Tisner, zeigt einen katalanischen und einen sowjetischen Bauern, die sich brüderlich umarmen und ihre Flaggen austauschen: die katalanische hüben, die rote Fahne mit Hammer und Sichel drüben. Vor dem Anpfiff spielt die Kapelle zunächst die Hymne der Sowjetunion. Nach den ersten Tönen der katalanischen Hymne springt der in Camp Nou anwesende spätere IOC-Präsident Antonio Samaranch, Katalane, aber Franquist, empört auf und ruft verzweifelt: „Hört auf damit." Die Kapelle schwenkt zur spanischen Hymne um, woraufhin das Stadion skandiert: „Wir wollen das nicht hören!"

Die Atmosphäre wird rauer. Als der FC Barcelona am 6. Februar 1977 Malaga empfängt, wagt ein Schiedsrichter namens Melero vor 100.000 Zuschauern, Johan Cruyff des Platzes zu verweisen. Dieser habe ihn beleidigt. Ein Zuschauer stürzt auf das Spielfeld und verpasst dem Pfeifenmann einen Satz Ohrfeigen. Das Publikum singt die katalanische Hymne „El cant dels segadors", und nach Spielende kommt es zu wüsten Schlägereien zwischen Fans und der Polizei. Tribünenscheiben werden zertrümmert und ein Übertragungswagen des spanischen Fernsehens angezündet. Cruyff wird für drei Spiele gesperrt, der Verband verlangt von den Profiklubs, die Spielfelder mit Umzäunungen oder Gräben zu umgeben, und die Schiedsrichter aus Kastilien verkünden, dass sie sich in Zukunft weigern würden, Spiele mit Beteiligung des FC Barcelona zu pfeifen.

Am 15. Juni 1977 finden erstmals seit 1936 wieder freie Parlamentswahlen in Spanien statt. Für die 350 Sitze im neu geschaffenen Unterhaus *(Congreso de Diputados)* und 248 Plätze der Oberen Kammer *(Senado)* bewerben sich 194 Parteien. In Spanien siegt die Unión de Centro Democrático (UCD) des ehemaligen franquistischen Bürokraten Adolfo Suárez, in Katalonien eine Mischung aus sozialistischen, kommunistischen und regionalistischen/nationalistischen Gruppierungen.

Am 11. September 1977 marschieren eineinhalb Millionen Katalanen in Barcelona über den Passeig de Gràcia zum Plaça de Catalunya und fordern mehr Autonomie für ihre Region. Der FC Barcelona ist mit einem eigenen Block dabei, in dem vorneweg Johan Cruyff und seine Mitspieler marschieren. Am 29. September wird die Generalitat provisorisch wiederhergestellt. Am 23. Oktober kehrt deren exilierter Präsident Josep Tarradellas nach Barcelona zurück, begeistert empfangen von einer 300.000-köpfigen Menschenmenge auf der Plaça de Sant Jaume, dem politischen Herzen Barcelonas, wo sich der Palau de la Generalitat und das Rathaus gegenüberstehen. Vom Balkon des Palau de la Generalitat ruft Tarradellas seinen Anhängern zu: „Ciutadans de Catalunya, ja sóc acqui!" („Bürger Kataloniens, ich bin wieder da!"). Tarradellas wird Präsident einer provisorischen katalanischen Einheitsregierung, die ein Autonomiestatut für Katalonien erarbeitet.

Wenige Tage nach Tarradellas Rückkehr sucht ihn Barça-Generalsekretär Joan Granados im Palau de la Generalitat auf und lädt das Idol des Katalanismus zum folgenden Heimspiel des FC Barcelona ein. Diesmal begnügt sich Granados nicht mit 700 Fahnen für die Hände, zu Ehren von Tarradellas wird vor dem Anpfiff eine gigantische katalanische Fahne auf dem Spielfeld ausgebreitet. Über 90.000 Zuschauer erheben sich, applaudieren und brechen in ekstatischen Jubel aus. Auf der Ehrentribüne steht Josep Tarradellas neben Barça-Präsident Agustí Montal, hinter ihm verkündet ein großes Schild: „Bevingut a casa, Presidente!" („Willkommen daheim, Präsident!"). Joan Granados über den Tag, an dem der Präsident ins Camp Nou kam: „Erstaunlich war das Verhalten dieser Funktionäre aus der Welt des Sports, die nichts getan hatten, um Tarradellas im Exil zu helfen. Diese Präsidenten der spanischen Verbände, die Mitglieder des alten Regimes, die ehemaligen Barça-Direktoren – sie alle wollten Tarradellas umarmen, denn sie wussten, dass er die neue Macht im Lande war. Es war klar, dass sich ein politischer Wandel vollzog, in dem die Feinde von gestern die Freunde von heute waren. Es sagt etwas darüber aus, wie Katalonien funktioniert. In Katalonien sind die Linken nicht notwendigerweise so richtig links, während die Rechten nicht so rechts sind, wie es scheint. Die Menschen möchten Kompromisse schließen."

In seiner Begrüßung spricht Montal von einem „großen Tag für die Tausenden von Barça-Fans, die das Unmögliche getan haben, um den Geist Kataloniens wach zu halten." Taradellas erinnert an die Jahre 1911 bis 1921, in denen er als junger *Culé* Barças Spiele verfolgt habe, an die Jahre von Gamper, Samitier und Alcántara. „Damals waren wir nur wenige, aber wir besaßen den selben Glauben wie ihr heute. Es war das Barça, das ihr geerbt habt – ein Barça, das im Katalanismus verwurzelt ist. Ganz Katalonien hat für die Freiheit gekämpft, die wir nun endlich erreicht haben. Ich bin mir sicher, dass ihr dem Katalanismus treu bleiben werdet, um Katalonien für ewig reich, für ewig stark, für ewig frei zu machen. Lang lebe Barça! Lang lebe Katalonien!"

Am Jahresende 1978 tritt Spaniens neue Verfassung in Kraft, ein Kompromisswerk, in dem das Land zur „parlamentarischen Monarchie" erklärt wird. Die spanische Nation gilt als unteilbar, gleichzeitig wird aber den „Nationalitäten und Regionen" das Recht auf Autonomie eingeräumt. Staat und Kirche werden getrennt, aber der Staat verpflichtet sich, mit der „katholischen Kirche und anderen Glaubensrichtungen" zusammenzuarbeiten. In Katalonien beteiligen sich 70 Prozent der Wahlberechtigten am Referendum über die Verfassung, 90 Prozent davon stimmen ihr zu.

1979 bekommt Katalonien ein Autonomiestatut, u. a. werden Kultur und Sprache, Bildung und Erziehung an die Generalitat übergeben. Katalanisch wird wieder offizielle Amtssprache. Bereits 1978 war Katalanisch per königliches Dekret wieder als Schulfach zugelassen worden. Im Jahr 2001 werden 94 Prozent der Bevölkerung Kataloniens die Sprache verstehen, 75 Prozent können sie sprechen.

Kapitel 7

Ein Baulöwe und ein „blonder Engel"

Josep Lluís Núñez ist von Beruf Bauunternehmer, Boss von Núnez i Navarro. Der Name Navarro stammt von seiner Frau, der dieses größte Bauunternehmen Kataloniens gehört. Seinen Reichtum hat der Baulöwe vor allem dem unkontrollierten und ungeplanten Wachstum der katalanischen Städte zu verdanken, verursacht durch die massenhafte Einwanderung aus anderen Teilen Spaniens. Für den Autor Manuel Vázquez Montalbán gehört Núñez zu jenen Wirtschaftsbossen, „die beim Bauboom der sechziger Jahre im Kielwasser von Bürgermeister Porcioles mitgemischt haben, der mit öffentlichem Eigentum und mit der Bewahrung des kulturellen Erbes der Stadt nicht gerade zimperlich umging".

Josep Lluís hieß eigentlich José Luis Nunez Clemente. Denn er ist kein Katalane, sondern stammt aus dem baskischen Barakaldo. Doch nach dem Tod Francos lässt er seinen Namen katalanisieren. Eine sinnvolle Maßnahme, wenn man in Katalonien nicht nur Geld scheffeln will, sondern auch noch das Präsidentenamt des FC Barcelona anstrebt.

Barça-Demokratie

Am 6. Mai 1978 wird der Präsident des FC Barcelona erstmals seit dem Ende der Diktatur von den *Socios,* den Mitgliedern, gewählt. Was nun einem Quereinsteiger wie Josep Lluís Núñez die Gelegenheit gibt, seinen Hut in den Ring zu werfen. Auch wenn er über keine offiziellen Verbindungen zum Klub verfügt, die er sich zunutze machen könnte. Dem Kandidaten mangelt es zwar nicht an Geld und Geltungsdrang, wohl aber an gesellschaftlicher und sozialer Anerkennung. Barça soll dieses Manko beheben. Die Gegner des Aufsteigers mokieren sich darob, dass Núñez weder die katalanische noch die spanische Sprache sauber beherrsche, und betrachten ihn als unkultivierten neureichen Eindringling. Drei Kandidaten buhlen um die Stimmen der *Socios*, deren Zahl seit dem Ende des Bürgerkriegs von 3.486 auf 77.900 gestiegen ist. Außer dem Baulöwen sind dies noch Fernando Arino und Nicolau Casaus, beide prominente Barça-Gesichter. Arino, der an der Spitze eines „fortschrittlichen nationalistischen Blocks" (Montalbán) steht, saß bereits unter Agustí Montal eine Weile im Barça-Vorstand. 1973 musste er ausscheiden. Das Regime störte sich an seinen „radikal-katalanistischen" Ansichten und übte entsprechend Druck aus. Nicolau Casaus ist Barça-Mitglied seit 1922. Während des Bürgerkrieges war er Präsident des katalanischen Journalistenverbandes und hatte unter dem Pseudonym „Oswald" im Magazin *Horizonts* Franco-kritische Beiträge veröffentlicht. Nach dem Bürgerkrieg geriet er in Haft. Ein Militärtribunal verurteilte ihn zum Tode, aber die Strafe wurde nicht vollstreckt. Nach fünf Jahren durfte Casaus das Gefängnis wieder verlassen.

Der Kandidat Casaus träumt von einem mehrheitlich, wenn nicht gar komplett katalanischen Barça-Team, fordert aber auch die Einführung einer Europaliga. Arino wie Casaus sprechen die Sprache Jordi Pujols und teilen dessen Vision vom FC Barcelona als integralem Bestandteil der katalanischen Zivilgesellschaft.

Arinos Wahlkampf wird an der Basis von den Kommunisten unterstützt. Diese hatten ihre Mitglieder und Anhänger während der Franco-Jahre zur Unterstützung Barças ermuntert, da der Klub ein Teil des antifranquistischen Widerstands sei. Bei den Kommunalwahlen vom März 1977 war die kommunistische Partit Socialista Unificat de Catalunya (PSUC) in Barcelona hinter den Sozialisten zweitstärkste Kraft geworden.

Núñez, der schillerndste der Kandidaten, gibt sich indes betont unpolitisch: „Ich bin ein Kandidat, der die völlige politische Unabhängigkeit Barças wünscht. Ich war immer der Meinung, dass der Klub für alle Immigranten, die zum Leben und Arbeiten nach Katalonien kommen, attraktiv sein muss." Núñez vergisst aber nicht, gegen Arino die antikommunistische Karte auszuspielen. Eine Zeitschrift zeigt auf ihrer Titelseite ein Foto Ferran Arinos mit der Unterschrift: „PSUC de Fútbol Barcelona." Núñez muss aber aufpassen, dass er es nicht überzieht und die zahlreichen linken Anhänger des Klubs geschlossen gegen sich bringt. Denn davon gibt es nicht wenige, und im Milieu der Linken firmierte das Unternehmen Núñez y Navarro lange Zeit als „bauindustrieller Arm" des Franquismus. Núñez erhält sowohl Unterstützung von den Sozialisten, die den Einfluss des Pujol-Lagers begrenzen wollen, wie von der rechtskonservativen Alianza Popular des ehemaligen Franco-Ministers Manuel Fraga Iribarne, nach Wiedereinführung der Demokratie der Franz-Josef Strauß Spaniens.

Die prominentesten Fürsprecher des Baulöwen sind aber zwei Spieler: Johan Cruyff und dessen Kompagnon Charlie Rexach. Gegenkandidat Arino gehörte zu den Kritikern Cruyffs. Wiederholt hat er sich an den Rauchgewohnheiten des Stars und dessen „Geldgier" gestoßen. Cruyff gibt übers Fernsehen bekannt, dass er bei einem Sieg Arinos in den nächsten vier Jahren nicht mehr mit dem FC Barcelona zusammenarbeiten würde.

Am Ende behält Núñez bei nur geringer Wahlbeteiligung die Oberhand, wenngleich die kombinierten Stimmen Arinos und Casaus' zu einem satten Sieg gereicht hätten. Auf Núñez entfallen 10.352 Stimmen (39,38 %), für Arino votieren 9.537 (36 %), für Casaus 6.202 (23,41 %). Von den 53.688 registrierten Mitgliedern sind nur 41 % an die Urne gegangen. Nach Bekanntgabe des Wahlergebnisses brüllen die Arino-Anhänger „Faschist, Faschist" in Richtung des Gewählten, woraufhin Núñez das Vereinsbüro am Camp Nou durch einen Seitenausgang verlässt. Auch in den folgenden 22 Amtsjahren wird er zumeist diesen Weg nehmen.

Barça wird nun nicht mehr von Franquisten oder katalanischen Nationalisten geleitet, sondern von einem Wirtschaftsboss, der den Mitgliedern und Fans den Kauf der weltbesten Spieler und den Ausbau des Stadions verspricht. Dieses Beispiel wird Schule machen. Der katalanisierte Baske bleibt nicht der letzte Baulöwe an der Spitze eines spanischen Fußballklubs. Die Bauindustrie ist der Boomsektor der spanischen Wirtschaft schlechthin, noch 2006 ist das Land Europas Betonkonsument Nr. 1. Auch im Fußball übt die Branche einen starken Einfluss aus. 1987 bzw. 2000 werden die Baulöwen Jesús Gil y Gil bzw. Florentino Pérez Präsidenten von Atlético bzw. Real Madrid.

„Visca el Barça! Visca Catalunya!"

Die Wahl des Barça-Präsidenten ist nicht die einzige demokratische Premiere in diesen Jahren. 1979 siegen bei den ersten Post-Franco-Kommunalwahlen in Barcelona die Sozialisten. Bürgermeister wird Narcis Serra, der aber 1982 nach Madrid gerufen wird. Sein Nachfolger wird Pasqual Maragall. Der Sohn des großen Dichters Joan Maragall hat seine Wurzeln in der antiautoritären katalanischen Linken der 1960er Jahre. Innerhalb der Partit dels Socialistes de Catalunya (PSC) steht der Querdenker dem katalanistischen Flügel nahe. Maragall wird 15 Jahre lang Barcelonas Stadtoberhaupt bleiben.

1980 wird erstmals auch das katalanische Regionalparlament gewählt. Hier gewinnt Jordi Pujols konservativ-nationalistische Convergència i Unió die relative Mehrheit. Für die nächsten 20 Jahre gilt: Die Region Katalonien wird von den konservativen Nationalisten regiert, Barcelona von den Sozialisten.

Barça-Präsident Josep Lluís Núñez und seine Mitstreiter wollen den Verein entpolitisieren und zu einem erfolgreichen Sport- und Wirtschaftsunternehmen umformen. Ein Vorhaben, dem die Identität des Vereins und seiner Anhänger und die Rivalität mit Real Madrid allerdings Grenzen setzt. Manuel

Vásquez Montalbán: „Als die Verantwortlichen aber feststellten, dass ein verlorenes Spiel gegen Madrid sie ihren Posten kosten konnte, kramten sie wieder die Theorie von der Verschwörung des (Zentral-)Staates gegen Barça heraus. Also Spanien gegen Katalonien. Und manchmal, nicht immer, liegen sie richtig und belegen, wie Recht Sigmund Freud hatte, als er feststellte, dass das Schlimmste, was einem an Verfolgungswahn Leidenden passieren kann, die tatsächliche Verfolgung ist."

Michels Nachfolger auf dem Trainerstuhl ist der Elsässer Lucien Muller, der als Spieler von 1965 bis 1968 in Barças Mittelfeld spielte und in Frankreich „le petit Kopa" („der kleine Kopa") tituliert wurde. Die Meisterschaft 1979 beendet Barça auf Platz fünf und satte neun Punkte hinter Champion Real, aber im Europapokal der Pokalsieger erreicht das Team das Finale. Muller hat da aber bereits seine Sachen packen müssen. Mit Joaquim Rifé übernimmt ein langjähriger Barça-Spieler das Team, der von 1963 bis 1976 401 Pflichtspiele für den Klub bestritt.

In Basel trifft der FC Barcelona auf den deutschen Pokalsieger Fortuna Düsseldorf. 30.000 Fans begleiten das Team in die Schweiz, ausgerüstet mit ebenso vielen katalanischen wie Vereinsfahnen. Es ist die bis dahin größte Fan-Invasion Barças in den europäischen Wettbewerben. Vor ihrer Abreise werden die *Culés* von Politikern angehalten, als gute Botschafter Kataloniens zu agieren. „Visca el Barça! Visca Catalunya" schallt es durch das St. Jakobs Stadion. Bereits nach fünf Minuten schießt Carles Rexach Barça in Führung, doch nur drei Minuten später können die Gebrüder Klaus und Thomas Allofs gemeinschaftlich für die Fortunen ausgleichen. In der 12. Minute pariert Düsseldorfs Keeper Jörg Daniel einen von Rexach zu schwach geschossenen Strafstoß. In der 34. Minute bringt Barça-Kapitän Arsensi seine Farben erneut in Front, doch die Rheinländer können noch vor dem Halbzeitpfiff durch Nationalspieler Wolfgang Seel ein zweites Mal ausgleichen. Der zweite Durchgang verläuft torlos. In der folgenden

Verlängerung erzielt Rexach – von Neeskens mustergültig bedient – in der 103. Minute das 3:2, und acht Minuten später erhöht Hans Krankl, Barças bärtiger österreichischer Sturmtank, auf 4:2. Nur drei Minuten später kommt Fortuna durch Seel noch einmal auf 3:4 heran, doch nach 120 intensiven Minuten verlässt Barça als Sieger das Feld. Für Hans Krankl, dessen Frau einen schweren Verkehrsunfall erlitten hatte, war es gleichwohl „der schönste Tag meiner Karriere".

Zurück in Barcelona wird das Team von über einer Million Menschen empfangen; die katalanische Metropole erlebt den größten Massenauflauf seit dem Tod Francos. Josep Tarradellas, aus dem Exil zurückgekehrter provisorischer Präsident der Region Kataloniens und lebenslanges Barça-Mitglied, erklärt vom Balkon der Generalitat, dass der Sieg von Basel nicht nur ein Sieg für den Klub sei, sondern für die gesamte katalanische Nation in einem kritischen Moment ihrer Geschichte. Das Autonomiestatut ist noch nicht verabschiedet, und die Massen rufen: „Den Cup haben wir, jetzt wollen wir das Statut!"

Als die Europapokalsieger im Camp Nou einziehen, prasseln auf den vorneweg marschierenden Präsident Núñez „Neeskens si, Núñez no!"-Rufe nieder. Viele Fans sind empört, dass Núñez den Vertrag mit dem gut aussehenden Niederländer, Idol vieler weiblicher Barça-Fans, nicht verlängern will. Der Präsident muss Neeskens von der Gehaltsliste bekommen, um den Dänen Allan Simonsen, Europas Fußballer des Jahres 1977, für 1,7 Mio. Mark von Borussia Mönchengladbach zu kaufen.

„Brillanz am Ball"

Simonsen kommt tatsächlich, und ein Jahr später, zur Saison 1980/81, wird vom 1. FC Köln für 3,6 Mio. Mark noch der deutsche Mittelfeldregisseur Bernd Schuster verpflichtet, der kurz zuvor 20-jährig die deutsche Nationalelf zum Gewinn der Europameisterschaft in Italien dirigiert hatte. In Barcelona zeigt er „eine Brillanz am Ball, wie sie nach ihm im deutschen Fußball keiner mehr hatte. Ein großer Blonder, ein Spielmacher wie Netzer – und einer, der das Dilemma dieses Spielertypus verkörpert. Es wurde das ewige Problem deutscher Spielmacher: entweder Macho oder Mimose, entweder egomanisch wie Schuster und Effenberg oder zu sanft-verletzlich wie Bein, Scholl, Deisler – nie die goldene Mitte aus Ego und Eleganz, aus Aggression und Integration." (Christian Eichler)

Barça wird zum zweiten Mal von der Klub-Legende Ladislao Kubala trainiert. Dieser hat zwar mit Schuster, Krankl und Simonsen drei hochkarätige Ausländer im Aufgebot, darf aber in der Meisterschaft nur zwei von ihnen einsetzen. Kubala will Schuster draußen lassen, da dieser noch nicht mit der Mannschaft eingespielt sei. Doch Präsident Núñez befiehlt, dass seine teure Neuerwerbung zu spielen habe. Krankl verlässt Barcelona verärgert, und im November 1980 ist Kubalas zweite Amtszeit schon wieder beendet. Nun soll es „Altmeister" Helenio Herrera noch einmal richten, doch für Bernd Schuster war der *Catenaccio*-Mann „schon damals älter als der Böhmerwald – dreimal abgeholzt, wie wir in Augsburg sagen". Herrera wiederum bezichtigte den langhaarigen Deutschen, von den spanischen Medien als „blonder Engel" gefeiert, er sei „homosexuell" und auch seine Ehe sei „kaputt".

Am 23. Februar 1981 haben Spaniens alte Geister einen letzten großen Auftritt. Unter der Führung von Antonio Tejero, Kommandeur der Dritten Militärregion, marschieren 200 Soldaten ins Parlament ein, wo gerade die Einsetzung von Leopoldo Calvo-Sotelo zum Regierungschef stattfindet. Die Putschisten bringen die Abgeordneten und die Regierung in ihre Gewalt. König Juan Carlos ruft über Rundfunk und Fernsehen zur Verfassungstreue auf, und Tejeros operettenhaftes Unternehmen, der 202. Versuch eines militärischen Staatsstreiches in Spanien, bricht nach nur einem Tag zusammen, ohne dass auch nur ein Tropfen Blut vergossen wird. Das Scheitern des Putsches stärkt die Glaubwürdigkeit der jungen Demokratie, und Bernd Schuster kann die überstürzte Reservierung von Flugtickets nach Deutschland wieder cancoln.

Erheblich länger währt die Freiheitsberaubung von Barça-Torjäger Quini. Eine gute Woche nach dem Putschversuch Tejeros, am 1. März 1981, wird Quini beim Verlassen von Camp Nou von zwei bewaffneten Männern gekidnappt. Barça hat soeben gegen HérCulés mit 6:0 gewonnen. Quini, insgesamt fünfmal Torschützenkönig der spanischen Liga, hat zweimal eingenetzt. Die Entführer verlangen ein Lösegeld von 100 Mio. Peseten. Die Mannschaft ist schockiert, besonders der mit Quini gut befreundete Schuster, der nicht mehr spielen will, bis der Stürmer wieder auf freiem Fuß ist. Seine Kameraden sind beeindruckt vom Mut des jungen Deutschen, doch Quini fordert die Kollegen per Tonbandmessage auf, unbedingt zu spielen.

Was diese dann auch tun, allerdings erfolglos. Aus den sechs Begegnungen, in denen der Entführte fehlt, holt der FC Barcelona lediglich einen Punkt. Zu dieser Zeit werden der Startaufstellung noch fortlaufende Nummern eins bis elf vergeben, aber das Trikot mit der Nr. 9 bleibt in diesen Wochen in der Kabine. Quinis Ausfall ist sicherlich ein Grund, warum Barça am Ende der Saison 1980/81 zehn Punkte hinter Meister Real Madrid nur auf Platz vier landet. Die Entführung des Torjägers endet erst am 25. März, als er in einem Wohnhaus in Saragossa befreit wird. Die Entführer, zwei Mechaniker und ein Elektriker, wollten mit dem Lösegeld ihre Schulden bezahlen.

Als Trost bleibt dem FC Barcelona der Pokal, wo er im Finale Sporting Gijon mit 3:1 besiegt. Der wieder putzmuntere Quini schießt zwei Tore, aber bester Mann auf dem Platz ist Bernd Schuster. Die *Culés* hoffen, mit der deutschen Nr. 8 den Cruyff-Nachfolger gefunden zu haben.

Im Sommer 1981 wird Helenio Herrera von „Bundesliga-Meistermacher" Udo Lattek abgelöst. Der 46-Jährige kommt mit der Empfehlung von fünf deutschen Meistertiteln und einem Europapokal der Landesmeister nach Barcelona. Für Lattek war Barcelona zu gleichen Teilen „Flucht und Herausforderung". Kurz zuvor war sein 15-jähriger Sohn an Krebs gestorben. Lattek: „Mir war klar, ich musste raus."

Mit Lattek holt Barça am 12. Mai 1982 ein weiteres Mal den Europapokal der Pokalsieger. Vor 95.000 Zuschauern im heimischen Camp Nou wird Standard Lüttich durch Tore von Allan Simonsen und Quini mit 2:1 bezwungen. In der Meisterschaft muss man Real Sociedad San Sebastián den Vortritt lassen. Laut Lattek zerplatzten Barças Meisterträume an der Eitelkeit der Barça-Funktionäre: „Als wir in meinem ersten Jahr als Trainer kurz vor Saisonende Tabellenführer waren und in Valencia spielen mussten, gingen vor dem Match Funktionäre zu den Fans und ließen sich feiern. Meine Spieler waren verärgert über so viel Eitelkeit, verloren prompt das Spiel und am Ende auch den Titel."

Bernd Schuster ist seit Dezember 1981 nicht mehr dabei. Beim Gastspiel in Bilbao verletzt Athletics Adoni Goikoetxea den 21-Jährigen so schwer am Knie, dass dieser lange Zeit ausfällt und auch die WM 1982 in Spanien verpasst. Schuster bleibt nicht das letzte prominente Opfer des Basken.

Ein kleines Pummelchen und ein großer Dünner

Im März 1983 ist Schluss für Lattek, der sich mit den Stars Schuster und Maradona überworfen hat. Schuster hält dem Trainer vor, er könne nur Teams trainieren, die oben stehen, und er tränke zu viel. Der argentinische Neuzugang Diego Armando Maradona will seinen Landsmann und Nationaltrainer César Luis Menotti auf dem Trainerstuhl sehen. Lattek: „Diego Maradona war harte Arbeit nicht gewohnt. Als er zu spät zu einer Abfahrt kam, hatte ich zwei Möglichkeiten: Warten und das Gesicht verlieren oder abfahren. Wir fuhren, die anderen Spieler klatschten, aber Maradona beschwerte sich bei Präsident Núñez und sagte, mit diesem Lattek könne er nicht mehr. Zwei Wochen später war ich weg." Barça sei „der schwierigste Verein der Welt", der ihn „bis zur Grenze gefordert" habe.

Der nur 1,65 Meter große, untersetzte 21-jährige Wuschelkopf Maradona war im Sommer 1982 für 7,3 Mio. Dollar von den Boca Juniors zum FC Barcelona gekommen, zu diesem Zeitpunkt die höchste Summe, die jemals für einen Fußballer bezahlt worden war. Für Núñez war die Verpflichtung des Argentiniers eine Frage des Prestiges. Der immense Kaufpreis sollte in Richtung Madrid wirtschaftliche Potenz demonstrieren. Zu Maradonas Vorstellung kommen 50.000 Fans ins Camp Nou. Doch von einigen Highlights abgesehen, kann Maradona in den folgenden zwei Jahren die hochgesteckten Erwartungen nicht erfüllen. Das Unterschichtskind aus Villa Fiorito, einem Elendsviertel im Großraum Buenos Aires, wird mit dem bürgerlichen Barcelona nie richtig warm. 38 Tore in 58 Pflichtspielen für Barça sind zwar eine ansehnliche Bilanz, aber abgesehen von einem Pokalsieg bleibt der FC Barcelona mit Maradona trophäenlos. Maradona-Biograph Jimmy Burns: „Barcelona war Barcelona, und kein individuelles Heldentum konnte das Scheitern des Klubs in Meisterschaft und Europacup kompensieren."

Seinen ersten Galaauftritt hat Maradona im Oktober 1982 in Belgrad. Im Achtelfinale des Europapokals der Pokalsieger siegt Barça bei Roter Stern mit 4:2. Schuster, die Nr. 8, und Maradona, die Nr. 10, harmonieren prächtig miteinander, schießen jeweils zwei Tore, und das Belgrader Publikum verabschiedet den Argentinier mit Ovationen.

Doch im Dezember 1982 erkrankt Maradona an Hepatitis. Es kursieren erste Gerüchte über sein wildes Privatleben. In Barcelona beginnt wohl Maradonas Drogenkarriere, hier schnupft der Kicker 22-jährig seine ersten Kokain-Linien. Der Star fällt nun 15 Spiele aus und wird depressiv, verbringt apathisch viele Wochen im Bett und vor dem Fernseher. Das erste Weihnachtsfest in Barcelona markiert, wie er sich später erinnert, „die unglücklichste Phase meiner Karriere". Maradona bekämpft die Einsamkeit, indem er Vertraute aus der argentinischen Heimat nach Barcelona holt, den sogenannten „Maradona-Clan", der ihn auch in seiner weiteren Karriere begleiten wird.

Hinzu kommen die Probleme mit dem deutschen Übungsleiter, der ausgiebig Kraft und Ausdauer trainieren lässt, zudem noch am frühen Morgen. Auch mit vielen seiner Mitspieler kommt Maradona anfangs nicht klar: „Sie rannten, und ich spielte."

Als Menotti das Training übernimmt, erklärt sich Maradona für genesen und lässt neuen Spaß am Fußball erkennen. Sein Mentor genießt das gute Leben und Barcelonas lange Nächte. Mit Rücksicht auf die Lebensweise des Meisters und jener Spieler, die seinen Lebenswandel teilen, wird ab sofort erst nachmittags trainiert. Seinen Nachfolger, den Engländer Terry Venables, wird *El Flaco* (der Dünne) später hinter einer Wolke aus Zigarettenrauch mit den Worten begrüßen: „Wenn du Frauen magst, Terry, willkommen im Paradies!"

Mit Menotti und dem zurückgekehrten Maradona kommt Barça besser in Fahrt. In der Meisterschaft reicht es zwar nur zu Platz vier, aber im Finale des Pokals besiegt Barça Real Madrid in Saragossa mit 2:1 – auch dank einer starken Vorstellung von Schuster und Maradona. 25.000 *Culés* haben die Begegnung in der Hauptstadt Aragons zu einem Heimspiel Barças verwandelt.

Katalonien kontra Euskadi

Als der FC Barcelona am 24. September 1983 im Camp Nou auf Athletic Bilbao trifft, ist dies auch ein Duell unterschiedlicher Fußballphilosophien. Während Barça mit Menotti von einem Propheten eines freien, kreativen und offensiven Fußballs trainiert wird, der Fußball nicht als Arbeit, sondern als Fest versteht, predigt Athletics Coach Xavier Clemente ein hartes, gearbeitetes und auf Zerstörung des gegnerischen Spielflusses angelegtes Spiel. Für Menotti ist Clementes Team die Verkörperung der „Tyrannei im Fußball" schlechthin. Clemente entgegnet, er sei nicht bereit, sich irgendwelche Lektionen in Sachen Fußball von einem alternden Hippie erteilen zu lassen, der mehr Zeit mit der Suche nach Frauen denn mit dem Unterrichten von Fußballtechniken verbringe.

Als Barça gegen den amtierenden Meister bereits mit 2:0 in Führung liegt, wird Bernd Schuster, der „blonde Engel", zum Racheengel und begeht ein böses Foul an Adoni Goikoetxea – Revanche für jene Attacke des beinharten Basken, durch die der Mittelfeldspieler zwei Jahre zuvor schwer verletzt und lange Zeit außer Gefecht gesetzt wurde. So verstehen es zumindest die 120.000 Zuschauer, die begeistert „Schuster, Schuster!" rufen. Goikoetxea droht gegenüber Maradona: „Ich bring den (Schuster) um", woraufhin Maradona ihm antwortet: „Nur ruhig, Baske, beruhig dich, ihr verliert doch schon. Was willst du dir jetzt für'n Furz eine Gelbe holen." In der 58. Minute ist es dann Maradona, der gefällt am Boden liegt, nachdem Adoni Goikoetxea ein Solo des Argentiniers mit einem brutalen Tackling von hinten gestoppt hat. Der englische Journalist Edward Owen, Augenzeuge des Vorgangs, ist so schockiert, dass er Goikoetxea „the Butcher of Bilbao" tauft. Eduardo Galeano schreibt von einem „vorsätzlichen Totschlag". César Luis Menotti fragt: „Muss erst jemand sterben, ehe jemand etwas tut?" Goikoetxea gehöre „der Rasse der Antifußballer" an. Barça-Präsident Núñez zieht gar eine Verbindung zwischen dem Bombenterror der ETA und der Spielweise Athletic Bilbaos. „Auch gegen den Terrorismus im Fußball muss vorgegangen werden." Die *Times* setzt Goikoetxea 2007 in einer Liste der 50 härtesten Fußballspieler der Welt auf Platz eins.

Goikoetxeas Taten gegen Schuster und Maradona wie überhaupt die harte Gangart Athletics ziehen eine jahrelange Verstimmung zwischen den beiden Klubs nach sich. Schuster vergleicht Begegnungen mit Bilbao mit dem Korea-Krieg.

Maradona fällt nun aufgrund einer schweren Knöchelverletzung 108 Tage lang aus. Goikoetxea, der im Spiel nur eine gelbe Karte kassiert hatte, wird nach Einschreiten des Sportgerichts für 18 Spiele gesperrt.

Am 5. Mai 1984 sehen sich beide Teams zum Pokalfinale im Madrider Estadio Santiago Bernabéu wieder. Bilbao reist als frischgebackener Meister in die Hauptstadt, obwohl man beide Meisterschaftsspiele gegen den FC Barcelona verloren hat. Dieser musste sich mit einem Punkt Abstand auf die Basken mit Platz drei begnügen. Am Vorabend des Finales liefern sich Maradona und Clemente einen verbalen Schlagabtausch, der im wahrsten Sinne des Wortes unter die Gürtellinie zielt. Maradona bezichtigt den Coach, er habe „nicht die Eier, mir in die Augen zu sehen", Clemente erklärt den Spieler für „kastriert und dumm".

Bilbao gewinnt mit 1:0. Nach dem Schlusspfiff kommt es zum Eklat. Zunächst zeigt Bilbaos Sola dem argentinischen Star den „bösen Finger". Maradona explodiert, und Goikoetxea, der „Schlächter von Bilbao", imitiert einen brutalen Tritt in Richtung seines Opfers. Maradona tritt nun seinerseits zu, aber real, gleich mehrere Athletic-Akteure werden von ihm attackiert. Weitere Spieler mischen sich ein, auch einige Fans schwingen Fäuste und Füße – das alles unter den Augen von König Juan Carlos. Erst die Polizei kann die Massenschlägerei beenden. Maradona, der als einer der Hauptverursacher identifiziert wird, ersucht später um eine Audienz beim König, wo er sich bei Seiner Hoheit entschuldigt.

Doch in Barças Chefetage hat man bereits den Daumen über den Argentinier gesenkt. Der FC Barcelona ist ein vornehmer Verein, und Barcelona ist eine bürgerliche Stadt. Mit dem ungezogenen Unterschichtkind aus Villa Fiorito werden sie nie richtig warm. Auch einen offen eingestandenen Bordellbesuch verzeihen die katholischen Katalanen ihm nicht. Maradona erklärt später den Barça-Boss zum Schuldigen: „Präsident Núñez neidete mir meine Popularität. (…) Ich war fertig mit der Stadt Barcelona. Ich war fertig mit dem Verein Barcelona. Ich war fertig mit Katalonien, mit allem." Matti Lieske, seinerzeit Sportredakteur der *taz:* „Bernd Schuster passte mit seiner Querköpfigkeit schon besser zum Barça-Chaos, doch allein Johan Cruyff war wie geschaffen für den FC Barcelona."

Maradona verzieht sich nach Neapel, wo er im Stadion Sao Paulo des SSC mit einem Hubschrauber einschwebt und einen

Boom auslöst, der bald die gesamte italienische Seria A erfasst und diese zur erfolgreichsten und schillerndsten Liga der Welt avancieren lässt. Der FC Barcelona darf für Maradona, der in Katalonien einen Kontrakt mit einer Laufzeit von sechs Jahren besaß, die Rekordablöse von 13 Mio. US-Dollar einstreichen. Das „Wunderkind" dagegen ist dank verlustreicher Geschäfte seines Managers Jorge Cyterszpiler völlig pleite, Neapel bedeutet die finanzielle Rettung. Der SSC honoriert Maradonas Vertragsunterschrift mit kolportierten 6,4 Mio. Dollar.

Auch Menotti, Barcelona und Barça eigentlich ideologisch auf den Leib geschneidert, erweist sich nicht als der erhoffte Heilsbringer und verlässt den Klub „aus privaten Gründen" ebenfalls bereits im Juni 1984 wieder. Später lässt er durchblicken, dass „las urgencias historicas" , historische Zwänge, zu seinem Abgang beigetragen hätten. Ludger Schulze: „Auch er hatte dem unmenschlichen Druck, den ein erfolgsgieriges Präsidium, ein fanatisches Publikum, 108.000 verrückte Vereinsmitglieder sowie eine gnadenlose Presse ausüben, nicht standhalten können."

Die Nacht von Sevilla

Mit Terry Venables gewinnt Barça in der Saison 1984/85 nach elf Jahren endlich wieder die Meisterschaft, es ist die zehnte. Real hat zu diesem Zeitpunkt bereits die doppelte Zahl (20) eingefahren. Schuster, nach Maradonas Weggang alleiniger Herrscher im Mittelfeld, spielt eine starke Saison, ist nahezu jedes Wochenende der beste Spieler der Liga. Bei der Wahl zum europäischen Fußballer des Jahres landet er auf Platz drei. Der englische Coach lässt dem deutschen Spielmacher alle Freiheiten und preist seine professionelle Einstellung. So schiebt Schuster nach dem offiziellen Training häufig noch Sonderschichten. Für Unruhe sorgt indes Ehefrau Gaby, wenn sie durch die Kabine und an den splitternackten Spielern vorbei zum Büro des Trainers marschiert, um sich über irgendetwas zu beschweren.

1985/86 erreicht der Klub zum zweiten Mal das Finale des Europapokals der Landesmeister, aber auch dieses Mal wird es nichts mit dem großen Triumph. In das Finale gegen Steaua Bukarest geht Barça als klarer Favorit, wenngleich man sich im Halbfinale äußerst schwer getan hatte. Bei IFK Göteborg kassierte man im ersten Halbfinale eine 0:3-Schlappe, das Rückspiel gewann Barça dank eines Hattricks von „Pichi" Alonso mit dem gleichen Ergebnis. Der Held des Abends aber hieß Javier Urruti. Im Elfmeterschießen parierte der baskische Keeper den fünften Versuch der Schweden. Anschließend schritt Urruti selbst zum Elfmeterpunkt, verwandelte und erreichte dadurch einen Gleichstand zwischen den Teams. Nun forderte Urruti den Göteborger Keeper auf, es ihm gleichzutun. Dem flatterten aber die Nerven und er verschoss, was Victor Muñoz die Möglichkeit gab, den Ball zum 5:4 für Barcelona zu versenken. 105.000 Zuschauer feierten Barças Nr. 1 minutenlang mit „Urruti, Urruti!"-Rufen.

Sevilla ist für Barça eigentlich ein perfekter Austragungsort. Viele Katalanen sind Nachfahren von Immigranten aus Andalusien. Am 7. Mai 1986 fiebern 50.000 der 70.000 Zuschauer im Estadio Ramón Sánchez Pizjuán mit dem FC Barcelona, Sevilla erfährt die größte Expedition von Barça-Fans seit Basel 1979.

„Pichi" Alonso, der dreifache Torschütze des Halbfinalrückspiels, bleibt in der Startformation unberücksichtigt, statt des Publikumslieblings lässt Venables den Schotten Steve Archibald auflaufen. Und Venables handelt sich weiteren Ärger ein, als er in der 85. Minute und beim Stande von 0:0 seinen Regisseur Bernd Schuster vom Platz nimmt, da dieser weit unter seinen Möglichkeiten geblieben ist. Schuster tobt, verlässt nicht nur das Feld, sondern auch das Stadion.

Die Begegnung bleibt auch in der Verlängerung torlos, es ist das erste europäische Meisterfinale, in dem sogar nach zwei Stunden noch kein Tor gefallen ist. Im folgenden Elfmeterschießen gewinnt Steaua mit 2:0, obwohl Javier Urruti zwei Bälle pariert. Aber Barças Schützen bringen das Kunststück fertig bringen, gleich viermal am überragenden Rumänen-Keeper Helmuth Duckadam zu scheitern. Jimmy Burns über den Abend in Sevilla: „Die Fans, die Barça verlieren sahen, reagierten nicht gewalttätig, sondern eher mit resignierter Trauer, einem Stoizismus, der von einer kollektiven Leidensfähigkeit durchdrungen war, die sich angesichts zu häufig zerstörter Träume entwickelt hat."

Beim anschließenden Festbankett bleibt Schusters Stuhl leer, stattdessen fliegt der Star mit Ehefrau Gaby in sein Wochenenddomizil auf Ibiza. Sein Arbeitgeber Núñez flucht: „Ich will den Kerl nicht mehr in unserem Trikot sehen." Núñez versucht Schuster sogar „eine Art Geisteskrankheit" anzuhängen, in der deutschen Presse wird ein angebliches Gutachten des Klubdoktors zitiert, das dem Spieler „Zyklothymie", krankhafte Depression, bescheinigt. Barças Hausjurist dementiert, ein Gutachten über Schusters Geisteszustand existiere überhaupt nicht. Schuster klagt auf Vertragsauflösung, nennt Núñez einen Lügner und verklagt den Präsidenten wegen Beleidigung. Barça-Vize Nicolau Casaus ist enttäuscht: „Schuster ist der erste Spieler in Barcelona, der gegen den Verein klagt." Dabei habe man ihn „wie den eigenen Sohn" behandelt. Sogar Ehefrau Gaby sei „von den katalanischen Damen gleich akzeptiert worden" – „trotz der Nacktphotos" des einstigen Fotomodells, die die spanische Presse einige Jahre zuvor veröffentlich hatte. Denn man habe gesehen, „dass sie eine gute Mutter ist".

Núñez steht zu seinem Wort. In der Saison 1986/87 kommt Schuster nicht zum Einsatz und pausiert zu vollen Bezügen; Barças zwei Ausländerplätze werden nun vom Waliser Mark Hughes und dem Engländer Gary Lineker besetzt. Mit 21 Treffern ist Lineker Barcelonas erfolgreichster Torschütze in dieser Saison. Doch die Fans haben ihr Idol nicht vergessen. Wann immer die Mannschaft schwach spielt, schwenken sie weiße Taschentücher aus Protest gegen Núñez' Personalpolitik und fordern den Einsatz von Schuster.

Ein Präsident in Bedrängnis

In der Liga beendet der FC Barcelona die Spielzeiten 1985/86 und 1986/87 jeweils als Vizemeister, beide Male behält Real Madrid die Oberhand. Im September 1987 wird Terry Venables von Luis Aragonés abgelöst, der Schusters Qualitäten zu schätzen weiß und ihn erneut zum Leader kürt. Das bemerkenswerteste Ereignis einer eher trostlosen Saison ist die „Meuterei von Heredia". Am 28. April 1988 fordert die Mannschaft auf einer Pressekonferenz im Hotel Heredia den Rücktritt von Präsident Núñez. Im gerichtlichen Disput um Bernd Schuster war herausgekommen, dass viele Spieler zwei Verträge besaßen, von denen aber nur einer den Steuerbehörden bekannt war. Als der Fiskus nun vom Klub eine deftige Nachzahlung fordert, sieht Núñez allein die Spieler in der Verantwortung.

Zwei Tage nach der „Meuterei von Heredia" empfängt der FC Barcelona Real. Als das Team das Feld betritt, wird es von den eigenen Anhängern mit einem gellenden Pfeifkonzert bedacht. Den Real-Spielern wird hingegen applaudiert, und auf Plakaten werden die „Meuterer" der Geldgier bezichtigt. Insbesondere im zweiten Durchgang spielt Barça erstmals seit vielen Monaten besser als der Rivale und siegt am Ende durch Tore von Carrasco und dem Engländer Gary Lineker mit 2:0. Spieler und Fans sind wieder einigermaßen miteinander versöhnt.

Barça beendet die Spielzeit 1987/88 auf Platz sechs. So schlecht hat der Verein seit der Saison 1964/65, als man ebenfalls nur Sechster wurde, nicht mehr abgeschnitten. Im UEFA-Pokal scheitert man im Viertelfinale an Bayer Leverkusen. Stadtrivale Espanyol schafft es bis ins Finale, muss sich dort aber ebenfalls dem Bundesligisten beugen. Nur der Pokal bringt ein wenig Freude, wo man im Finale Real Sociedad San Sebastián mit 1:0 schlägt.

Bernd Schuster wechselt anschließend – zu Real Madrid. Gemeinsam mit dem Mexikaner Hugo Sánchez führt er hier die junge Generation der „Quinta del Buitre" um Emilio Butragueño, Manuel Sanchis und Martin Vasquez an. 1989 und 1990 gewinnt Real mit Schuster die Meisterschaft. Mit Atlético Madrid wird er 1991 Vizemeister sowie 1991 und 1992 Pokalsieger. Zur Saison 1993/94 kehrt Schuster nach 316 Spielen und 84 Toren in der Primera División in die Bundesliga zurück.

Zehn Jahre sind im Sommer 1988 seit dem Amtsantritt von Josep Lluís Núñez vergangen. Zehn Jahre, in denen der Klub zwar zehn Trainer verschlissen und Stars wie Schuster, Maradona und Lineker geholt hat, aber nur einen Meistertitel erringen konnte. Der Klub gilt als instabil, nicht nur Real, das im Zeitraum 1975 bis 1990 zehnmal Meister wird, auch Atlético Madrid und Athletic Bilbao haben mehr vorzuweisen als der Stolz Kataloniens.

Barça-Boss Núñez wird zur Zielscheibe der Unzufriedenheit und sieht sich einer klubinternen Opposition gegenüber. Deren eloquentester Vertreter ist der Geschäftsmann Ricardo Huguet; er genießt die Unterstützung der katalanisch-nationalistischen *Convergencia* von Jordi Pujol und der von ihr kontrollierten Medien.

Aber wer kann Barça retten und den Traum vom europäischen Topteam einlösen? Die Opposition fordert die Verpflichtung Johan Cruyffs, dessen Reputation in Barcelona unverändert gigantisch ist. Cruyff kommt tatsächlich, doch es ist der Taktiker und Machtmensch Núñez, der *El Salvador* in die katalanische Metropole zurückholt und so seinen Stuhl rettet.

Kapitel 8

Die Rückkehr von *El Salvador*

Im Sommer 1988, zehn Jahre nach seinem Abschied als Spieler, kehrt Johan Cruyff in die katalanische Metropole zurück, um das Amt des Barça-Trainers zu übernehmen. Es ist ein anderes Barcelona als bei seiner ersten Ankunft. Die Demokratie hat sich etabliert, und in der Stadt herrscht eine Aufbruchstimmung, zu der auch die Rückkehr von *El Salvador* beitragen wird. Unter ihrem visionären und dynamischen linken Bürgermeister Pasqual Maragall erfährt Barcelona eine kulturelle und soziale Renaissance. Der Sozialist Maragall, seit 1982 im Amt, mobilisiert die Elite der katalanischen Intellektuellen und Künstler für sein Projekt einer modernen Stadt.

Seit der Verleihung des Autonomiestatuts (1979) stürzt sich die Stadt, um die neue Zeit zu dokumentieren, in einen Erneuerungsrausch und entledigt sich der verstaubten Relikte der Franco-Jahre. Barcelona avanciert zur Metropole von Architektur und Design und nicht zum ersten Male in seiner Geschichte zum „Mekka der Kreativen". Winfried Bährle und Dirk C. Fleck schreiben: „Die öffentlichen Institutionen vergaben Aufträge en masse. Gefordert waren die Neugestaltung des öffentlichen Nahverkehrs, der Straßen und Plätze. Banken, Versicherungen, Firmen aller Art zogen nach – sie alle wollten ihr neues, demokratisches Gesicht zeigen. Jedes neue Logo, jede neue Straßenlaterne oder Parkbank, jedes Plakat war ein Symbol für den Umschwung. Das lange unterdrückte kreative Potenzial der Stadt konnte sich endlich austoben."

Barcelona wird Olympiastadt

Aus anderen Teilen Spaniens und dem Ausland strömen zahlreiche berühmte Architekten und Designer in die katalanische

Metropole, um sich dort zu verewigen – so die Andalusier Santiago Calatrava und Javier Mariscal, der Japaner Arata Isozaki, der Engländer Norman Foster, der Amerikaner Richard Meier, die Schweizer Jacques Herzog und Pierre de Meuron. Es entstehen neue Plätze, Promenaden und Museen.

Die neue Ästhetik ist endgültig auf dem Vormarsch, als Barcelona 1986 den Zuschlag für die Ausrichtung der Olympischen Sommerspiele 1992 erhält. Ironie der Geschichte: Barcelona hat die Spiele, die die Stadt auf die Weltkarte setzen, Katalonien als Region bekannter machen und das katalanische Selbstbewusstsein stärken, nicht zuletzt Juan Antonio Samaranch zu verdanken, einem ehemaligen Blauhemdträger der Falange. Dem Franco-Regime diente der Katalane, Mitglied der faschistischen Movimiento Nacional mit persönlichen Beziehungen zur Familie des Diktators, als Staatssekretär für Sport und ab 1973 als Leiter der Provinzverwaltung in Katalonien. 1977, nach dem Ende des Franco-Regimes, wurde Samaranch als Botschafter nach Moskau abgeschoben, da man für ihn im Prozess der *transición* keine Verwendung besaß.

1980 war Samaranch Präsident des IOC geworden. Eine Wahl, über der der Schatten der Korruption lag. Sein Vorgänger, der Anglo-Ire Michael Morris, dritter Baron von Killanin, äußerte später, er habe nie gedacht, dass der Posten des IOC-Präsidenten käuflich sei. Samaranchs wichtigster Wahlkampfhelfer war Adidas-Besitzer Horst Dassler, der sechs Jahre zuvor bereits dem Brasilianer Joao Havelange zum FIFA-Thron verholfen hatte. Den Brasilianer Havelange und den Spanier Samaranch verband mit dem Deutschen Dassler neben verbandspolitischen und geschäftlichen Interessen auch die Ablehnung der „Anglos" und deren Dominanz in der internationalen Sportpolitik.

Nach der Entscheidung des IOC entstehen auf dem Montjuic eine Reihe von olympischen Sportstätten. Ein bereits für die Weltausstellung 1929 errichtetes Stadion wird zum Estadi Olimpic de Montjuic ausgebaut, das später Barças Lokalrivale

Espanyol beziehen wird. Bei der Entscheidung des IOC pro Barcelona spielte auch eine Rolle, dass auf dem Montjuic 1936 der Versuch unternommen wurde, mit einer Gegenolympiade zu den „Nazi-Spielen" von Berlin ein antifaschistisches Ausrufezeichen zu setzen. An der Hauptpforte des Stadions wird eine Tafel angebracht, die an Lluís Companys erinnert, dem von den Franco-Putschisten ermordeten langjährigen Präsidenten der Generalitat und Führer der Esquerra Republicana de Catalunya (ERC). Später wird die Sportstätte in Estadi Olimpic Lluís Companys umbenannt.

Die Rückkehr des „totalen Fußballs"

Im Sommer 1985 war Johan Cruyff bei Ajax Amsterdam „Technischer Direktor" geworden. Cruyff kreierte das „Ajax-System", dessen Herz eine zentrale Achse mit dem frei agierenden zentralen Verteidiger (Frank Rijkaard) und einem Mittelstürmer (Marco van Basten) war. Mit zwei Außenverteidigern und zwei Außenstürmern besetzte Cruyff alle vier Ecken des Spielfelds. Die Außenstürmer hatten sich so nahe wie möglich an den Seitenlinien zu positionieren. Zum Beweis wollte Cruyff nach dem Schlusspfiff unter ihren Schuhen die weiße Kreide der Linie sehen. Zwei zentrale Mittelfeldspieler agierten als „Kontrolleure" des Systems. Hierzu gehörten sowohl die fehlerfreie Umsetzung der taktischen Vorgaben wie das Ausbügeln und Korrigieren der Fehler von Mitspielern. Last but not least der Torwart: Er hatte sich so weit wie möglich vor seinem Tor zu postieren, um eine Überzahl von einem „halben" Spieler zu erreichen. Eine Mannschaft, die den Torwart auf der Linie stehen ließ und allein mit dem Hüten seines Kastens betraute, agierte in Cruyffs Augen nur mit zehneinhalb Spielern. Gelangte der Torwart in Ballbesitz, war es seine Aufgabe, den Ball umgehend wieder ins Spiel zu bringen, durch präzises Zupassen oder Zuwerfen zum nächstpostierten freistehenden Mitspieler. Das System besaß eine gewisse Anfälligkeit: Versagten die Schlüsselakteure, drohte es zu zerfallen.

Cruyff propagiert eine positive Fußballphilosophie, die vom Ballbesitz und nicht der Balleroberung ausgeht. Der Trainer fordert zu 70 Prozent Technik und zu 30 Prozent Laufbereitschaft. „Zuerst kommt die fußballerische Qualität. Meine Mannschaft muss technisch das Spiel dominieren, nicht läuferisch. Wer 60 oder 70 Meter rennt, hat kein Gefühl mehr. (…) Ich will keine Renner, ich will Spieler, die einen Gegner ausdribbeln können. Das ist das Schönste am Fußball. (…) Der Ball ist immer schneller als der Fußballer, deshalb hat Schnelligkeit auch damit zu tun, dass man die Positionen besetzt hält. Sprints von einem Meter, zwei, zehn Metern, das liebe ich, das ist Fußball."

David Winner über Cruyffs fußballerische Visionen: „Emotional und philosophisch war Cruyffs Fußball die direkte Weiterführung von Michels' ‚totalem' System, wenngleich das Pressing und die Positionswechsel nicht ganz so rigoros betrieben wurden. Der Schwerpunkt lag aber nach wie vor auf einem intelligenten, raumorientierten, dominanten Angriffsfußball über die Außenbahnen."

In Barcelona wirkt der Trainer Cruyff nun noch erfolgreicher und nachhaltiger als der Spieler Cruyff. Der von Rinus Michels eingeleitete, aber zwischenzeitlich zum Erliegen gekommene Kulturtransfer wird von Cruyff wieder aufgenommen, auf ein neues, höheres Niveau getrieben und dermaßen verfestigt, dass seine Spuren noch viele Jahre später unübersehbar sind. Cruyffs fußballerische Visionen, insbesondere das offensive Kurzpassspiel, werden auf dem Platz zum Markenzeichen und zur bis heute gültigen Norm des FC Barcelona.

La Masia

Der FC Barcelona wird fast komplett umstrukturiert. Die ersten zwei Jahre widmet Cruyff der Neuordnung des Verhältnisses zwischen Vereinsführung und sportlicher Leitung, der Durchsetzung seiner taktischen Visionen und dem Aufbau einer personellen Architektur, die seine Fußballphilosophie umsetzen kann. Die Mitglieder des Vorstandes werden aus der Kabine verbannt. Über den Kauf und Verkauf von Spielern entscheidet nun allein der Trainer.

Außerdem modernisiert Cruyff Barças Nachwuchssystem – mit bis heute anhaltender Wirkung. In den Niederlanden spielte bereits in den 1960ern die Nachwuchsförderung eine größere Rolle als in vielen anderen europäischen Ländern. Ajax, wo schon Rinus Michels von einem roten Faden sprach, der sich von ganz oben bis ganz unten durch den gesamten Verein ziehen müsse, marschierte voran, aber andere folgten dem Beispiel. Nur so war man in der Lage, aus begrenzten personellen Ressourcen so viel Talent herauszuquetschen und Konkurrenzfähigkeit auf höchstem internationalen Niveau zu erlangen. Seither hat kein anderes Land der Erde mit vergleichbarer Bevölkerungsgröße auch nur annähernd so viele Weltklassespieler produziert wie die Niederlande.

In den unteren Altersklassen wurde an den technischen Fähigkeiten gefeilt, ansonsten ließ man die Kinder mehr oder weniger spielen, wie sie wollten. Dann wurden sie zusehends in Eins-gegen-Eins-Situationen verwickelt. Beim Trainingsspiel wurde der Fokus darauf gerichtet, Risiken einzugehen und Angriffsfußball zu spielen. Bald wurden diese Ideen zu einem Gemeingut der niederländischen Nachwuchsausbildung.

Barcelonas Nachwuchsakademie heißt *La Masia* und hat ihren Sitz in einem bereits 1702 errichteten Bauernhaus aus Sandstein, das sich schon seit langem im Besitz des Vereins befindet. Das Gebäude steht in der Avinguada Joan XXIII. in Nachbarschaft zum Camp Nou. Seit 1979 werden hier hoffnungsvolle Talente untergebracht.

In Spanien nennt man die Nachwuchsabteilungen *cantera* – zu Deutsch: Steinbruch. Unter Cruyff wird Barças „Steinbruch" so umgestaltet, dass er zu einer nie versiegenden Quelle von Juwelen wird, die einer Spielphilosophie frönen, deren Richtwert das präzise, schnelle Kurzpassspiel ist. Cruyff-Sohn Jordi, eines der ersten Steinbruchkinder, erzählt 2007 in einem

Interview: „Der Grundgedanke bei der Spielerausbildung in Barcelona ist anders als fast überall sonst. In Barcelona spielt es keine Rolle, wie schnell, wie groß, wie stark ein Junge ist, wie lange er rennen kann. Es interessiert nur eines: Wie gut ist er mit dem Ball. Darauf ist die ganze Ausbildung ausgerichtet: technisch einmalige Spieler hervorzubringen." Bis zum 16. Lebensjahr sehen die *cantera*-Schüler keinen Kraftraum, absolvieren keinen Dauerlauf, kein Zirkeltraining. Kraft, Ausdauer, Schnelligkeit – das alles verbessern die Nachwuchskicker mit dem Ball. Ohne dies bewusst zu registrieren, da ihr gesamtes Denken auf den Ball ausgerichtet ist. Trainingspartien werden auf verkleinerten Feldern ausgetragen, das Credo der Ausbildung lautet: auch auf minimalem Raum den Ball und das Passspiel beherrschen, um sich aus dem gegnerischen Pressing blitzschnell zu befreien oder den riskanten Pass zu spielen. Dieses verwirrende Kurzpassspiel wird zum bis heute gültigen Erkennungszeichen von Barças Fußball und firmiert noch heute in Spanien als *el cruyffismo*.

Die Scouts des FC Barcelona schauen nicht nach Abwehrspielern, sondern nur nach Offensivspielern, die als flinker und technisch beschlagener gelten. Einige von ihnen werden dann zu Defensivkräften umgeschult. Diese Philosophie hat später zu Folge, dass sich in den großen Teams der Trainer Frank Rijkaard und Josep Guardiola auffallend viele kleine Spieler tummeln. Was laut Jordi Cruyff nicht von Nachteil ist: „Wenn du als Zwölfjähriger mit 1,50 Meter immer gegen zwanzig Zentimeter Größere spielst, wächst dir ein Auge im Hinterkopf: Du entwickelst einen sechsten Sinn, mit dem du die Bewegungen der Gegner ahnst. Schau dir Xavi an: Er verliert keinen Ball. Sein hinteres Auge weiß, von wo die Gegner kommen."

Umbauarbeiten

Wie die Stadt Barcelona gleicht auch Barça nun einer Großbaustelle. Baumeister Cruyff verspricht den Fans, eine Mannschaft zusammenzustellen, die Begeisterung und damit die Zuschauer zurück ins Stadion holt. „Mein Team wird dem Angriffsfußball verpflichtet sein. Ich betrachte dies nicht als Risiko. Im Gegenteil. Ich glaube, dass die Mannschaft, die den mutigsten Fußball spielt, am Ende auch die meisten Trophäen gewinnen wird. (…) Wenn der Gegner vier Tore schießt, müssen wir halt fünf erzielen."

Cruyffs Training wird von extrem anspruchsvoller Ballarbeit und dem Einüben von Positionswechseln dominiert. Cruyff: „Rennen ist etwas für Feiglinge. Die besten Fußballer lassen den Ball die Arbeit tun." Während man sich an vielen anderen Orten Europas von Arrigo Sacchis 4-4-2-System beeindrucken lässt, spielt Cruyff mit einer dreiköpfigen Abwehr- und dreiköpfigen Sturmreihe. Cruyffs Stürmer wechseln ständig ihre Positionen und hinterlassen dabei verwirrte Gegenspieler. Und wieder geht es – wie schon bei Rinus Michels – um den „flexiblen Raum". Cruyffs Barça versteht es, das Spielfeld nach Belieben weit oder eng zu machen. Mancher Gast zweifelt schon daran, ob der Rasen im Camp Nou nicht die erlaubten 110 mal 75 Meter überschreitet. Noch heute wird erzählt, Cruyff habe als Spieler wie als Trainer darauf gedrängt, den größtmöglichen Raum zum Austoben spielerischer Qualität bereitgestellt zu bekommen. Viele Jahre später, der Trainer heißt inzwischen Josep Guardiola, schreibt Klaus Hoeltzenbein in der *Süddeutschen Zeitung*: „Barcelona will gestalten, begeistern, immerzu Regie führen – und wer gestalten will, braucht Platz. Sonst tritt ihm der Gegner auf die Füße."

Die ersten beiden Jahre in Barcelona erweisen sich als schwierig. Doch Cruyff kommt zugute, dass er Barcelona bereits bestens kennt und mit Ajax schon einen anderen schwierigen Klub erfolgreich gemanagt hat. Am Anfang steht ein rigoroser personeller Austausch. Vor der Saison 1988/89 trennt sich Barça von 13 Akteuren. Für sie kommen elf Neuzugänge, samt und sonders Spanier von anderen spanischen Erstligisten. Komplettiert wird der Kader durch fünf Akteure aus der eigenen Jugendarbeit.

Cruyff beweist einen guten Instinkt – sportlich wie politisch. In den fünf Jahren vor seiner Rückkehr haben mit Lattek, Menotti und Venables drei Ausländer Barça trainiert. Das Schicksal des Klubs lag auf den Schultern ausländischer Akteure wie Bernd Schuster, Diego Maradona, Steve Archibald, Mark Hughes oder Gary Lineker. Nicht nur die sportliche Bilanz ließ zu wünschen übrig, sondern auch die Identifikation der Fans mit dem Team, dessen Spiele von immer weniger Zuschauern besucht wurden. Cruyff: „Überall auf der Welt möchten die Fans Spieler sehen, die ihre Mentalität teilen – vorzugsweise Spieler aus ihrem eigenen Land. Wenn ein Trainer die Wahl zwischen einem ausländischen Akteur und einem heimischen hat und die Qualität der beiden identisch ist, sollte er den heimischen verpflichten. Die Fans pfeifen dann nicht so schnell, wenn es nicht so gut läuft."

In seinen acht Jahren als Barça-Coach holt Cruyff insgesamt 29 „Steine" aus der *cantera* in die Profimannschaft. Bis zur Ankunft des Niederländers waren Eigengewächse im ersten Team nahezu unbekannt. Eines von Cruyffs Ziehkindern ist Josep „Pep" Guardiola, der im Alter von 13 Jahren in La Masia eingezogen ist und im Dezember 1990 sein Debüt bei den Profis feiert. Jorge Valdano rühmt noch viele Jahre später Cruyffs Umgang mit Talenten: „Es gibt immer noch einen Mangel an Vertrauen in die Intelligenz der Spieler. Viele Trainer versuchen, deshalb selbst das kleinste Detail noch einmal gesondert aufzuschlüsseln, ohne zu begreifen, dass der Spieler das Problem selbst lösen kann. (…) Man sollte zulassen, dass die Talente für sich sprechen. Das hat Cruyff meisterhaft verstanden. Nicht nur, was er den Spielern sagte, sondern durch das, was er ihnen verschwieg. Die Liebhaber der Kontrolle haben einen großen Mangel: Sie behandeln alle Spieler gleich. Wenn ich in einem Team mit Maradona spiele, kann ich nicht die gleichen Freiheiten einfordern wie Maradona."

El Pistolero und vier Meisterschaften

Nachdem Barça die erste Cruyff-Saison 1988/89 mit dem zweiten Platz hinter Real beendet hat, beginnt der Holländer mit der Verpflichtung ausländischer Leistungsträger. Nach der noch gültigen Einschränkung darf er maximal drei Ausländer einsetzen – und bei deren Auswahl beweist er ein goldenes Händchen. Zur Saison 1989/90 werden der 25-jährige Däne Michael Laudrup von Juventus Turin und Cruyffs Landsmann Ronald Koeman vom PSV Eindhoven geholt. Koemans Qualität ist weniger die Torverhinderung. Der gelernte Mittelfeldspieler versteht vor allem etwas von der Spielöffnung. Trotz der Neuen rutscht das Team zunächst auf den dritten Platz. Meister wird erneut Real, Vizemeister Atlético Madrid. Vom verhassten Rivalen trennen Barça satte elf Punkte. Es wird gemunkelt, die kommende Saison würde über Cruyffs Zukunft entscheiden.

Im Sommer 1990 ist Cruyffs Mosaik mit der Verpflichtung des dritten ausländischen Leistungsträgers komplett. Nun verstärkt der antrittsschnelle und dribbelstarke Linksaußen Hristo Stoichkov von ZSKA Sofia Barças Team. Der temperamentvolle Bulgare, dessen monatliches Gehalt durch den Wechsel von 600 auf 20.000 Pfund in die Höhe schnellt, gilt als exzentrisch. In seinen jungen Jahren war er sogar mit einer lebenslangen Sperre belegt worden, die dann aber zum Glück für die Fußballwelt aufgehoben wurde.

Tatsächlich hat Cruyff den Offensivmann nicht nur wegen seiner überragenden fußballerischen Qualitäten geholt, sondern auch, weil seinem braven Team ein „bad boy" fehlt, ein, wie man heute sagen würde, „aggressive leader". „Mit einem Team, das nur aus netten Leuten besteht, kannst du nicht gewinnen. Man benötigt einen Spieler, der im positiven Sinne aggressiv ist, und der diese Aggressivität an seine Mitspieler weitergeben kann." Stoichkov wird Cruyff auch diesbezüglich nicht enttäuschen. In der Hinrunde der Saison 1990/91 kassiert er eine zweimonatige Sperre, nachdem er einem Schiedsrichter absichtlich auf dem Fuß herumgetrampelt ist. Zu Stoichkovs Aggressivität gehört aber auch, dass er den schnellen Abschluss sucht, anstatt zu überlegen, ob es nicht auch hübscher geht oder ein Mitspieler besser postiert ist. In Barcelona nennen ihn seine Bewunderer deshalb auch *El Pistolero*. Der technisch begabte Stoichkov entspricht exakt Cruyffs Idee vom Flügelstürmer. Nicht das Schlagen von Flanken ist dessen vornehmste Aufgabe, sondern das Dribbeln von der Außenposition in Richtung Tor.

Bei den Barça-Fans steigt Stoichkov schnell zur noch heute verehrten Kultfigur auf. Wohl auch, weil der Weltklassespieler im Trikot der *Blaugrana* zum katalanischen Nationalisten mutiert. Als bei der WM 1998 Bulgarien auf Spanien trifft, hängt Stoichkov eine katalanische Fahne an den Balkon des Mannschaftshotels. Bei manchem Spiel trägt er unter dem Trikot ein T-Shirt, auf dem die Unabhängigkeit Kataloniens gefordert wird. Außerdem unterstützt Stoichkov Kampagnen für eine eigenständige katalanische Fußballauswahl und die Nicht-Abstellung katalanischer Kicker für Spaniens *Selección*.

Der einzige „Überlebende" aus der Ära von Terry Venables ist in der Saison 1990/91 der baskische Keeper Andoni Urreta Zubizarreta, ein ruhiger Typ mit großer Ausstrahlung, der sich schon als Spieler für Natur- und Literaturwissenschaften interessiert und später zum spanischen Heinrich-Böll-Experten avanciert.

Barças Umbau verläuft ähnlich erfolgreich wie die Modernisierung der Stadt Barcelona. Cruyffs Ensemble besitzt nun Meisterschaftsreife, und am Ende der Spielzeit heißt Spaniens Champion erstmals seit fünf Jahren nicht Real Madrid, sondern FC Barcelona. Barça ist ein souveräner Meister. Der Vorsprung vor „Vize" Atlético beträg zehn Punkte, zum Titelverteidiger Real sind es gar deren elf.

Auch die folgenden drei Spielzeiten geht der Meistertitel in die katalanische Metropole – eine Serie, wie sie bis dahin allein Real Madrid vorbehalten war. Dabei hat Cruyff allerdings auch das Glück auf seiner Seite, denn 1991/92, 1992/93 und 1993/94 wird der Titel erst am letzten Spieltag errungen und stets nur mit Hilfe anderer Mannschaften bzw. weil die härtesten Konkurrenten auf den letzten Metern versagen.

Des Niederländers Glück beschränkt sich nicht auf den Fußball. Im Februar 1991 wird der Kettenraucher (80 Zigaretten pro Tag) mit Blaulicht ins Krankenhaus St. Jordi gebracht. Cruyff hat einen Herzinfarkt erlitten und muss sich einer Bypass-Operation unterziehen. Der Calvinist Cruyff war stets davon überzeugt, dass Gott auf seiner Seite stünde. Sohn Jordi später: „Ich hatte stets das Gefühl, dass auf der Schulter meines Vaters ein Schutzengel sitzen würde, der ihn auf der richtigen Seite hielt." Der Vorfall erhöht lediglich Cruyffs Status bei den Barça-Fans. Der Genesene stellt das Rauchen ein und beteiligt sich an Anti-Raucher-Kampagnen. Ein Poster der katalanischen Regionalregierung zeigt einen entspannten Cruyff, versehen mit der Message: „In meinem Leben hatte ich zwei Laster: Rauchen und Fußball. Fußball hat mir im Leben alles gegeben. Rauchen hat mir das alles beinahe genommen."

Ein Dream-Team

Cruyff wird zum erfolgreichsten Trainer in der Geschichte der Katalanen und zur größten Legende in der Klubgeschichte. Innerhalb von sieben Jahren holt Barça zwölf Trophäen ins Estadi Camp Nou.

Die Krönung ist der Gewinn des Europapokals der Landesmeister 1992. Unter den großen Adressen Europas ist Barça bis zum Finale vom 20. Mai 1992 die einzige, der ein Triumph im prestigeträchtigsten der europäischen Vereinswettbewerbe verwehrt geblieben ist. Im Londoner Wembley-Stadion trifft Cruyffs Dream-Team auf Sampdoria Genua, und zwar in folgender Startformation: Zubizarreta, Nando Garcia, Ronald Koeman, Ferrer, Moreno, Bakero, Michael Laudrup, Guardiola, Eusebio, Salinas, Stoichkov.

Die 71.000 im Stadion und 500 Millionen Fernsehzuschauer sehen eine rasante zweite Halbzeit, in der Barça furchtlos das

Tor der Genuesen bestürmt, die ihrerseits scharfe Konter fahren. Nach einer Stunde trifft Hristov Stoichkov nur den Innenpfosten des von Gianluca Pagliuca gehüteten Sampdoria-Tores, und so mancher ältere *Socio* befürchtet eine Wiederholung des Albtraum-Finales von 1961. Auf der anderen Seite verfehlt Gianluca Vialli mit seinem Heber nur knapp das Tor, ein Schuss von Lombardo wird von Zubizarreta glänzend pariert. Das Spiel geht in die Verlängerung. In der 110. Minute gibt der deutsche Referee Aron Schmidhuber einem umstrittenen Freistoß für Barça – 20 Meter vor dem Tor und in zentraler Position, ein gefundenes Fressen für den schussgewaltigen Ronald Koeman. Stoichkov tippt den Ball kurz an, Bakero bringt ihn zur Ruhe und Koeman drischt das Spielgerät zwischen den Händen Pagliucas und dem Pfosten halbhoch in die Maschen. 37 Jahre nach seiner Einführung geht der Europapokal der Landesmeister erstmals nach Barcelona.

Den bedeutendsten Triumph in seiner Geschichte hat der FC Barcelona nicht in seinen berühmten blau-rot gestreiften Hemden, sondern in gelben gewonnen. Zur Siegerehrung wird aber das „richtige" Trikot übergezogen. Anschließend feiert eine ganze Stadt die Nacht hindurch. Barcelonas Glück ist komplett, als einige Wochen später die Olympischen Spiele erfolgreich über die Bühne gehen und die ausländischen Besucher sich von der Atmosphäre in der katalanischen Metropole verzaubern lassen.

Cruyffs Dream-Team ist eine beeindruckende Versammlung von Talenten und Fertigkeiten: Junge, vielversprechende lokale Akteure (Guardiola), traditionell zähe Basken (Bakero, Goitkoetxa, Beguiristain), ausländische Superstars (Koeman, Laudrup und Stoichkov) sowie erfahrene Akteure (Zubizarreta, Eusebio, Salinas, Alexanco, Ferrer) ergeben eine ideale Mischung. Für Günter Netzer ist das Barça-Team dieser Jahre ein Idealfall: „Eine erstklassige Mannschaft darf nicht nur erfolgreich sein. Ich möchte schon auf dem Platz etwas Besonderes sehen. Schöner Fußball darf das Scheitern riskieren. Es darf nur kein Dauerzustand sein. Mit Spielsystemen hat Schönheit im Fußball nichts zu tun. Das Ideal war der FC Barcelona unter Johan Cruyff. Das war Schönheit, Dominanz, Tempo und große Klasse. Da waren physische Fitness und technische Fertigkeiten, mit denen man gar nicht erst darüber nachdenken muss, was mit dem Ball passiert. Das geht, anders als zu meiner Zeit, schon in der Abwehr los. Jeder einzelne Spieler ist dafür verantwortlich. Bei Cruyff mussten die Abwehrspieler stürmen, die Mittelfeldspieler arbeiten und Tore schießen und die Stürmer notfalls auch mal im Mittelfeld aushelfen."

Für den spanischen Mainstream dieser Jahre steht Cruyffs Kritiker Javier Clemente, jener baskische Verfechter eines „harten und gearbeiteten Fußballs", mit dem sich bereits César Luis Menotti während seiner Barça-Zeit verbale Scharmützel geliefert hat. Der Nationaltrainer behauptet, Cruyff sei lediglich in der Lage, sich Teams „zusammenzupflücken". Seine taktischen Vorstellungen seien „selbstmörderisch" und nur aufgrund der Klasse seiner Spieler erfolgreich. Für den Journalisten Ronald Reng bedeutete diese Kontroverse „Spaniens Kulturkampf der Neunziger. La belleza contra la furia – die Schönheit gegen die Wut. Führt der Weg zum Sieg über elegantes oder aggressives Spiel?"

Cruyff kontra Núñez

Zur Saison 1993/94 kommt der Brasilianer Romário vom PSV Eindhoven, der eine überragende Saison spielt. Mit ihm gelingt der vierte Meistertitel in Folge. Romário wird Torschützenkönig und hat anschließend entscheidenden Anteil daran, dass Brasiliens Seleção in den USA zum vierten Mal den WM-Titel holt. Romário wird als bester Spieler des Turniers ausgezeichnet.

Trotzdem markiert diese Saison das Ende einer großen Mannschaft. Im Finale des Europapokals der Landesmeister unterliegt der FC Barcelona dem AC Mailand in Athen mit 0:4. Cruyff trennt sich von einigen Spielern, u. a. Torwart Zubizarreta und Michael Laudrup, und beginnt mit dem Aufbau einer neuen Mannschaft. Doch die meisten seiner Neuen hinterlassen wenig Eindruck. Cruyffs Theorie der Überlegenheit des Systems über die Spieler bricht wie ein Kartenhaus zusammen, als er für Laudrup, Stoichkov und Romário keinen gleichwertigen Ersatz findet. Stoichkov hatte sich nach der für ihn einzigartigen Saison 1993/94 – bei der WM in den USA erzielte der Bulgare im Viertelfinale gegen Deutschland ein traumhaftes Freistoßtor, wurde WM-Torschützenkönig und einige Monate später auch noch zum europäischen Fußballer des Jahres gewählt – zusehends lustlos präsentiert. Im Dezember 1995 wird der populärste Spieler des Dream-Teams zum AC Parma abgeschoben. Cruyff: „Wenn die Alten keine Linie halten, können die Jungen nicht Tritt fassen.“ Am Ende der Saison muss auch Romário gehen, der sich für Cruyffs Geschmack zu stark auf den in der Spielzeit 1993/94 erworbenen Lorbeeren ausruht.

Die Spielzeiten 1994/95 und 1995/96 bleibt der FC Barcelona trophäenlos. Als Barça 1994/95 in der Champions League im Viertelfinale an den Emporkömmlingen von Paris St. Germain scheitert, weiß Cruyff endgültig, dass sein Team den Zenit überschritten hat: „Der Zyklus ist zu Ende.“

Zwischen Präsident Núñez und dem Trainer Cruyff hatte von Beginn an eine gespannte Atmosphäre bestanden. Nach den Jahren zählbarer Erfolge bricht nun dieses Zweckbündnis auseinander. Núñez sieht des Trainers Autorität geschwächt und den Zeitpunkt zur öffentlichen Attacke gekommen. Die Fehde zwischen den beiden Alphatieren füllt nun tagtäglich die Sportzeitungen. Zugleich mischt sich Núñez in Cruyffs Pläne eines Neuaufbaus ein. Als Cruyff dem Präsidenten eine Liste mit „Wunschspielern“ präsentiert, auf der sich Namen wie Steve McManaman, Ryan Giggs und Robbie Fowler befinden, lehnt Núñez ab und bezichtigt den Trainer der Geldverschwendung. Cruyff: „Als ich nach Barcelona kam, habe ich auf einer alleinigen Kontrolle über die Kabine und Nichteinmischung durch den Präsidenten bestanden. Doch gegen Ende meiner Tätigkeit verlor ich diese Freiheit. Núñez führte immer mehr Gespräche und begann hinter meinem Rücken Verträge zu vereinbaren, ohne mich zu konsultieren. Wenn ein derartiger Prozess beginnt, macht im Team schnell die Auffassung die Runde, dass der Trainer nicht mehr die Kontrolle besitzt." Barça ist zu jener Zeit ein Klub der Intrigen. Unter der Hand kolportiert ein Vorstandsmitglied das Gerücht, Cruyff habe dem Klub empfohlen, das Gehalt seines Sohnes Jordi von 100.000 Mark auf 1,2 Mio zu erhöhen. Die Fans pfeifen Cruyff junior, den vermeintlichen „Abzocker", aus. Cruyff senior beginnt zu resignieren: „Ich habe hier keinen Spaß mehr."

Am 18. Mai 1996 titeln die Sportzeitungen mit der Meldung, Barça-Vizepräsident Joan Gaspart habe sich mit Bobby Robson getroffen und den Engländer als Nachfolger Cruyffs verpflichtet. Noch am Morgen desselben Tages kommt es in der Barça-Kabine zu einem heftigen verbalen Schlagabtausch zwischen Cruyff und Gaspart, der mit der sofortigen Suspendierung des Trainers endet.

Am folgenden Tag bestreitet der FC Barcelona sein letztes Heimspiel der Saison, für das Cruyffs Assistent Carles Rexach die Verantwortung übernimmt. Zu Rexachs Kader gehört auch Jordi Cruyff, der in seiner Freizeit Ökonomie studiert. Dem Werben von Bondscoach Advocaat wie den Annäherungsversuchen von Clemente war Cruyff junior zunächst ausgewichen. Gefragt, ob er lieber für Spanien oder die Niederlande antreten würde, antwortet Jordi: „Für Katalonien." Bei der EM 1996 läuft er dann für die *Elftal* auf.

Nun, beim letzten Heimspiel, will Jordi Cruyff aufgrund der demütigenden Umstände der Entlassung seines Vaters zunächst nicht spielen. Der Senior handelt mit Rexach einen Kompromiss aus: Jordi wird in der Anfangsformation auflaufen, aber das Feld fünf Minuten vor dem Schlusspfiff verlassen. Der FC Barcelona gerät zunächst mit 0:2 in Rückstand, gewinnt am Ende aber noch mit 3:2, nicht zuletzt dank einer starken Vorstellung von Jordi Cruyff. Als Rexach Cruyff kurz vor Schluss wie vereinbart auswechselt, wird Jordi – und damit wohl auch Vater Johan – mit stehenden Ovationen verabschiedet.

Jorge Valdano über die Entlassung Cruyffs: „Die Machthaber in Barcelona hassten Cruyff, weil sie ihn nicht zähmen konnten. Sein klassisches Barça war ein Team großartiger Spieler, das Maßstäbe setzte, mit Rhythmus und Grazie spielte. Es war eine Mannschaft, die dich schlagen konnte und dabei auch noch dumm aussehen ließ. Sofern Barça bei seinen letzten Titeln Glück hatte, so würde ich doch gerne glauben, dass das Glück den mutigen Fußball belohnt. Cruyff nimmt die besten Resultate in der Geschichte des Klubs mit, die Erinnerung an ein einzigartiges Team und den Dank der Massen. Es war schwierig, neben ihm zu leben; der Klub wird bald entdecken, dass es noch schwieriger ist, mit seinem Geist zu leben."

Die Intensität, mit der Cruyff seinen Job erledigte, bereitete einigen Spielern Probleme. *El País*: „Er misshandelt die Spieler, die Funktionäre und Reporter. Aber er verwöhnt das Publikum." Eine Reihe prominenter Akteure wie Laudrup, Stoichkov, Milla, Salinas, Roberto, Romário und Lineker überwarfen sich mit dem Coach. Michael Laudrup anlässlich seines Abschieds bei Barça: „Ich konnte Cruyff einfach nicht mehr länger ertragen." Und Hristo Stoichkov: „Wenn das Team gewinnt, dann wegen Cruyff. Wenn es verliert, tragen die Spieler die Schuld. Er kann nicht beides haben: Ein Trainer ist nur so gut wie seine Spieler." José Mari Bakero, der mit Cruyff ebenfalls zahlreiche Auseinandersetzungen führte, äußerte sich milder: „Sein Einfluss war insgesamt positiv. In jeder Lebenssituation gibt es eine Hierarchie. Barça benötigte jemanden wie Cruyff, der bereit war, die Verantwortung, die Hierarchie bedeutet, zu akzeptieren, und dem Klub seinen Charakter und seine Erfahrung aufzwang. Die Leute realisieren nicht, wie viel Druck er von den Spielern in den ersten Jahren nahm, als all die neuen Spieler erst einmal ihren Weg finden mussten."

Bei der Durchsicht ihrer zahlreichen Cruyff-Interviews kamen die niederländischen Journalisten Frits Barends und Henk van Dorp 1998 zu der Überzeugung, dass Cruyffs 35 Jahre im Profifußball 35 Jahre „Krieg" bedeutet hätten. „Krieg" mit Funktionären, mit Trainern, mit Verbänden und Organisationen, mit Schiedsrichtern – aber niemals mit anderen Spielern. Bei Ajax fetzt sich der Spieler Cruyff mit dem Präsidenten Jaap van Praag und der Trainer Cruyff mit dessen Nachfolger Harmsen. In Barcelona mit Núñez. Den bald folgenden Disput mit seinem Landsmann und Trainerkollegen van Gaal tauft die spanische Presse „Tulpen-Krieg".

Kapitel 9

Ein „Poet unter Machos" und eine „permanente Stimme aus dem Off"

Johan Cruyff hat beim FC Barcelona eine klare Spielphilosophie und ein Ausbildungssystem etabliert. Auch nach dem Ende der Ära Cruyff bleibt Barça in der niederländischen Spur, und der zweite Triumph im einstigen Europapokal der Landesmeister, der seit 1992 Champions League heißt, wird in der Saison 2005/06 erneut unter der Regie eines Niederländers und „Ajacieds" eingefahren: Frank Rijkaard. 1962 in Amsterdam als Sohn eines Surinamers und einer Niederländerin geboren, kickte der junge Rijkaard zunächst auf dem Balboa-Platz im Amsterdamer Westen, wo einer seiner Spielkameraden Ruud Gullit hieß und auch die Scouts von Ajax vorbeischauten. Rijkaard wurde in die Ajax-Jugend aufgenommen, und 1980 holte Coach Leo Beenhakker den erst knapp 18-Jährigen in die Profimannschaft des Klubs. Einer der Beenhakker-Nachfolger war Johan Cruyff, der dem technisch starken Abwehr- und Mittelfeldakteur mehr Freiheiten einräumte.

Es ist der Beginn einer äußerst erfolgreichen Karriere. 1988 wurde Rijkaard mit der niederländischen *Elftal* Europameister. Bondscoach war zu dieser Zeit mal wieder Rinus Michels, unter dem auch Cruyff – bei Ajax, beim FC Barcelona und in der Nationalmannschaft – gelernt hatte. Anschließend gewann Rijkaard mit dem AC Mailand (1989, 1990) und Ajax Amsterdam (1995) dreimal die Champions League. Für Milan-Coach Arrigo Sacchi, einem der Väter des modernen Pressings, war der Abwehrspieler Rijkaard „taktisch vielleicht einer der intelligentesten Spieler weltweit".

Der Trainer Rijkaard fühlt sich der niederländischen Schule und der Philosophie Johan Cruyffs verpflichtet: „In den Niederlanden ist attraktiver Fußball immer wichtig. Das ist unsere Kultur, das lieben wir alle. Wir wollen über die Flügel angreifen, das Spiel machen und in jeder Phase dominieren. Johan Cruyff hat mich beeinflusst durch sein offensives Denken, immer das Spiel machen zu wollen." Allerdings hat ihn auch die Zeit unter Arrigo Sacchi geprägt: „In Mailand habe ich vor allem gelernt, wie jeder Einzelne innerhalb der Mannschaft funktionieren muss, damit sie erfolgreich sein kann." Bei Sacchi hieß dies: „Ich will einen Körper aus elf Personen schaffen." Rijkaard verfolgt somit eine Weiterentwicklung der Cruyff'schen Spielphilosophie bzw. deren Anpassung an die Anforderungen des „modernen Fußballs".

In Barcelona wird Frank Rijkaard, „gewappnet mit der Geduld eines Rastafari-Fischers und der Heiterkeit eines Zenmeisters", wie der katalanisch schreibende Autor Sergie Pàmies beobachtet, eines der größten Barça-Teams aller Zeiten aufbauen.

Ronaldos Flucht aus Barcelona

Aber bevor der FC Barcelona wieder auf niederländische Hilfe zurückgreift, darf es ein Coach aus dem „Mutterland" des Fußballs versuchen. Denn Johan Cruyffs unmittelbarer Nachfolger wird 1996 der Engländer Bobby Robson, der bei der WM 1990 England bis ins Halbfinale geführt hat. Als Assistenten bringt er den Portugiesen José Mourinho mit, der Robson schon seit seiner Ankunft auf der iberischen Halbinsel 1992 begleitet. Bei Sporting Lissabon war Mourinho dem Engländer zunächst als Übersetzer zur Seite gestellt worden, wuchs dann aber mehr und mehr in die Rolle des Co-Trainers hinein, die er dann bei Robsons folgender Station, dem FC Porto, auch offiziell übernahm. In Barcelona lernt Mourinho Katalanisch.

Vom PSV Eindhoven kommt für 30 Mio. DM und mit der Empfehlung von 54 Toren in 57 Pflichtspielen der 20-jährige brasilianische Stürmer Ronaldo. Bereits eine Spielzeit zuvor, also noch in der Amtszeit von Johan Cruyff, ist der Portugiese Luis Figo von Sporting Lissabon zum FC Barcelona gewechselt. In der Meisterschaft erzielt Barça in der Saison 1996/97 102 Tore, was neuer Vereinsrekord ist. Real schießt 17 Tore weniger, liegt aber in der Endabrechnung zwei Punkte vor Barça. Dafür gewinnt der FC Barcelona durch einen 3:2-Sieg über Betis Sevilla den Copa del Rey. Und am 14. Mai 1997 besiegt Robsons Team im Rotterdamer Stadion De Kuip Paris St. Germain mit 1:0 und gewinnt damit zum vierten Mal den Europapokal der Pokalsieger. In einem eher drögen Spiel, in dem beide Teams den Beweis europäischer Spitzenklasse schuldig bleiben, markiert das Siegtor „Wunderkind" Ronaldo, der in der 37. Minute vom Elfmeterpunkt trifft.

Ronaldo wird mit 34 Toren Torschützenkönig in der Primera División, insgesamt schießt er in dieser Saison 45 Pflichtspieltore für Barça. Der Weltfußballer der Jahre 1996 und 1997 verlässt Barça bereits nach nur einem Jahr wieder fluchtartig. Eine Rückkehr schließt er kategorisch aus, „solange dort Núñez Präsident ist". Inter Mailand zahlt für den Brasilianer die damals weltweit höchste Ablösesumme von 50 Mio. DM.

Auch Bobby Robson packt seine Koffer. Präsident Núñez will den 65-Jährigen, der in Barcelona mit einem Krebsleiden zu kämpfen hat, durch einen Trainer ersetzen, der nachhaltig und langfristig tätig werden kann. Als Vorbild schwebt ihm die Liaison zwischen Manchester United und dessen Coach Alex Ferguson vor. Die Wahl fällt auf einen Holländer: Louis van Gaal.

Die „eiserne Tulpe"

Wie Cruyff ist van Gaal ein Ajax-Mann – und doch völlig anders gestrickt. Van Gaal ist ein 150-prozentiger Befürworter des „Systemfußballs", ein – wie *Kicker*-Korrespondent Harald Irnberger schreibt – „phantasieloser Bürokrat, der auf dem Spielfeld vor allem mit militärischer Disziplin agierende Systemerfüller sehen will".

Aber 1995 hatte van Gaal mit einem attraktiven Offensiv-fußball spielenden und aus vielen Eigengewächsen bestehenden Ajax-Team die Champions League gewonnen. Anschließend begann der Ausverkauf, beschleunigt durch das sogenannte „Bosman-Urteil", das für den niederländischen Klubfußball einen herben Schlag bedeutete.

Luis van Gaal, Architekt des nach Cruyff und Co. größten Ajax-Teams aller Zeiten, ist seit dem Champions-League-Finale 1995 der modernste und begehrteste Trainer in Europa. Als einer der ersten seiner Zunft lässt er komplette Spielzüge simulieren.

Beim FC Barcelona soll van Gaal Cruyff-Fußball liefern. Er sortiert Talente aus und holt stattdessen zahlreiche gestandene Profis, mit denen er bereits bei Ajax erfolgreich gearbeitet hat: so Michael Reiziger, Winston Bogarde, die De-Boer-Brüder Frank und Ronald, Patrick Kluivert, samt und sonders Niederländer, sowie den Finnen Jari Littmanen. Harald Irnberger kommentiert: „Van Gaal versuchte Ajax zu kopieren, statt Barça zu rekonstruieren."

Mit van Gaal kommt aber auch der Brasilianer Rivaldo, einer der weltweit torgefährlichsten Mittelfeldspieler. 1999 wird Rivaldo Europas wie Welt-Fußballer des Jahres, 2002 wird er Brasiliens *Seleção* zum fünften WM-Titel führen und dafür – wie schon 1998 – mit einem Platz im „All-Star-Team" belohnt werden.

In der Saison 1997/98 gewinnt Barça das Double aus Meisterschaft und Pokal, doch die Fans werden mit dem Coach nicht warm. Für den Geschmack der Ränge spielt Barça zu unattraktiv, reagiert mehr, anstatt kompromisslosen Angriffsfußball zu zelebrieren. Van Gaals Überbetonung taktischer Disziplin tötet nach Auffassung vieler Fans Flair und Kreativität. Sein schärfster Kritiker ist Landsmann Cruyff, mittlerweile Barça-*Socio* mit Wohnungen in Amsterdam und Barcelona. Cruyff moniert u. a. die zu hohe Zahl an Niederländern im Team: „Die Kabine mit acht Holländern zu füllen ist gleichbedeutend mit dem Legen einer Zeitbombe. Ich glaube, dass ein Ajax-Fan sich mehr mit dem heutigen FC Barcelona verbunden fühlt als die *Socios*." Die spanischen Medien taufen das verbale Scharmützel der beiden Niederländer „Tulpen-Krieg".

Cruyff vermittelte Barça eine niederländisch geprägte Spielphilosophie, aber abgesehen von Ronald Koeman, Richard Witschge und Sohn Jordi war kein Niederländer in seinem Kader. Cruyff vermittelte Barça, dass auswärtige Stars dem Team helfen können, ohne es zu dominieren. Van Gaals „Niederländisierung" ist weniger ein breiter angelegtes „ideengeschichtliches" Projekt denn eines von System und Taktik, das er primär durchzusetzen versucht mit dem Import von Spielern, die bereits durch seine Schule gegangen sind und seine Spielphilosophie beherrschen. Erst später sieht er ein, so sein Manager Rob Cohen, „dass die Identität eines Klubs wichtig ist".

Auch die Medien stören sich an van Gaals mangelhaftem Einfühlungs- und Anpassungsvermögen an die lokale Fußballkultur und werfen ihm außerdem ein arrogantes Auftreten vor. Seine Härte gegenüber den Spielern bringt ihm den Spitznamen „Eiserne Tulpe" ein.

Gràcias Johan

1999 wird der FC Barcelona 100 Jahre alt. Zahlreiche Künstler leisten einen Beitrag zum Jubiläum. Manuel Vázquez Montalbán schreibt: „Barça ist die epische Waffe eines Landes ohne Staat. Barças Siege sind wie die Athens über Sparta."

Doch auf dem Spielfeld mangelt es der Waffe an Schärfe. Die Eröffnung des Jubiläumsjahres am 29. November 1998 gerät für den Präsidenten und den Trainer zum Desaster. Im Camp Nou, wo Barça an diesem Tag Atlético Madrid empfängt, singen die Fans zunächst mit dem „Orfeó Català" die Jubiläumshymne. Anschließend betritt der katalanische Liedermacher Joan Manuel Serrat das Feld. 1968 wurde Serrat vom spanischen Fernsehen TVE aus dem Grand Prix Eurovision de la Chanson genommen, weil er das ursprünglich auf Spanisch geschriebene

Lied „La, la, la" auf Katalanisch singen wollte. 1975 war Serrat nach Mexiko emigriert, im Jahr darauf aber nach Francos Tod in die Heimat zurückgekehrt. Joan Manuel Serrat stimmt nun die offizielle Barça-Hymne an – für Barça, nicht für Núñez, wie er vorher klargestellt hat. Die Gäste aus Madrid gießen weiteren Essig in den Wein und fahren mit einem 1:0-Sieg nach Hause. Gegen Ende des Spiels skandieren die Fans „Fuera van Gaal, fuera van Gaal" („van Gaal raus, van Gaal raus"). Nach dem Schlusspfiff gerät auch Núñez in die Schusslinie, als eine Gruppe von Fans in seine Richtung ruft: „Núñez, Pinochet! Núñez, dictador!" und „Johan, Johan, Johan!". Cruyff ist zur Eröffnungsfeier nicht eingeladen worden.

Zwar heißt Spaniens Meister am Ende der Saison 1998/99 erneut FC Barcelona, aber in der Champions League kann die Mannschaft nicht reüssieren. Das Champions-League-Finale 1999 findet zwar im Camp Nou statt, aber ohne Barça. Wie im Vorjahr kommt das Aus bereits in der Gruppenphase des Wettbewerbs.

Die Kritik von Medien und Fans an van Gaal wird immer massiver, der eitle und schrullige Niederländer reagiert zusehends dünnhäutiger. Insbesondere bei dem Brasilianer Rivaldo, dem er mangelhaften Ehrgeiz und Einsatzwillen vorwirft, eckt der gestrenge Coach an.

Zum Höhepunkt des Jubiläumsjahres gerät ein Freundschaftsspiel im Camp Nou zu Ehren von Johan Cruyff, das dessen unverändert ungeheure Popularität demonstriert und wie eine Drohung an die Adresse von Präsident Núñez wirkt. Denn Cruyff wird mit den Zielen von *Elefant Blau* identifiziert, einer einflussreichen Oppositionsgruppe im Verein, die Núñez vorwirft, er wolle Barças Seele verkaufen, und die Demokratisierung des Klubs fordert.

Im März 1999, fast drei Jahre nach der Entlassung Cruyffs, kommen 98.000 Fans ins Stadion, wo Barças aktuelle Mannschaft gegen Cruyffs Dream-Team antritt, für das u. a. Hristo Stoichkov, Michael Laudrup, José Mari Bakero, Ronald Koeman, Rob Witschge und Andoni Zubizarreta auflaufen. Van Gaals Barça gewinnt 2:0, aber die Sympathien der Zuschauer liegen bei Cruyff und seinem Veteranenensemble. Bereits vor dem Anpfiff wird Cruyff mit stehenden Ovationen empfangen, denen sich auch Núñez nicht entziehen kann. Als Cruyff sich nach dem Abpfiff bei den Fans bedankt und zum gemeinsamen Singen der Barça-Hymne auffordert, hält es niemanden mehr auf den Sitzen. Transparente werden hochgehalten, auf denen „Gràcias Johan!" („Danke, Johan!") zu lesen steht. Luis van Gaal hat zu diesem Zeitpunkt den Innenraum von Camp Nou längst fluchtartig verlassen.

Selecció Catalana

Im Jahr des Barça-Jubiläums wird Kataloniens Regionalparlament neu gewählt. Sowohl Jordi Pujol, der amtierende nationalistisch-konservative Präsident Kataloniens, wie Pasqual Maragall, bis 1997 Bürgermeister Barcelonas und nun Spitzenkandidat seiner Partit dels Socialistes de Catalunya (PSC), unterzeichnen eine von Barça-Fans formulierte Petition, in der die Anerkennung einer eigenständigen katalanischen Nationalelf durch UEFA und FIFA gefordert wird. In Katalonien geborene Fußballer sollen die Möglichkeit erhalten, zwischen der spanischen *Selección* und einer *Selecció Catalana* zu wählen.

Die politische Instrumentalisierung des Fußballs geht auch nach dem Ende des Franco-Regimes weiter. Maragall, der bei der Wahl um das Amt des Präsidenten der Generalitat Pujol und dessen konservativer Koalition unterliegt: „Pujol wollte immer die Kontrolle über Barça erreichen. Auch seine Unterstützung der Idee eines katalanischen Nationalteams verfolgte den Zweck, Barça zu einem stärker nationalistischen Kurs zu drängen, sich katalanischer zu geben. Diese Art der politischen Einmischung durch das Pujol-Lager war in den Franco-Jahren gerechtfertigt, nun, wo wir Demokratie haben, aber weniger. Ich meine, der Klub sollte sich von Parteipolitik fernhalten. Barça ist ein Symbol, das über der Politik der Parteien steht."

Bereits 1996 hatte Arman Caraben, ein ehemaliger Klubsekretär und Núñez-Opponent, in *El País* geschrieben: „In den Franco-Jahren (…) war Fußball ein sehr effizientes Trampolin, das Leute benutzten, um dem Regime näher zu kommen. Alle haben gedacht, dass sich dies in der Demokratie ändern würde. Das Gegenteil ist der Fall. Da die Demokratie Menschen einen besseren Zugang zum politischen Leben gewährt, bleibt das Trampolin der hauptsächliche Fokus politischer Aktivität. Und Barça bleibt das hauptsächliche Ziel der meisten Politiker. Vergesst die Reform der Verfassung, die Steuerpolitik und sogar die Sprachenfrage: Senatoren, Kongressabgeordnete, Ex-Minister und die ehrenwertesten Gentlemen waren mehr daran interessiert, ins Fernsehen zu kommen und einen Posten bei Barça zu ergattern." Barça- und Katalonien-Insider Udo Lattek: „Der Barça-Boss ist der mächtigste Mann im ganzen Land. Er hat ja fast eine höhere Wertigkeit als der Parlamentspräsident Kataloniens."

Eine *Selecció Catalana,* wahlweise auch *Selecció Barcelona* oder *Catalan XI,* hat erstmals 1904 das Feld betreten und 1912 ihr erstes Spiel gegen eine andere Nationalmannschaft bestritten. Am 20. Februar 1912 unterlag Kataloniens Auswahl Frankreich in Paris mit 0:7.

Ab Mitte der 1990er werden die Auftritte der Auswahl zu einem regelmäßigen Ereignis; ein- bis zweimal im Jahr empfängt Katalonien die Nationalmannschaft eines anderen Landes. 1998 wird Nigeria mit 5:0 geschlagen, weitere Siege gibt es 2003 gegen Ecuador (4:0), 2006 gegen Costa Rica (2:0) und 2008 gegen Kolumbien (2:1). Niederlagen kassiert man u. a. 2004 gegen Brasilien (2:5) und 2008 gegen Argentinien (0:1). Spielort ist mit wenigen Ausnahmen Barças Camp Nou.

Nicht nur heimische Akteure wie Josep Samitier, Ricardo Zamora, Albert Ferrer, Carles Puyol, Oleguer Presas, Josep Guardiola, Carles Rexach, Xavi Hernandez oder Cesc Fàbregas tragen das gelb-weiße Trikot, auch Barça-Legionäre wie Ladislao Kubala, Johan und Jordi Cruyff, Johan Neeskens und Hristo

Stoichkov laufen für Katalonien auf. Und auch nicht-katalanische Spanier wie Luis Suárez.

Im Herbst 2009, gut 13 Jahre nach seinem Rauswurf beim FC Barcelona, wird Johan Cruyff neuer Coach der *Selecció Catalana*. Bemühungen des katalanischen Verbandes um Aufnahme als eigenständiges Mitglied in die UEFA bleiben indes erfolglos. Auch der Verweis auf Wales, Schottland und Nordirland, samt und sonders Mitglied im britischen Staatsverband, aber in der FIFA und UEFA eigenständig vertreten, hilft nicht weiter. So muss sich Kataloniens Auswahl weiterhin mit Freundschaftsspielen begnügen.

Das Ende der Ära Núñez

Das enttäuschende Jubiläumsjahr läutet das Ende der Ära Josep Lluís Núñez ein. Der Unmut über den Präsidenten, der selbst in Barças erfolgreichsten Jahren nie wirklich geliebt wurde, wächst stetig. *Elefant Blau*, die vereinsinterne Opposition, hat seinem Plan „Barça 2000", der eine umfassende Kommerzialisierung des Klubs propagiert, einschließlich der Umwandlung von Camp Nou in einen Themenpark mit Bars, Restaurants und anderen Freizeiteinrichtungen, eine Absage erteilt.

Als der FC Barcelona im Mai 2000 im Halbfinale der Champions League am FC Valencia scheitert, kündigt der Baske seinen Rückzug an – nach 22 Jahren an der Spitze des Klubs, Rekord in der Geschichte Barças. 22 Jahre, die mit 30 Trophäen gepflastert sind.

Die vereinsinterne Opposition will Johan Cruyff auf dem Präsidentenstuhl sehen, doch der Holländer steht nicht zur Wahl. Neuer Barça-Präsident wird nach einem erbitterten Wahlkampf der 55-jährige Joan Gaspart, Unternehmer, unter anderem Vorsitzender der HUSA-Hotelkette, Präsident des Tourismus-Konsortiums von Barcelona und bislang Vizepräsident des Klubs. 45.888 Mitglieder sind an die Urne gegangen, was Rekord ist. Für Gaspart, zu dessen Fürsprechern u. a. Bernd Schuster zählt, den Gaspart einst nach Barcelona gelotst hatte, votieren 25.181 bzw. 54,87 Prozent der Wahlgänger. Dem unterlegenen Gegenkandidaten, dem Publizisten Lluís Bassat (19.7912 Stimmen, 43,18 Prozent) hilft auch die Unterstützung durch Johan Cruyff nicht.

Mit Núñez geht auch van Gaal, bei den Fans noch unbeliebter als der Präsident. Für Ronald De Boer bleibt van Gaal trotzdem „der beste Trainer der Welt. Jedes Training hatte ein konkretes Lernziel." Und Carles Puyol, dem van Gaal zum Profidebüt verhalf: „Er ist ein hervorragender Trainer, ich mag ihn sehr. In meinem Leben hat er eine sehr wichtige Rolle gespielt, machte mich früh zum dritten Kapitän. Er setzt sehr auf Disziplin. Wenn er mit dir spricht, schaut er dir in die Augen. Du weißt immer, woran du bist. Er ist ehrlich, sagt es dir offen ins Gesicht und steht auch dazu. Das dankt man ihm als Spieler."

Gasparts Amtszeit beginnt mit einer Niederlage. Der Portugiese Luis Figo, ein Antreiber mit magischem Ballgefühl, verlässt Barcelona. „Weiße Heulsusen, gratuliert dem Champion!", hatte Figo bei der Meisterschaftsfeier 1999 in Richtung Madrid gerufen. Nun wechselt er für die Rekordsumme von 60 Mio. Euro ausgerechnet zu den „Königlichen". Gasparts Hoffnung, dass die mit 523 Mio. DM verschuldeten „Königlichen" das Geld nicht aufbringen können, zerschlagen sich.

Als Figo, 2000 Europas Fußballer des Jahres, 2001 Weltfußballer des Jahres, im November 2002 mit Real ins Camp Nou zurückkehrt, werfen erboste Barça-Fans mit dem Kopf eines Spanferkels nach dem „Verräter", als dieser einen Eckball schießen will. Als Figo sich ein weiteres Mal der Eckfahne nähert, hagelt es erneut Wurfgeschosse aller Art von den Rängen. Schiedsrichter Luis Medina Cantalejo bittet die Mannschaften in die Kabine. Die Partie, die torlos endet, wird erst nach einer 16-minütigen Unterbrechung fortgesetzt. Für *Marca* ist das Spiel, das in 170 Länder der Erde übertragen wird, ein „Derby der Schande!".

Im Sommer 2002 unternimmt der FC Barcelona einen zweiten Versuch mit van Gaal. Dieser schickt erst einmal den frischgebackenen Weltmeister Rivaldo in die Wüste („Wäre es nach mir gegangen, hätte Barça Rivaldo schon vor drei Jahren verkauft"), um dann im Januar 2003 dort selbst zu landen. Barça liegt nur auf Rang zwölf, lediglich drei Punkte trennen die *Blaugrana* vom ersten Abstiegsplatz. Trotz massiver Investitionen ist der Abstand zum Rivalen Real mittlerweile immens gewachsen.

1998 hat Real erstmals seit 1966 wieder den ehemaligen europäischen Landesmeisterwettbewerb gewonnen. Auch 2000 und 2002 heißt der Champions-League-Gewinner Real, mit Spielern wie Roberto Carlos, Zinedine Zidane, Claude Makele, Raúl und Ex-Barça Luis Figo. Es sind Reals erfolgreichste Jahre seit der Ära von di Stéfano, Gento und Co.

Laporta kommt, Pujol geht

Auch nach van Gaals Rausschmiss bleibt die Mannschaft des FC Barcelona unter niederländischer Kontrolle. Im Sommer 2003 wird Frank Rijkaard neuer Coach, nicht zuletzt dank eines erneuten Wechsels an der Klubspitze – und Johan Cruyff.

Seit dem 16. Juni 2003 ist Joan Laporta der neue Boss des Klubs, ein promovierter Jurist und überzeugter Katalanist, der aufgrund seiner dynamischen wie charmanten Art auch als „Kataloniens John F. Kennedy" firmiert. Die Kolumnistin Pilar Rahola über den neuen Barça-Boss: „Er ist ein Verführer. Er ist der Typ, in den man sich beim ersten Rendezvous verliebt." Bei den Mitgliedern hat sich Laporta als einer der Sprecher von *Elefant Blau* einen Namen gemacht.

Trotzdem geht Laporta als Außenseiter in den Wahlkampf um die Barça-Führung – aber mit Unterstützung von Johan Cruyff: „Der Klub benötigt einen radikalen Wandel, und es stimmt, dass Laporta alles verändern will." Gemeinsam mit einer Gruppe junger Geschäftsleute leitet Laporta einen Generationswechsel in der Barça-Führung ein. In sportlichen Fragen wird sein einflussreichster Berater Johan Cruyff, der auch hinter der Verpflichtung seines Landsmannes Rijkaard steckt.

Laporta: „Wir gaben Frank Rijkaard den Trainerposten auf Cruyffs Rat hin."

Es sind die Jahre der hohen Schulden im europäischen Fußball. In Deutschland sorgt Borussia Dortmund mit einem im deutschen Fußball nie dagewesenen Schuldenberg von ca. 140 Mio. Euro monatelang für Gesprächsstoff. Barça steht mit ca. 220 Mio. Euro in der Kreide. Doch Laporta gelingt es, den Verein zu sanieren, durch Steigerung der Einnahmen und Begrenzung der Spielergehälter. Zugleich lockt er neue Stars nach Katalonien. So kommt im Sommer 2003 der Brasilianer Ronaldinho, Star der WM 2002, zum FC Barcelona.

Im Wahlkampf hatte Laporta noch die Verpflichtung David Beckhams in Aussicht gestellt. Dieser zieht dann aber Real Madrid vor – eine Demütigung, die für Barça zum Glücksfall wird. Denn anderenfalls hätte man Ronaldinho, um den auch Manchester United als Beckham-Ersatz buhlte, kaum verpflichtet. Für Ronaldinho überweist Barça 32,25 Mio. Euro an Paris St. Germain. Als Architekt des Deals gilt Barça-Vize Sandro Rosell, seit Jugendjahren ein Freund Laportas und als ehemaliger Nike-Manager in Brasilien mit hervorragenden Kontakten nach Südamerika ausgestattet.

Nicht nur der FC Barcelona bekommt einen neuen Präsidenten, sondern auch Katalonien. Drei Jahre nach der Ära Núñez findet auch die Ära Jordi Pujol ein Ende. 23 Jahre hat Pujol an der Spitze Kataloniens gestanden, und 20 Jahre seiner Amtszeit hieß Barças Präsident Josep Lluís Núñez. Pujol und Núñez führten Katalonien bzw. den FC Barcelona wie Kleinstaaten innerhalb eines Staates. Mit den Jahren erreichten sie eine Übereinstimmung, die beiden dabei half, ihre Macht im jeweiligen Kleinstaat zu erhalten. Zwar blieb Núñez der Auffassung, dass die Politik im Business Fußball keinen Platz habe und diesem nur schaden würde, schloss in seine Vereinsführung aber auch Mitglieder der Pujol-Partei ein. Pujol benutzte seinerseits Barça als Vehikel, um seine pädagogischen und städtischen Programme zu entwickeln und zu promoten.

Pujols Nachfolger wird Pasqual Maragall, getragen von einer Koalition aus PSC, Grünen (Iniciativa per Cataluny Verds / ICV) und katalanistischen Linksrepublikanern von der ERC.

Loyalität und Respekt

Die Verpflichtung Rijkaards ist äußerst umstritten, denn als Trainer hat der einstige Weltklassespieler noch nicht viel vorzuweisen. 1998 war Rijkaard in den Niederlanden Bondscoach geworden, sein Team erreichte nach einigen starken Vorstellungen das Halbfinale der EM 2000, wo es Italien im größten der zahlreichen niederländischen Elfmeterdramen unterlag. Ein anschließendes Engagement bei Sparta Rotterdam, das in der Hafenstadt klar im Schatten von Feyenoord steht, verlief erfolglos und unerfreulich.

In den ersten Monaten der Saison 2003/04 hinkt Rijkaards Barça dem Rivalen Real weit hinterher, bis es schließlich 18 Punkte von den „Königlichen" trennen. Sechs Niederlagen kassiert der FC Barcelona in der Hinrunde, drei davon daheim, u. a. gegen Real (1:2). Auswärts kommt es besonders heftig in Malaga, wo Rijkaards Mannen mit 1:5 untergehen.

Doch Ziehvater Cruyff verhindert eine vorzeitige Trennung. Rijkaard wiederum stellt sich vor seine attackierten Spieler, was sich noch auszahlen wird. Der katalanische Schriftsteller Sergie Pàmies: „Diese Loyalität hat Rijkaard Respekt eingebracht. Und Respekt ist die höchste Form der Anerkennung, die ein Fußballtrainer bekommen kann."

Cruyff wird in den nächsten Monaten und Jahren keine Gelegenheit auslassen, um sein Ziehkind zu preisen. Der FC Barcelona liefere viele unterhaltsame Spiele ab, natürlich „weil Rijkaard ein 4-3-3 spielen lässt. Er schiebt die Verteidigung nahe ans Mittelfeld heran, dadurch bleibt dem Gegner wenig Raum. Und wenn der Gegner wenig Raum hat, benötigt er viel Technik zum Überleben. Barcelona zieht hieraus einen Vorteil: Denn Barcelona besitzt viel Technik."

Das Festhalten an Rijkaard wird sich bald auszahlen. Von den 19 Spielen der Rückrunde verliert der FC Barcelona nur eines, nämlich den letzten Auftritt in Saragossa (1:2), als die Meisterschaft schon gelaufen ist. 15-mal verlassen die *Blaugrana* den Platz als Sieger. Als Barça im April 2004 Real Madrid im Estadio Santiago Bernabéu mit 2:1 besiegt, wittern nicht wenige eine Wachablösung an der Spitze des spanischen Fußballs. Am Ende ist Reals Vorsprung auf fünf Zähler geschmolzen. Georg Bucher konstatiert in der *Neuen Zürcher Zeitung*, Frank Rijkaard habe binnen weniger Monate „ein Team zusammengeschweißt, dass sich durch spielerische Balance auszeichnet, die Real derzeit vermissen lässt". Und Walter Haubrich ergänzt in der *Frankfurter Allgemeinen Sonntagszeitung*: „Nachdem Barcelona seine lange Schwächephase offensichtlich überwunden hat, freuen sich die Spanier auf die alte Rivalität zwischen den beiden Teams der Millionenstädte des Landes. Der neue sozialistische Ministerpräsident Zapatero macht aus seinen Sympathien für Barça keinen Hehl, während seine beiden Töchter zu Real Madrid halten. Seine Familie passe zumindest im Fußball so recht in das neue, von ihm so gewünschte pluralistische Spanien. Sein eher autoritärer Vorgänger Aznar ist Real-Madrid-Fan, und seine ganze Familie teilte seine fußballerischen Vorlieben." Mit José Luis Rodríguez Zapatero wird Spanien erstmals in seiner Geschichte von einem Anhänger des FC Barcelona regiert.

„Madrid, cabrón, saluda al campeón!"

Im Sommer 2004 erhält Rijkaards Team weiteren Zuwachs und schärfere Konturen. Vom FC Porto, in der Saison 2003/04 mit dem ehemaligen Barça-Assistenten José Mourinho Überraschungssieger der Champions League, kommt der Mittelfeldspieler Deco, ein gebürtiger Brasilianer, der aber bei der EM für Portugal auflief. Der Sturm wird durch Samuel Eto'o verstärkt. Der Kameruner wechselt vom RCD Mallorca zum FC Barcelona, gehört aber zur Hälfte Real Madrid. Der Torjäger ist als Teenager von Real nach Spanien geholt worden, doch die „Königlichen" befanden ihn als zu leichtgewichtig, liehen ihn an Espanyol Barcelona und Mallorca aus, bevor er nun nach zähen Verhandlungen und der Zahlung von 27 Mio. Euro mit dem FC Barcelona einen neuen „Besitzer" findet. Vom PSV Eindhoven kommt mit Mark van Bommel mal wieder ein Niederländer.

Mit seinen drei Superstars Ronaldinho, Deco und Eto'o gewinnt Barça in der Saison 2004/05 erstmals seit 1999 wieder die Meisterschaft. Von 38 Spieltagen führt Barça an 37 die Tabelle an, nur nach dem zweiten Spieltag heißt der Tabellenführer nicht FC Barcelona. Im Camp Nou wird Real mit 3:0 besiegt, im Estadio Santiago Bernabéu unterliegt Barça am 31. Spieltag mit 2:4, wodurch das Meisterschaftsrennen noch einmal spannend wird. Doch am Ende hat der FC Barcelona mit vier Punkten Vorsprung die Nase vorn. Samuel Eto'o wird mit 26 Treffern Torschützenkönig der Primera División.

Nach Jahren der Demütigung durch den Erzrivalen, der Barça zwischenzeitlich nicht mehr als Rivalen ernst nahm, löst der 17. Meistertitel der Klubgeschichte eine Masseneuphorie aus. Bei der Meisterfeier vor rund 100.000 Zuschauern im Camp Nou sorgt der Ex-Madrilene Eto'o für einen Eklat, als er sechsmal hintereinander in die Mikrofone brüllt: „Madrid, cabrón, saluda al campeón!". Was soviel heißt wie: „Grüßt den Meister, ihr Arschlöcher aus Madrid!" Barça-Boss Joan Laporta spricht von einer „Meisterschaft des Wechsels". Zu den ersten Gratulanten gehört Ministerpräsident Zapatero: „Der Titel wurde mit Kraft und Brillanz errungen."

Nicht nur Fußball-Katalonien liegt Rijkaard, Ronaldinho und Co. zu Füßen, ganz Fußball-Europa gerät über diese Elf ins Schwärmen. So auch der *Spiegel:* „Die Mannschaft liefert nicht nur prächtige Resultate ab. Sie zelebriert Fußball, sie erfüllt die Sehnsucht ihrer Anhänger nach ästhetischem, offensivem, dominantem Spiel. Das Team des Holländers Frank Rijkaard beherrscht die Kunst der Verführung: Wer einen dieser begeisternden Spielzüge erlebt, will mehr davon." Rijkaard sei ein „Poet unter Machos". Zu seinen Stärken gehöre „das Gespür, im entscheidenden Augenblick das Richtige zu tun".

Und Arrigo Sacchi über seinen ehemaligen Schüler und dessen Team: „Rijkaards Barça entzückt mich. Rijkaard verfolgt eine von ihm definierte Idee, einen Stil. Ich erkenne seine Handschrift wieder." Mit derartigen Elogen wurde Barça seit dem Ende der Amtszeit von Johan Cruyffs Dream-Team nicht mehr bedacht.

Rijkaard ist Rijkaard, aber mit Rijkaard ist irgendwie auch die Cruyff'sche Philosophie vom Spiel ins Camp Nou zurückgekehrt.

Mit „linkem" Fußball zum Champions-League-Sieg

Im Sommer 2005 bricht beim FC Barcelona ein Hauskrach aus. Joan Laporta und sein Vize Sandro Rosell, die beiden langjährigen Freunde, die an die Spitze des Klubs gewählt wurden, weil sie Gemeinschaftssinn, Teamwork und Demokratie verkörperten, überwerfen sich. Dabei geht es auch um den Einfluss Cruyffs. Rosell fühlt sich an den Rand gedrängt und mutmaßt, dass der Barça-Boss die wichtigsten Entscheidungen allein mit Cruyff austüftelt. Jordi Mones, Vorstandsmitglied und Chef der medizinischen Abteilung, tritt zurück, weil Laporta beim Kauf medizinischer Geräte nicht auf ihn, den Arzt, sondern auf Cruyff gehört habe.

Obwohl der Hauskrach auch in die Kabine getragen wird, gelingt dem FC Barcelona in der Saison 2005/06 souverän die Titelverteidigung. Dabei schwächelt Barça in den ersten Wochen der Saison, was Johan Cruyff auf den Plan ruft. „Die heiligen Kühe brauchen einen Klaps auf den Hintern", fordert die graue Eminenz in Richtung Ronaldinho und Deco, die anschließend zur Höchstform auflaufen. Ronald Reng: „Cruyff, der mit 58 als Privatier weiterhin an den Hängen Barcelonas lebt, macht Trainer, schafft Vizepräsidenten – und nervt die Mannschaft. (…) Ein Mann überträgt mehr Druck auf die

Mannschaft als die hysterischen Medien und Fans zusammen. (…) Er ist nie da und immer präsent, eine permanente Stimme aus dem Off."

In der Liga ist der Höhepunkt der 3:0-Sieg am 19. November 2005 in Madrid. Ronaldinho hat einen Gala-Auftritt, legt das erste Tor auf und erzielt die beiden weiteren Treffer selbst – nach spektakulären Solos, bei denen er seine Gegenspieler wie Statisten aussehen lässt. Anschließend erheben sich auch die Real-Fans zu Standing Ovations. Nach 38 Spielen liegen zwölf Punkte zwischen dem Meister und dem Vizemeister Real. Doch die Krönung der Ära Rijkaard ist der Gewinn der Champions League im Mai 2006, erst der zweite Triumph des FC Barcelona im prestigeträchtigsten europäischen Wettbewerb.

Im Achtelfinale trifft Barça auf den vom russischen Milliardär Roman Abramowitsch hochgepäppelten und nun von José Mourinho trainierten FC Chelsea. Mourinho ist kein Freund des Spektakelfußballs. Im Gegenteil: Als die Medien sich an einem 5:4-Sieg des Rivalen Arsenal im Nord-Londoner-Derby gegen Tottenham ergötzen, wirft der Ergebnis-Purist ein: „So ein Resultat bei elf gegen elf ist schändlich. 5:4, das ist ein Eishockeyergebnis." Der *Kicker* charakterisiert Chelseas Spielweise als „Mauern mit Ballbesitz", aber immerhin war dieses System dazu geeignet, den FC Barcelona im Achtelfinal-Rückspiel der Champions League 2004/05 mit 4:2 zu schlagen.

In der Saison 2005/06 sehen sich beide nun erneut in der ersten K.o.-Runde nach der Gruppenphase. Einige Medien jazzen die Begegnung zum Duell zwischen einer „linken" und einer „rechten" Fußballphilosophie hoch. In England erscheint im linksliberalen *Observer* ein Beitrag, der Mourinhos Taktik und Management als Ausfluss einer angeblich rechtskonservativen Gesinnung in Verbindung zu verbringen versucht. Mourinhos Familie hatte in Portugal der Salazar-Diktatur nahegestanden.

Auch der FC Barcelona weiß, dass sich Punkte machen lassen, wenn man das sportliche Aufeinandertreffen ideologisch auflädt. Vizepräsident Ferran Soriano sieht den „Klub des Volkes gegen den Klub der Oligarchen" spielen. Und stichelt in Richtung Mourinho: „Ein Trainer, der nur an Resultate denkt und Ronaldinho opfern würde, um das Team robuster zu machen, würde hier nicht angestellt werden, denn unsere Fans wollen guten Fußball sehen."

Raphael Honigstein beobachtet: „Im von nationalen, historischen und taktischen Eigenarten weitgehend befreiten Spitzenfußball reizt Chelsea gegen Barça als das Duell der konträren Systeme. Der brutal effiziente Kollektiv- und Kraftfußball der *Blues* steht im krassen Gegensatz zu Barcelonas lustvollem Angriffsfußball, der von den schönen Ideen der Koryphäen Ronaldinho und Deco lebt. Rijkaard, der Holländer, wirkt manchmal so, als ob er seinen Spielern in der Kabine nur die Beckenbauer'sche Maxime ‚Geht's raus und spielt's!' als Anleitung auf dem Weg geben würde."

Diesmal setzt sich der FC Barcelona durch, wenngleich den Botschaftern des Offensivfußballs in addiert 180 Minuten nur zwei Treffer gelingen. Über die Stationen Benfica Lissabon und AC Milan geht es weiter ins Finale, wo Barças zweites Dream-Team am 17. Mai 2006 in Paris auf Arsenal London mit dem deutschen Nationalkeeper Jens Lehmann trifft. Die vom Franzosen Arsène Wenger trainierten *Gunners* erwischen den besseren Start, doch Wengers Landsmann Thierry Henry scheitert freistehend am Barça- Keeper Victor Valdez. In der 18. Minute fliegt Jens Lehmann vom Platz, nachdem er Eto'o einen Meter vor der Strafraumgrenze von den Füßen geholt hat. Obwohl in Unterzahl, geht Arsenal in der 37. Minute durch Sol Campbell in Führung.

In der 60. Minute wechselt Rijkaard den schwedischen Stürmer Hendrik Larsson ein, im Sommer 2004 mehr als „Ergänzungsstürmer" von Celtic Glasgow gekommen. Der 34-Jährige wird zum Helden von Paris. In der 76. Minute bereitet er zunächst den Ausgleich durch Eto'o vor, fünf Minuten später assistiert er Juliano Belletti bei dessen Siegtreffer zum 2:1.

Die Verteidiger Kataloniens

Der Champions-League-Sieger 2006 besteht keineswegs nur aus ausländischen Stars wie Ronaldinho, Eto'o, Deco und Larsson sowie den Niederländern Giovanni van Bronkhorst und Mark van Bommel. Mit Keeper Victor Valdez, Andrés Iniesta, Oleguer Presas und Kapitän Carles Puyol stehen im Endspiel auch vier Katalanen und Produkte der eigenen *Cantera* und B-Elf auf dem Feld.

Der 28-jährige Kapitän Carles Puyol kam mit 17 Jahren zum B-Team von Barça. Seinen späten Einstieg nennt er als Grund dafür, dass ihm anfangs „einiges an Basiskönnen" gefehlt habe. In fußballtechnischer Hinsicht konnte er mit vielen *La-Masia*-Produkten nicht mithalten. Puyol gehört eher in die Kategorie der „arbeitenden Fußballer", entsprechend dem Wertekanons seiner Heimatregion, der Pyrenäen, wo er in der Kleinstadt La Pobla Segur aufwuchs. Von dort weiß Harald Irnberger folgende Anekdote zu berichten: Als Kind sei Puyol ein glühender Verehrer des Comic-Helden Superman gewesen, weshalb er sich sehnlichst ein Superman-Kostüm wünschte. Da die Mutter ihm diesen Wunsch nicht erfüllen mochte, stürzte sich der Junge im ersten Stock vom Balkon der elterlichen Wohnung, um zu erforschen, ob er auch ohne das Kostüm wie sein Held fliegen könne. Erwartungsgemäß baute der kleine Möchtegern-Superman eine Bruchlandung, bewies aber mit diesem Experiment eine gewisse Furchtlosigkeit, die ihm in seiner Fußballlaufbahn helfen sollte. Und auch die Liebe zum Fliegen blieb: Seine spektakulären Flugkopfbälle bringen dem Profi Puyol später den Spitznamen *El Tiburón* (der Hai) ein.

Auch sein Nachwuchstrainer Oriol Tort gesteht, es könnte durchaus sein, „dass der Junge weniger Talent besitzt als andere". Aber was er können müsse, würde er schon erlernen, denn „ich habe noch nie einen erlebt, der so sehr vor Ehrgeiz brennt, bei uns zu spielen, wie dieser Bursche".

Sein Debüt in Barças A-Elf gibt Puyol am 2. Oktober 1999 gegen Valladolid. Puyol: „Mir ging es, wie es wohl jedem Katalanen gegangen wäre: Für mich wurde ein Traum wahr."

Der auf Spielkultur abonnierte Barça-Anhang benötigt seine Zeit, um mit Puyol warm zu werden. Doch Puyol gewinnt an Schnelligkeit, Wendigkeit und Sprungkraft, verbessert sich auch taktisch und technisch enorm und entwickelt sich von einem mehr als Zerstörer agierenden Außenverteidiger zu einem mit viel Spielintelligenz ausgestatteten Innenverteidiger und Abwehrchef, „der die Abseitsfallen organisiert, durch konzentriertes Stellungsspiel die Pässe hinter den Rücken der Verteidigung abfängt und in direkten Duellen von den gegnerischen Angreifern kaum zu überwinden ist" (Irnberger). Und für einen Abwehrspieler begeht Puyol erstaunlich wenig Fouls. Zum Zeitpunkt des Champions-League-Sieges ist Puyol in seiner gesamten Profi-Laufbahn überhaupt erst einmal des Platzes verwiesen worden.

Ehrgeiz und Fleiß lassen auch nicht nach, als Puyol sich längst in der Stammelf etabliert hat. Frank Rijkaard: „Er kommt immer als erster zum Training, hört als Letzter auf. Und wenn die Mannschaft einen freien Tag hat, trainiert er allein."

Zur Saison 2004 übernimmt Puyol die Kapitänsbinde in den katalanischen Farben. Für den *Kicker* ist der langhaarige Katalane der „Kapitän von Katalonien". Puyol: „Ich bin der Kapitän des FC Barcelona, und das mit großem Stolz. Aber unsere Fangemeinde ist riesig, und Katalonien ist eine besondere Region Spaniens. Von daher geht es auch um die Herausforderung des Repräsentierens."

Der Verteidiger Oleguer Presas, in Sabadell vor den Toren Barcelonas geboren, empfindet nichts für die Glitzerwelt des europäischen Topfußballs. Seine Basis ist die autonome Szene seiner Heimatstadt. Dort engagiert sich Oleguer in einer Kampagne gegen ein „Europa des Großkapitals". Der Ökonomiestudent ist einer von 170 spanischen Intellektuellen, die eine Resolution gegen die EU-Verfassung unterzeichnen. Auf Kundgebungen linker Globalisierungskritiker tritt er als Redner auf. Außerdem gehört Oleguer der Redaktion der linksradikalen Hausbesetzerzeitung *Ordint la Trama* an. Sein erstes

Tor im Trikot der ersten Mannschaft des FC Barcelona widmet der 1,87 Meter große Profi einem 14-Jährigen, der bei einer Demonstration von der Polizei festgenommen wurde.

Oleguer gilt als persönlicher Freund von Subcommandante Marcos, dem fußballverrückten Anführer der zapatistischen Guerilla in Mexiko. Als Manu Chao, französischer „Weltmusiker" galicischer Abstammung, Mitbegründer von Attac und mit großem Anhang in der globalisierungskritischen Bewegung, 2004 in Barcelona auftritt, übernimmt Oleguer die Kosten von 15.000 Euro für das Gratiskonzert. Oleguers Ideenwelt ist eine Mixtur aus Linksradikalismus, katalanischem Regionalismus und Fußball.

Einige Monate vor der Fußball-Weltmeisterschaft in Deutschland gerät Oleguer auch international in die Schlagzeilen, als ihn Nationalcoach Luis Aragonés in den erweiterten WM-Kader der spanischen Nationalelf einlädt. Oleguer befürwortet eine eigenständige katalanische Nationalelf Kataloniens und hat bislang nur das Trikot Kataloniens getragen. Im Camp Nou fordern Fans ihn mit Spruchbändern auf: „No hi vagis!" („Fahr nicht hin!") Die Öffentlichkeit spekuliert darüber, ob er die Einladung annehmen wird, für den Fall einer Weigerung droht dem 26-Jährigen eine lange Sperre. Carles Puyol, bereits seit 2000 in der *Selección* dabei, redet seinem Teamkollegen gut zu, und Oleguer reist mit ins Trainingslager, wo er von Aragonés freundlich empfangen wird. „Ich frage meine Spieler nicht nach ihrer politischen Einstellung. Mir ist egal, ob ein Fußballer Separatist, Rechtsradikaler oder Kommunist ist. Es zählt allein das Engagement auf dem Platz." Auch der für Sport zuständige Staatssekretär Jaime Lissavetzky meldet sich zu Wort: „Der Fußballer traf eine Entscheidung aus freien Stücken. Niemand hat ihn unter Druck gesetzt." Bei der WM gehört Oleguer dann allerdings nicht zum Kader.

Barça erreicht die *Selección*

Als im Sommer 2006 die 18. Fußball-Weltmeisterschaft ange-
pfiffen wird, ist die spanische Nationalelf bereits seit 42 Jahren
trophäenlos. Auf den ersten Blick ungewöhnlich für ein Land,
dessen Klubs seit 1956 28 europäische Trophäen eingesammelt
hatten, davon elfmal den Europapokal der Landesmeister bzw.
die Champions League. Dass diese Trophäen häufig mit ausländischer Hilfe gewonnen wurden, kann die Diskrepanz nur
zum Teil erklären. Die *Selección* steht klar im Schatten der Giganten Real und Barça.

Als gängigstes Erklärungsmuster dient der Regionalismus,
der eine stärkere Identifikation mit dem Nationalteam verhin-
dere. Als typisches Beispiel gilt hierfür die WM 1982 im eigenen Land, die in die Annalen der spanischen Fußballgeschichte
als *El gran fracaso* (das große Versagen) einging. Für Gastgeber
Spanien kam das Aus bereits in der Zwischenrunde nach einer
peinlichen 0:1-Niederlage gegen Nordirland. Keeper Luis Ar-
conada trug anstelle der schwarzen Socken der *Selección* die
weißen seines baskischen Klubs Real Sociedad San Sebastián,
was ihm anschließend als Mangel an Loyalität ausgelegt wurde.
Landesmeister Real Sociedad hatte zahlreiche Spieler abgestellt,
und anschließend hieß es, Basken und Madrilen hätten keine
Einheit ergeben. Dies galt allerdings vor allem in spielkulturel-
ler Hinsicht, denn die Fußballphilosophien der einzelnen Regionen sind sehr verschieden und widersprechen sich. So teilt
das Baskenland zwar mit Katalonien das Streben nach Autonomie und die Gegnerschaft zu Madrid. Aber die Spielweisen
der beiden Regionen, namentlich ihrer großen fußballerischen
Repräsentanten – FC Barcelona und Athletic Bilbao –, können
unterschiedlicher nicht ausfallen.

Bis 2002 befand sich die *Selección* in den Händen von Trainern wie Javier Clemente und José Camacho, die Härte, Kraft
und Ausdauer propagierten und für die die Schönheit des
Spiels kein Thema war. Folglich konnte Spanien sein techni-
sches und spielerisches Potenzial nie richtig ausschöpfen. Dass

Spaniens Nationalelf in die Annalen von World Cup und Europameisterschaft als der *underachiever* schlechthin eingegangen war, war vor allem dem Umstand geschuldet, dass ein Fußball gespielt wurde, der dem im Lande vorhandenen Talent und der Spielphilosophie seiner führenden Klubs widersprach.

Auch Luis Aragonés, seit 2004 Nationalcoach, hatte zu Zeiten von Johan Cruyff dieser Schule angehangen, aber irgendwie hatten die von Aragonés nominierten Spieler die Philosophie gedreht – und der kauzige Alte hatte sich als erstaunlich flexibel und lernfähig erwiesen. Nun forderte er von seinem Team, den Ball zu „passen und passen und passen". Ronald Reng über die Lernfähigkeit des alten Haudegens: „Er sah, dass der spanische Fußball im Überfluss über einen Spielertyp verfügte, der sich vom Rest der Welt abhob: kleine, feine Ballspieler. Er machte sie zum Mittelpunkt seines Spiels."

Nach den ersten drei Auftritten in Deutschland konstatierte Journalist Reng: „Johan Cruyff, der 1973 als Spieler zum FC Barcelona ging und dort später als Trainer gottväterliche Züge bekam, brachte den Fußball nach Spanien, den die Nationalelf nun so aufsehenerregend spielt. (…) Ein Jahrzehnt, nachdem sich Cruyff senior wegen Herzproblemen aus dem Fußball verabschiedete, hat er gesiegt. Die Nationalelf hat die Schönheit Barcelonas übernommen; deren junge Figuren, Xavi Hernandez, Cesc Fàbregas, Andres Iniesta, zu Beginn auch Xabi Alonso, wurden alle mit der Cruyff-Doktrin aufgezogen." Und Jordi Cruyff jubelte: „Endlich spielt Spanien den Fußball, der am besten zu ihm passt."

Zwar scheitert Aragonés' Team im Achtelfinale an Frankreich, aber zwei Jahre später, bei der EM 2008 in Österreich und der Schweiz, wird Spanien Fußballeuropa bis zum letzten Spielzug des Turniers verzaubern.

Kapitel 10

Die „katalanische Republik des FC Barcelona"

Als Joan Laporta 2003 den Thron des FC Barcelona besteigt, feiern ihn seine Anhänger mit dem Schlachtruf: „Laporta president, Catalunya independent." („Laporta: Präsident, Katalonien: unabhängig.") Unter dem Präsidenten Laporta erlebt der FC Barcelona mit zwei Champions-League-Triumphen und dem Gewinn der Klub-Weltmeisterschaft nicht nur seine international erfolgreichsten Jahren, sondern auch seine „katalanischsten".

Laporta ist überzeugter Katalanist. In den frühen 1990ern war er Mitbegründer einer allerdings nur kurzlebigen separatistischen Partei namens „Partit per la independencia". 2007 ist Katalonien Gastland der Frankfurter Buchmesse. Auch Laporta besucht die Main-Metropole und äußert dort die Hoffnung, dass der FC Barcelona „weiterhin ein Schlüssel zur Förderung der katalanischen Sprache und Kultur sei". Er fühle sich verpflichtet, eine „katalanische Republik des FC Barcelona zu errichten".

Laporta präsentiert den Klub als „Modell des Guten in der Fußballwelt" *(Financial Times Deutschland)*. Die Geschichte des FC Barcelona und seine Spielphilosophie helfen ihm dabei. Ohne die Kunst des schönen Spiels würde Laportas politischer und sozialer Messianismus kaum funktionieren. Zumal viele, die den ästhetischen Offensivfußball, also die Kunst des schönen Spiels, lieben, auch Freunde einer besseren Welt sind. Das „Gute" auf dem Rasen und das „Gute" jenseits des Spielfeldrands erscheinen als zwei Seiten derselben Medaille. Laporta: „Es gibt viele Gründe, ein Barça-Fan zu sein: die Art, wie wir spielen; weil wir mehr als ein Klub sind. Wir sind ein Klub mit Werten und Prinzipien, der seiner sozialen Verantwortung nachkommt. Man könnte sagen, Barça ist ein schöner Lebensstil."

Trikotgesponsert: **UNICEF**

Beim Amtsantritt Laportas ist der FC Barcelona der einzige Profiklub in Europa, der seine Trikotbrust Sponsoren verweigert. Das *Blaugrana*-Leibchen ist „heilig", kein kommerzielles Logo soll es verunzieren. Kein Logo? Doch, aber nur das von UNICEF, dem Weltkinderhilfswerk der Vereinten Nationen. Seit 2006 wirbt der FC Barcelona für UNICEF, verzichtet dafür laut Laporta auf 22 Mio. Euro jährlich und zahlt stattdessen: In einem Fünfjahresvertrag verpflichtet sich der Klub, 1,5 Mio. Euro pro Jahr an die UN-Organisation zu überweisen, um weltweit diverse Entwicklungsprojekte zu unterstützen.

Laporta anlässlich der Unterzeichnung des Abkommens: „Dies ist gleich in zweierlei Hinsicht ein historischer Tag. Zum einen tragen wir zum ersten Mal Werbung auf unserem Trikot. Zum zweiten zeigt diese Vereinbarung, dass wir in Sachen Solidarität weltweit der führende Verein sind."

Der FC Barcelona kann sich dies leisten. Die Entweihung der Trikotbrust durch deren Verkauf an kommerzielle Interessenten würde bei vielen *Socios* und *Culés* auf Widerspruch stoßen. Der FC Barcelona ist noch immer als gemeinnütziger Verein organisiert, in dem formal die über 160.000 *Socios* das Sagen haben – nach Benfica Lissabon ist Barça der Verein mit der weltweit zweithöchsten Mitgliederzahl. Ein Organisationsmodell, das Oligarchen wie Roman Abramowitsch lieber in England nach einem „Spielzeug" suchen ließ.

Doch auch mit dem UNICEF-Logo lässt sich wirtschaftlich punkten, denn Sympathien lassen die Kasse klingeln. Die Trikotpolitik verstärkt das Image vom besonderen Klub, der seinen Konkurrenten moralisch überlegen ist, der Tradition und Identität nicht dem schnöden Mammon opfert. Dem Trikotverkauf hilft es allemal: Wer würde nicht lieber für UNICEF Werbung laufen als beispielsweise für eine umstrittene Wettfirma wie bwin, die Real Madrid seit 2007 die Kasse füllt?

Katalanismus und Globalisierung

Zwischen weltweiter Vermarktung und einer betonten regionalen Verankerung sieht Barça-Boss Laporte keinen Widerspruch. Einerseits bemüht er sich um stärkere Bindungen ins Roussillon und in die Midi-Pyréenes, katalanische Regionen auf dem französischen Staatsgebiet. In einer in Katalanisch gehaltenen Rede vor der renommierten London School of Economics erklärt Laporta, dass es gleichbedeutend sei, „für Barcelona und für die Freiheiten und Rechte Kataloniens" einzustehen. Sein Vizepräsident Ferran Soriano attestiert ihm: „Die Mehrheit der Barça-Anhänger ist katalanistisch. Also hat Barça Ausdruck dieses Gefühls zu sein" und ein „Instrument der weltweiten Projektion der Katalanen".

Auf der anderen Seite bemüht sich Barça schon seit Jahrzehnten um internationales Flair, lädt seit 1966 beispielsweise vor dem Ligastart einen renommierten europäischen oder südamerikanischen Klub ins Camp Nou ein. Man spielt um die Joan-Gamper-Trophäe und stellt den Fans die neue Mannschaft vor. Am 25. August 2004 ist der AC Mailand zu Gast. Joan Laporta lässt vor dem Anpfiff eine gigantische katalanische Fahne über das Spielfeld schweben, die „größte *senyera* aller Zeiten", wie der Klub stolz vermeldet.

Für Laporta stellt die Globalisierung keine Gefahr dar, sondern eine Chance. „Wir wollen die Marke Barça globaler und moderner machen, damit der Klub noch stärker wird." Nationalismus und Kosmopolitismus bilden im katalanistischen Weltbild keinen Widerspruch.

Tatsächlich existieren zwischen dem katalanischen und baskischen Nationalismus fundamentale Unterschiede, die auch in unterschiedlichen Fußballstilen ihren Ausdruck finden. Ebenso gibt es hinsichtlich der jeweiligen Rekrutierungspolitik erhebliche Unterschiede, die für unterschiedliche Nationalismen stehen. Während bei Athletic Bilbao der Nachweis baskischer Wurzeln zu erbringen ist und sich der baskische Nationalismus ethnisch definiert, ist der katalanische Nationalismus eine zivile Bewegung, die bürgerlich-souverän daherkommt. Schon im frühen 13. Jahrhundert entwickelte sich in Katalonien – anders als in Kastilien – statt einer absoluten Monarchie eine Mitbestimmung der Stände und eine der ersten parlamentarischen Regierungen der Welt.

Katalonien geht seine Ambitionen, wie es der Schriftsteller Victor Alexandre formuliert, in „katalanischer Art" an: demokratisch, zivilisiert, friedlich. Alexandre: „Wir funktionieren anders als das Baskenland." Es gibt keinen katalanischen Terrorismus. Kataloniens Nationalismus schließt nicht aus, sondern vereinnahmt, mobilisiert „Fremde" für seine Sache und macht sie zu Einheimischen. Anders könnte er auch gar nicht funktionieren.

1900 betrug Kataloniens Einwohnerschaft rund drei Millionen, 1978 wurden sechs Millionen gezählt, heute nähert man sich den acht Millionen. Drei von vier Bürgern Kataloniens haben Eltern oder Großeltern, die außerhalb Kataloniens geboren wurden. Bezeichnenderweise betrachtet die Reagrupament Independentista, eine 2009 gegründete Dachorganisation verschiedener Gruppierungen, die eine einseitige Unabhängigkeitserklärung durch das Parlament Kataloniens anstrebt und der auch Joan Laporta nahesteht, die anhaltende Immigration als Chance zur „Stärkung der Nation".

In einer 2005 veranstalteten Umfrage bekannten nur 14 Prozent, dass sie sich ausschließlich als Katalanen fühlen. Den Zusammenhalt der katalanischen Nation stiften vorwiegend Geschichten über widerständigen Geist und liberale Gesinnung. Allerdings lässt sich nicht leugnen, dass auch rückwärtsgewandte und verengende Tendenzen zunehmen, beispielsweise die von Separatisten betriebene *Reconquista* der katalanischen Sprache. „Viele scheinen bereit, den Vorteil der Zweisprachigkeit einem naiven national-romantischen Isolationismus zu opfern", beobachtete Sebastian Schoepp vor einigen Jahren für die *Süddeutsche Zeitung*. Im zweisprachigen Barcelona ist Spanisch die eindeutig meistgesprochene Sprache.

Das Katalanische ist hier zwar allgegenwärtig, aber de facto die Zweitsprache. Diese Stadt zur Einsprachigkeit zu verurteilen, ist weder möglich, noch ergibt dies einen Sinn.

Für Victor Alexandre ist „Barça unsere Nationalmannschaft, keine Institution symbolisiert Katalonien besser". Dass in dieser „Nationalmannschaft" auch Akteure aus Schweden, Frankreich, Argentinien mitwirken, stört dabei nicht. In der Kultur gilt als katalanisch, was auf katalanischem Territorium produziert wird. Ganz gleich, ob der Schaffende Katalane ist, aus anderen Teilen Spaniens oder aus dem Ausland kommt. Im Fußball ist dies nicht anders. Lionel Messi ist Argentinier, aber da er ein Produkt der *La Masia* ist, firmiert er im öffentlichen Bewusstsein als Katalane. Und vielleicht ist es ja auch kein Zufall, dass Messi im Trikot der *Blaugrana* bislang deutlich bessere Leistungen zeigt als im Trikot der *Albiceleste*.

Neue Märkte

Barça als „Modell des Guten" lässt sich problemlos in eine Strategie zur Eroberung neuer Märkte integrieren. Die Einnahmen eines Benefizspiels sollen den Opfern der Tsunami-Katastrophe von 2006 zugute kommen, fließen somit nach Asien, wo der FC Barcelona – wie Real Madrid, Manchester United und andere – um Marktanteile buhlt. Laporta spricht über die Stärkung von Barças Position „in China, Japan und anderen Ländern, in denen der Fußball in letzter Zeit viel populärer geworden ist als andere traditionelle Sportarten". Als zweiten wichtigen Entwicklungsmarkt nennt er die USA, aber das alles bitte schön, „ohne unser katalanisches Erbe zu vernachlässigen". Und ohnehin sei das Ziel nicht der Verkauf des Namens und einer Marke, sondern der „Export unserer Werte". So interessiere Barça auch Afrika sehr, allerdings unter „sozialen Gesichtspunkten". Dort unterstütze man u. a. die Errichtung eines Krankenhauses für Aids-Patienten im Senegal, arbeite mit zahlreichen Organisationen im Kampf gegen Malaria und Aids zusammen und nutze die Popularität des Fußballs, um über Gesundheitsvorsorge aufzuklären. Man habe mittlerweile selbst in Burkina Faso und Malawi Fanklubs, und natürlich betreibt der Verein auch in Afrika Fußballschulen. Laportas FC Barcelona geriert sich als Botschafter, ja Außen- und Entwicklungsministerium einer progressiven Nation namens Katalonien. Wer derartige Ambitionen verfolgt, der benötigt für seine Mannschaft auch ein Stadion, das, so Laporta, „dank seiner Architektur einen Richtwert für die ganze Welt" darstellt und zugleich „katalanische Tradition" verkörpert. Das aktuelle Stadion erfüllt diese Ansprüche – trotz seiner monumentalen Größe – in den Augen des Präsidenten nicht ausreichend.

Anlässlich des 50. Jahrestags der Eröffnung von Camp Nou präsentiert der FC Barcelona im September 2007 Pläne für ein modernisiertes und ausgebautes Stadion. Federführend beim ca. 300 Mio. Euro teuren Projekt „El nou Camp Nou" ist niemand Geringerer als der britische Stararchitekt Norman Foster. Laporta: „Wenn Barça mehr als nur ein Klub ist, dann ist Sir Norman Foster mehr als nur ein Architekt." Camp Nous Fassungsvermögen betrug ursprünglich 93.000. Im Vorfeld der WM 1982 wurde ein dritter Rang gebaut, sodass nun 115.000 Platz fanden. 1994 wurde das Stadion gründlich überarbeitet und das Fassungsvermögen auf gut 98.000 heruntergefahren. „El nou Camp Nou" soll ab 2012 wiederum 106.000 Zuschauern Platz bieten. Der Clou ist aber eine neue Außenfassade, bei der sich Foster von Antoni Gaudi inspirieren ließ. Der legendäre katalanische und in Barcelona allgegenwärtige Baumeister (1852-1926) gilt als Hauptvertreter des *Modernisme*, einer katalanischen Version des Jugendstils. Die Fassade soll aus vielen blauen, roten und gelben Flächen bestehen und damit ein Gaudi-typisches Mosaik ergeben. Foster mischt so die Farben des FC Barcelona mit denen Kataloniens. Sein Plan, so der Architekt, basiere auf „drei Inspirationen: dem Fußball, der Stadt Barcelona und Katalonien sowie Barça".

Laportas Ambitionen in Fußball und Politik werden durch die Entwicklung europäischer „Fußball-Stadtstaaten" unterstützt, die mit dem gesellschaftlichen Bedeutungsverlust von Nationalstaaten zugunsten der städtischen Metropolen und Regionen korrespondiert. Klubs wie der FC Barcelona, Real Madrid oder Manchester United strahlen über den eigentlichen Standort weit hinaus, repräsentieren Regionen und bieten – anders als die Nationalmannschaften – dank ihrer alltäglichen TV-Präsenz die Möglichkeit zur permanenten Identifikation und Anteilnahme. Klubs wie der FC Barcelona, Real Madrid oder Manchester United verfügen über internationale Kader, spielen gewöhnlich einen besseren Fußball als Nationalteams und mobilisieren neben dem städtischen und regionalen auch ein internationales Publikum.

„Catalonia is not Spain"

Am 11. September 2009 sorgt Joan Laporta für einen Eklat. Am katalanischen Nationalfeiertag *(Diada)* marschiert Laporta in Barcelona in der ersten Reihe eines ca. 15.000-köpfigen nationalistischen Protestzugs der Reagrupament Independentista, die geballte Faust in die Luft gereckt. Am Ende des Marsches verbrennen Protestler spanische und französische Fahnen. Die konservativen katalanischen Nationalisten von der Convergència i Unió (CiU) sind pikiert. Außerhalb Kataloniens herrscht Empörung bis Entsetzen. Beim anschließenden Ligaspiel in Santander brüllt Miguel Angel Revilla, Präsident der Region Kantabrien, Laporta ins Gesicht: „ Hast du den Verstand verloren? Du bringst Politik in den Klub." Laporta erwidert nicht minder lautstark: „Ihr Spanier, ihr zermalmt Katalonien!"

Laporta hat mit einem Tabu gebrochen. Bis dahin hatten sich Barça-Vertreter politischer Äußerungen zu enthalten. Seit Josep Sunyol hat sich kein Barça-Präsident mehr zur „katalanischen Frage" so dezidiert geäußert und den Fußball so massiv mit der Politik vermengt wie Joan Laporta. Wie kein Barça-Präsident vor ihm formt Laporta den Klub, um mit Montalbán zu sprechen, zur „epischen Waffe eines Landes ohne Staat" und zum „unbewaffneten Heer Kataloniens".

In anderen Teilen des Landes müssen Barça-Fans die Rechnung zahlen. Die Bars vor Ort ließen sie nicht einmal mehr Poster für die Barça-Weihnachtslotterie aufhängen, meldeten Fans aus dem Westen des Landes. Sie seien nun „diese Scheiß-Katalanen".

Madrids *Marca* faucht: „Wieso meldet Laporta den FC Barcelona nicht konsequenterweise von der spanischen Liga ab und in der katalanischen an? Es wäre nur konsequent, wenn die Katalanen tatsächlich unter Spanien leiden. Es ist widerlich, wie Laporta den altehrwürdigen und übernationalen FC Barcelona den katalanischen Taliban zum Fraß vorwirft." Die Attacke des Blattes endet im Selbstmitleid: „Die Unabhängigkeit von Katalonien ist eben keine Frage von Freiheit. Denn Freiheit gibt es in Spanien nicht. Es dürfen ja nur die katalanischen Nationalisten von ihrer Nation reden. Wenn Spanier von ihrer Nation reden, schimpft man sie Faschisten."

Tatsächlich gehen katalanische Ambitionen anderen Regionen Spaniens, vor allem aber der nationalistischen Rechten, zusehends auf die Nerven. 2006 hat Katalonien ein neues Autonomiestatut erhalten, auf Drängen der katalanischen Parteien – von der konservativen Convergència i Unió (CiU) bis zur linksrepublikanischen Esquera Republicana de Catalunya (ERC). Das Statut von 1979, so ihr Einwand, sei noch unter Mitwirkung von zahlreichen Politikern des abgedankten Franco-Regimes verhandelt worden. In einem neuen Statut müssten der Beitritt Spaniens zur EU wie die Tatsache, dass Katalonien eine Nation sei, berücksichtigt werden.

Im spanischen Parlament stimmte die CiU für das neue Statut. Der ERC ging es indes nicht weit genug, weshalb sich ihre Abgeordneten der Stimme enthielten. In Katalonien votierten beim folgenden Referendum zwar 73,9 Prozent für das Statut, allerdings bei einer Wahlbeteiligung von nur 49 Prozent.

In der Regierungszeit des konservativen Ministerpräsidenten José Maria Aznar (1996-2004) ist es mit den Beziehungen zwischen Madrid und Barcelona kontinuierlich bergab gegangen. Aznar, ein ehemaliger Falangist, spanischer Nationalist und seit dem 7. Lebensjahr Fan von Real Madrid, verkörpert für viele Katalanen die Rückkehr zum arroganten kastilischen Zentralismus. Aber auch sein sozialistischer Nachfolger José Luis Rodríguez Zapatero hat sein Versprechen eines pluralen Spaniens als „Nation der Nationen" nicht einlösen können. Jordi Pujol, der *elder statesman* der katalanischen Politik, konstatiert einen „gegenseitigen Überdruss". Dies gilt vor allem auch für die jüngere Generation, die die Franco-Zeit, als man von Unabhängigkeit nur mit leiser Stimme sprechen konnte, nicht miterlebte und in ihrem Katalanismus keine diplomatische Zurückhaltung zeigt.

Anfang 2010 legt Joan Laporta noch einmal kräftig nach. Der in Madrid erscheinenden Zeitung *El Mundo* erklärt Laporta: „Die Spanier können nicht ertragen, dass ich Klartext rede. Es gibt viele Katalanen, die einen eigenen Staat wollen. Und die Spanier können nicht ertragen, dass der FC Barcelona in der letzten Saison 6:2 in Madrid gewonnen hat. Alle Welt vermischt Sport mit Politik. Die Erfolge, die wir mit dem FC Barcelona errungen haben, verdanken wir unseren Idealen. Fußballerischen und politischen Idealen. Wir sind jetzt das katalanischste und erfolgreichste Barça aller Zeiten. Und Barça war immer eine Art, die Freiheit Kataloniens zu verteidigen. Der FC Barcelona ist Teil einer der bewegendsten Entwicklungen in der Geschichte: Sie führt die unterdrückten Völker in die Freiheit. Ich weiß mit Sicherheit, dass Katalonien eine Nation ist und einen eigenen Staat braucht." Vor allem weiß Laporta, wer Katalonien in die „Freiheit" führen kann: Joan Laporta. „Ich liebäugele mit dem Gedanken, mich Menschen, die an ein unabhängiges Katalonien glauben, mit einer neuen Partei zu präsentieren. Ich weiß noch nicht, ob Katalonien einen Führer oder einen Märtyrer will. Ich will jedenfalls kein Märtyrer sein. Ein Führer könnte ich schon werden, es wäre eine schöne nationale Aufgabe, Katalonien in die Freiheit zu führen."

Laporta will den FC Barcelona auf eine katalanistische Position festnageln und den Klub zugleich als Sprungbrett für eine politische Karriere nutzen. Damit der FC Barcelona ein Verbündeter des Politikers Laporta bleibt, werden mögliche Nachfolger im Präsidentenamt ausgeforscht – ein Vorfall, der als „Barçagate" durch die Medien geistert und Laporta in den Augen seiner Kritiker vom „Kennedy Kataloniens" zum „katalanischen Nixon" mutieren lässt.

Dass ein unabhängiges Katalonien zumindest fußballerisch bestehen kann, vor allem dank Barças fantastischer *La Masia,* beweist ein Freundschaftsspiel seiner Auswahl gegen Diego Maradonas Argentinien kurz vor Weihnachten 2009. Johan Cruyff, der unbezahlte Coach der *Seleccio,* kommandiert ein beeindruckendes Aufgebot. Vom FC Barcelona sind Kapitän Carles Puyol, Keeper Victor Valdez, Gerard Piqué, Xavi und Sergio Busquets dabei, mit Joan Capdevilla von Villarreal steht ein weiter spanischer Nationalspieler im Kader. Auch Oleguer Presas (Ajax Amsterdam) und Cesc Fàbregas (Arsenal London), beide *La-Masia*-Schüler, werden nominiert. Cruyff feiert eine triumphale Rückkehr ins Camp Nou, das mit 53.000 Zuschauern allerdings nur gut zur Hälfte gefüllt ist. Sein katalanisches Dream-Team besiegt den zweifachen Weltmeister mit 4:2. Der am meisten bejubelte Spieler ist Oleguer, der politischste Akteur auf dem Platz. Auf den Rängen entrollen Zuschauer Transparente, auf denen geschrieben steht: „Catalonia is not Spain."

Joan Laporta macht aus seiner Abneigung für Spaniens *Selección* keinen Hehl. Die Madrider Presse, allen voran *Marca,* weiß immer wieder mit bösen Geschichten aufzuwarten. Laporta würde Barças *Selección*-Akteure vor Länderspielen daran erinnern, dass dies nicht ihre Nationalelf sei, sie sich folglich nicht so ins Zeug legen sollten. Dem Barça-Talent Bojan Krkic untersagte der Boss angeblich, sich im spanischen Nationaltrikot ablichten zu lassen.

Rosell kontra Laporta

In den Spielzeiten 2006/07 und 2007/08 muss der FC Barcelona wieder Real Madrid den Vortritt lassen. Die Saison 2007/08 hält für Barça eine besondere Demütigung parat. In der Primera División ist es Tradition, dass, wenn ein Klub vorzeitig Meister wird, die Spieler des nächsten Gegners beim Einlaufen ein Spalier bilden und dem frischgebackenen Champion applaudieren.

Am 36. Spieltag ist Real Meister geworden. Es folgt eine englische Woche, in der der FC Barcelona an einem Mittwochabend ins Estadio Santiago Bernabéu reisen muss, um dem Erzfeind zu gratulieren. Dieser schlägt Barça anschließend auch noch deutlich mit 4:1. Am Ende trennen Real und Barça, das auch noch Villareal vorbeiziehen lassen muss, 18 Punkte. In der Champions League scheitert der FC Barcelona im Halbfinale am späteren Gewinner Manchester United.

Im Sommer 2008 trennen sich die Wege von Rijkaard und dem FC Barcelona, der in den 20 Jahren von 1988 bis 2008 über 16 Jahre von Niederländern trainiert wurde, die addiert fünf europäische und zehn nationale Trophäen ins Camp Nou brachten. Doch nicht nur der Trainer, auch der Präsident ist in die Kritik geraten. Laporta wird Verrat an den hehren Zielen von *Elefant Blau* vorgeworfen: Er lasse Transparenz, Demokratie und politische Unabhängigkeit vermissen und neige zu Selbstherrlichkeit sowie dubiosen Geschäften.

Am 6. Juli 2008 wird eine vom Laporta-Gegenspieler Oriol Giralt organisierte und von Sandro Rosell unterstützte *Mocion de Censura* (Misstrauensvotum) abgehalten. 39.389 *Socios* gehen an die Urne, nur 37,75 Prozent folgen der Empfehlung Cruyffs, Laporta das Vertrauen auszusprechen. Aber um den Präsidenten zu stürzen, ist eine Zwei-Drittel-Mehrheit erforderlich. Das Direktorium ist gespalten, acht der 17 Vorstandsmitglieder legen ihr Amt nieder. Einige Wochen später bringt sich Sandro Rosell für die turnusmäßigen Wahlen 2010 in Stellung. Eine dritte Amtszeit kann es für Laporta nicht geben, dafür hat er selbst gesorgt, als er nach seiner Wahl 2003 die Begrenzung auf zwei Amtszeiten in die Klubsatzung schreiben ließ – historische Konsequenz aus der Dauerpräsidentschaft von Josep Lluís Núñez.

Wie es sich für spanische Fußball-Wahlkämpfe gehört, wird Sandro Rosell seine Kampagne mit dem Versprechen eines attraktiven Transfers garnieren: die Rückkehr des *La-Masia*-Schülers Cesc Fàbregas von Arsenal London ins Camp Nou.

„Pep" Guardiola: Katalane und Cruyff-Schüler

Ähnlich wie Josep Lluís Núñez seinerzeit mit Johan Cruyff gelingt nun auch dem bedrängten Laporta ein Geniestreich. Rijkaards Nachfolger ist mit dem erst 37-jährigen Josep „Pep" Guardiola ein Katalane, ewiger Barça-Mann, Idol der Fans und Ziehkind von Gottvater Johan. „Ohne Cruyff würde ich nicht auf diesem Stuhl sitzen", bekennt der neue Cheftrainer später. Seit 1988 gelten bei Barça die Lehren Johan Cruyffs. Aber keiner seiner Nachfolger folgt der Idee vom offensiven Fußball so konsequent wie nun Guardiola: „Nichts ist gefährlicher, als nichts zu riskieren." Seine Erfahrung als Trainer beschränkt sich auf ein einjähriges Engagement als Coach von Barças B-Team.

Guardiola stammt aus dem 6.000-Seelen-Ort Santpedor, ca. eine Autostunde von Barcelona entfernt und im Herzen Kataloniens gelegen, wo sich seine familiären Wurzeln bis ins 18. Jahrhundert zurückverfolgen lassen. Aber aufgewachsen ist er im Schatten der Fußballkathedrale Camp Nou, wo er die Klubphilosophie wie Muttermilch aufsog. Mit 13 Jahren kam er ins Klubinternat. Unter Cruyff reifte der extrem lernwillige und wissbegierige Guardiola zum Mittelfeldstrategen. Im Dezember 1990 gab Guardiola sein Debüt bei den Profis, nur eineinhalb Jahre später war er der strategische Kopf des Teams, das den Europapokal der Landesmeister gewann.

2001 wurde Guardiola unter dem Präsidenten Gaspart und dem Trainer van Gaal nach elf Profijahren mit 16 Titeln diskret aussortiert, wohl um die letzte Erinnerung an Johan Cruyff auszulöschen. „Ich fühle mich befreit", hatte Guardiola damals gesagt und sich eine offizielle Verabschiedung verbeten.

„Der neue Coach ist feinsinnig, elegant und auch schon für den Designer Antonio Mirò über den Laufsteg gelaufen", weiß der *Spiegel* zu berichten, aber er ist auch empathisch und authentisch. Der Journalist Javier Cáceras charakterisiert ihn als einen „manisch-obsessiven Arbeiter", als Perfektionisten, der auch Ernährung, Gewicht und Körperfettanteile seiner Spieler kontrolliere. Ronald Reng: „Guardiola beschäftigt sich besessen mit Fußball. Er ist der Protagonist der nächsten Trainergeneration, die taktisch und trainingsmethodisch den Fußball auf das Niveau anderer Sportarten heben wird."

Schon der Spieler Guardiola dachte wie ein Trainer. Genauer: Er musste wie ein Trainer denken, um körperliche Defizite zu kaschieren. „Du hast langsamer gespielt als meine Großmutter", hatte ihm Cruyff einmal gesagt, um trotzdem an ihm festzuhalten. „Wer physisch schwach ist, muss intelligent sein." Wer konnte dies besser wissen als Cruyff?

Kapitän Carles Puyol über Guardiola: „Bei ihm heißt es immer: das nächste Tor anstreben, nach dem ersten Treffer den zweiten, dann den dritten. Er hat immer den Anspruch, dass wir das Spiel gestalten und bestimmen, egal wer der Gegner ist. (…) Der Mister ist streng und auch sehr strikt, was die Umsetzung seiner Vorstellungen anbelangt. Aber zugleich lässt er auch viele Freiheiten auf dem Platz. Er weiß, was ein Spieler im entsprechenden Moment braucht." Eine weitere Stärke des Trainers ist seine Authentizität. Als Iniesta im Champions-League-Halbfinale bei Chelsea der späte Ausgleich gelingt, springt Guardiola so begeistert am Spielfeldrand entlang, dass ihn Ersatzspieler Silvinho daran erinnern muss, was nun das Wichtigste ist: „Pep, wir müssen auswechseln, hörst du nicht: auswechseln!"

Schon als Spieler pflegte Guardiola die Nähe zur katalanischen Kultur und ihren Schaffenden. Zu seinem Bekanntenkreis gehört der katalanische Protestbarde Lluís Llach, den er einst darum bat, den für den Nobelpreis vorgeschlagenen katalanischen Poeten Miquel Martí i Pol kennenlernen zu dürfen. Anschließend besuchte er Martí i Pol regelmäßig in dessen Heimatort. Auch der Schriftsteller David Trueba wird zu einem Vertrauten Guardiolas. Als am 11. September 2009 in Barcelona Tausende für katalanische Unabhängigkeit marschieren, wird auch Pep Guardiola auf dem Protestzug gesehen.

Zu diesem Zeitpunkt ist der FC Barcelona mit Josep Guardiola bereits in neue Dimensionen eines ästhetischen und erfolgreichen Fußballs vorgestoßen.

Kapitel 11

Die Kunst des schönen Spiels

Im Sommer 2008 gewinnt Spaniens *Selección* erstmals seit 1964 wieder einen Titel. Bei der EM in Österreich und der Schweiz schlägt das Team des eigenwilligen Trainers Luis Aragonés Deutschland im Finale hochverdient mit 1:0.

Johan Cruyff ist allgegenwärtig. Sowohl im Zusammenhang mit Marco van Bastens fantastischen Niederländern, die dann aber im Viertelfinale gegen Russland (trainiert vom Niederländer Guus Hiddink...) ausscheiden, wie auch mit Spaniens *Selección* wird sein Name immer wieder erwähnt. Auch wenn es zunächst zu einem Zerwürfnis zwischen van Basten und seinem ehemaligen Mentor Cruyff kommt, als der Bondscoach vom Dogma des 4-3-3 abrückt – zugunsten eines 4-2-3-1-Systems, wie es im Weltfußball mittlerweile vielfach gespielt wird. Doch van Basten ist ein *global player,* der nicht stur der nationalen Fußballtradition folgt, sondern in seine taktischen Überlegungen auch während seiner Spielerkarriere in Italien getätigte Erfahrungen einfließen lässt. Und bei näherer Betrachtung liegt sein 4-2-3-1 vom 4-3-3 gar nicht so weit entfernt, es ist vielmehr dessen Weiterentwicklung. Van Bastens schnelle Mittelfeldaußen verwandeln die taktische Grundausrichtung immer wieder in ein Angriffsspiel mit drei Spitzen.

Ballbesitz und Kurzpassspiel

Bei Spaniens *Selección* steht der Ballbesitz – entgegen dem Trend – unverändert im Vordergrund. Die *Selección* hält den Ball lange im Mittelfeld, wo der Gegner verwirrenden Kurzpasskombinationen ausgesetzt wird, bis sich der Moment für den „tödlichen Pass" in die Spitze ergibt. Coach Luis Aragonés über seine Vorliebe für das Kurzpass-Kombinationsspiel: „Jeder, der den Fußball liebt, will so ein Spiel sehen, wie wir es spielen.“ Herzstück der spanischen Elf ist folglich das grandiose Mittelfeldquartett David Silva, Cesc Fàbregas, Xavi Hernandez und Andrés Iniesta, vier kleine, aber technisch brillante Ballverteiler, von denen jeder jede Position in Sekundenschnelle übernehmen kann, ohne dass deshalb ein Chaos entstehen würde. Drei der vier Spieler – Fàbregas, Xavi, Iniesta sind Produkte von Barças *La Masia,* wenngleich Fàbregas seit 2003 für Arsène Wengers Arsenal London spielt, vermutlich die geeignetste Auslandsadresse für *La-Masia*-Zöglinge.

Nach dem fantastischen EM-Halbfinale Spanien – Russland 2008 schwärmt Jorge Valdano: „Es gibt Momente, in denen es scheint, als ob Spanien das schöne Spiel erfunden habe. Im Halbfinale gegen Russland haben die Spanier allerdings großen Fußball gezeigt. Ihr Spiel schien, mit Verzögerung, eine Hommage an den großen Barcelona-Trainer Johan Cruyff zu sein.“

Barças Xavi Hernandez wird zum besten Spieler der EM gewählt. Zwar stehen im Finale in Wien mit Puyol, Xavi und Iniesta und Fàbregas „nur“ drei aktuelle und ein ehemaliger Spieler des FC Barcelona auf dem Feld, die im Übrigen anschließend allesamt für das „All-Star-Team“ der UEFA nominiert werden. Doch was die Spielweise anbetrifft, so zeigte Spaniens *Selección* noch nie zuvor so viel Barça wie im Sommer 2008.

„Hausmannskost“ auf Katalanisch

Im Sommer 2008 trennt sich Barça von Ronaldinho, dem Weltfußballer der Jahre 2004 und 2005. Mit 28 Jahren erscheint der Brasilianer, in den Jahren 2006 und 2007 mit einem geschätzten Jahressalär von 23 Mio. Euro der weltweit höchstdotierte Profi, nur noch wie ein Schatten seiner besten Tage. Von sich reden macht er vor allem durch eine dekadente Lebensführung. Ronaldinho wechselt für 25 Mio. Euro zum AC Mailand. Auch Deco verlässt den FC Barcelona und wird für 10 Mio. Euro an den FC Chelsea verkauft.

Dafür ist bereits im Sommer 2007 der französische Weltklassespieler Thierry Henry von Arsenal London zum FC Barcelona gekommen, in Frankreich fünffacher, in England dreifacher Fußballer des Jahres. In seiner ersten Saison bei Barça plagen den Stürmer allerdings Rückenprobleme.

Die neue Spielzeit 2008/09 beginnt holperig. Der Auftakt bei CD Numancia, dem späteren Zweitletzten und Absteiger, geht mit 0:1 in die Hose, die Heimpremiere gegen Santander endet mit einem mageren 1:1-Remis. Doch anschließend gerät Barça in Fahrt und holt aus den verbleibenden 14 Spielen bis zum Weihnachtsfest 40 Punkte. Am 15. Spieltag hat Barça Real im Camp Nou mit 2:0 besiegt, der Vorsprung auf den Erzrivalen beträgt anschließend bereits satte zwölf Punkte. Das Team des neuen Coachs Pep Guardiola präsentiert sich ausgesprochen torhungrig. Gegen Sporting Gijon, Atlético Madrid und Real Valladolid schießt Barça jeweils sechs Tore, gegen UD Almeira sind es immerhin noch fünf. Guardiolas Team beweist, dass es auch ohne die abgewanderten Stars Ronaldinho und Deco geht.

Die globale Mischung aus europäischen, südamerikanischen und afrikanischen Spielern ist eine besondere Stärke des Barça-Kaders. Doch gleichzeitig ist dieses Team so hausgemacht wie kein Barça-Team seit Johan Cruyff mehr. In der Anfangself stehen bis zu acht *La Masia*-Absolventen, darunter Keeper Victor Valdes, Kapitän Carles Puyol, die jungen Talente Sergi Busquets und Bojan Krkic sowie das „Trio der Kleinen": Xavi Hernandez, Andrés Iniesta und Lionel Messi. Von den 21 Spielern des Kaders 2008/09 kommen zehn aus der hauseigenen Jugendförderung. *La Masia* funktioniert in den Jahren vor der triumphalen Saison 2008/09 „wie ein Perpetuum mobile, das dem Verein Kosten ersparte und für die Weitergabe des Barça-Stils sorgte" (Julia Macher im *Tagesspiegel*). Seit den Tagen Cruyffs war der hauseigene Nachwuchs im Profiteam nicht mehr so präsent. In seiner letzten Saison 1995/96 stammten mehr als die Hälfte seiner Spieler aus der eigenen Talentschmiede.

Für Kapitän Puyol ist *La Masia* Barças Erfolgsgeheimnis: „Es ist die jahrelange integrierende Wirkung, dieses Verständnis auf eine Philosophie, nicht nur spielerisch. Es ist ein Wettbewerbsvorteil für Barça, dass sich viele Spieler hier teils schon aus den Juniorenabteilungen kennen."

Die Philosophie wird unverändert streng umgesetzt. Die Ausbilder haben die Kreativität der Spieler zu fördern, es wird ausschließlich mit dem Ball trainiert, jedes Team hat im „niederländischen" 4-3-3 zu spielen, wer Defensivfußball predigt, wird vom Trainerjob entbunden.

Xavi und Iniesta, bis zum Abgang von Ronaldinho und Deco eher Wasserträger im Barça-Spiel, besetzen nun Hauptrollen. Für Ronald Reng ist Xavi der „Chefideologe von Barças prägendem Kombinationsspiel", während Iniesta „Barças Idee vom Perpetuum mobile der Pässe" verkörpere. Beide sind lediglich 1,70 Meter groß. Das Trio der Kleinen wird durch den noch einen Zentimeter kleineren Argentinier Lionel Messi komplettiert, *La Pulga* (der Floh) genannt.

Xavi, aufgewachsen in La Rambla, Barcelonas Prachtstraße, ist seit seinem elften Lebensjahr bei Barça. „Ich bin ein Lehrling der Schule Barças, sonst bin ich nichts", bekennt er demütig. Als Kind war er ein Fan des Lokalrivalen Espanyol, wo sein Großvater einst die Kapitänsbinde trug.

Iniesta wird im Alter von zwölf Jahren von Barça-Scouts entdeckt und sofort zum FC Barcelona gelotst. Als Real Iniesta im Sommer 2007 für 60 Mio. Euro loseisen möchte, erklärt Barças Nr. 8: „Wenn ich sage, dass ich bei Barcelona meine Karriere beenden möchte, dann meine ich das auch von ganzem Herzen so." Ronaldinho bezeichnet Iniesta als „das größte Versprechen des spanischen Fußballs".

Lionel Messi, aufgewachsen im argentinischen Rosario, ist im Jahr 2000 im Alter von 13 Jahren samt Eltern und Geschwistern zum FC Barcelona gekommen. Die Familie flüchtete vor der argentinischen Wirtschaftskrise, außerdem benötigte sie einen Finanzier für die monatlich ca. 900 Dollar teure Hormonbehandlung, die gegen die Wachstumsstörungen des kleinen Lionel notwendig schien. Daheim galt das Supertalent den Klubs als zu klein geraten, und für Behandlungskosten wollte man nicht aufkommen.

Über Lionel Messis Fußballkunst geraten Kritiker ins Schwärmen und bemühen Superlative. Für den niederländischen Journalisten Simon Kuper ist Messi „ein neues Modell von Fußballspieler, eine Weiterentwicklung von allem, was wir bislang gesehen haben." Denn Messi vereint, wie *Spiegel*-Autor Christoph Biermann schreibt, „zwei gegensätzliche Figuren des Fußballs: den großen Solisten und den großen kollektiven Spieler." Italiens Fußballweltmeister Fabio Cannavaro fällt nur ein Mittel ein, um den Außenstürmer zu stoppen: „Augen schließen und beten."

Für Ronald Reng schließlich drückt niemand besser „die Fröhlichkeit und Leichtigkeit" in Barças Spiel aus als der kleine Argentinier: „Messis Dribblings erinnern an den Größten, Muhammad Ali, dessen Mantra ‚Flieg wie ein Schmetterling, stich wie eine Biene' der Argentinier auf dem Platz verwirklicht. (…) Messi schenkt mit seinem Spiel dem Publikum die Illusion, das Spontane, das Wilde der Straße existiere noch; und ist doch der taktisch bestens geschulte Teamspieler, der gut erzogene Paradejunge der modernen Fußballakademien, die Spitzenathleten hervorbringen." Als Messi in der Champions League ein wunderschönes Tor gegen Olympique Lyon erzielt, beobachtet Reng: „Die 96.000 jubelten auch nach seinem Schuss, aber vor allem lachten sie."

Der Barça-Express überrollt Real

Im neuen Jahr 2009 hält der Barça-Express das Tempo. Aus den 16 Spielen bis zum Aufeinandertreffen mit Real Madrid holen Guardiolas Schützlinge 43 Punkte, wobei man sich allerdings eine 1:2-Heimniederlage gegen den Lokalrivalen Espanyol leistet, die Real wieder hoffen lässt.

Die in Barcelona erscheinende Zeitschrift *Sport* über den Trainer-Novizen: „Er hat nur zehn Monate benötigt, um zu zeigen, dass Intelligenz wichtiger ist als Erfahrung."

Aber auch Real ist auf Erfolgskurs, von den 18 Begegnungen seit dem 0:2 im Camp Nou hat das Team von Trainer Juande Ramos, der im Winter Bernd Schuster abgelöst hat, 17 gewonnen und so den Abstand vor dem Rückspiel am 34. Spieltag auf vier Zähler verkürzt. Gewinnt Real im Estadio Santiago Bernabéu, ist das Meisterschaftsrennen wieder völlig offen.

Doch am 2. Mai 2009, gut 35 Jahre nach dem spektakulären Cruyff-Auftritt im Bernabéu und dem historischen 5:0-Sieg über Real, gelingt Barça in der Arena des Erzfeindes erneut ein großer Triumph. Zwar geht Real nach 14 Minuten durch ein Tor von Gonzalo Higuaín in Führung, doch anschließend haben die „Königlichen" dem Wirbel der vom grandiosen Xavi angeführten *Blaugrana* kaum noch etwas entgegenzusetzen. Bereits in der 18. Minute gleicht Thierry Henry aus, zwei Minuten später schießt Carles Puyol seine Farben in Führung. In der 36. Minute erhöht Messi auf 3:1. Als Sergio Ramos in der 56. Minute auf 2:3 verkürzt, schöpft Reals Anhang noch einmal Hoffnung. Allerdings nur für zwei Minuten, dann erzielt Henry mit seinem zweiten Treffer das 4:2. Messi (75.) und Gerard Piqué (83.) machen bis zum Schlusspfiff das halbe Dutzend voll, Tor Nr. 6 ist zugleich Tor Nr. 100 in der laufenden Meisterschaftskampagne. Noch nie zuvor sind Barça sechs Tore im Bernabéu gelungen, und für Real ist es 58 Jahre her, dass man im eigenen Stadion sechs Tore kassierte.

Die Zeitung *Sport* jubelt: „Der Fußballgott hat einen Namen: Barça! Dieser Tag wird nie vergessen werden." Sogar die Real-nahe Zeitung *AS* gerät ins Schwärmen: „So spielt man Fußball im Paradies." Bei Reals Hausblatt *Marca* überwiegt indes der Frust: „Wie Kinder gegen Männer. Bernabéu erlebt eine Beerdigung." Während *Mundo Deportivo* nüchtern konstatiert: „Manchmal ist das Leben doch gerecht."

Nach 38 Spieltagen ist der FC Barcelona mit neun Punkten Vorsprung auf Real Madrid zum 19. Male Meister. 105 Tore bedeuten einen neuen Rekord für den Klub, die von Real in der

Saison 1989/90 aufgestellte Liga-Bestmarke wird um zwei Treffer verfehlt.

In der Champions League trifft der FC Barcelona im Viertelfinale auf den FC Bayern München. Im Camp Nou steht es nach nur 43 Minuten durch Tore von Messi (2), Eto'o und Henry bereits 4:0 für die Hausherren. Barças Ballvirtuosen spielen mit dem Deutschen Meister Katz und Maus. Dass es bei diesem Torestand bis zum Schlusspfiff bleibt, ist allein dem Umstand zu verdanken, dass es die blauroten Hochgeschwindigkeitsfußballer nach dem Wiederanpfiff bei einer lockeren Trainingseinheit belassen. Bayern-Kapitän Mark van Bommel bringt die bayerische Hilflosigkeit anschließend auf den Punkt: „Wenn man gegen Barcelona spielt, dann kommt man einfach nicht an den Mann ran. Ich wollte treten, Zé Roberto auch. Aber die halten den Platz so breit, da kommt man einfach nicht ran. Da kann man machen, was man will." Die Barça-Philosophie beinhaltet Zweikampf-Vermeidungsfußball, denn Zweikämpfe bedeuten Zeitverlust, widersprechen somit der Philosophie des Hochgeschwindigkeitsfußballs und erhöhen die Verletzungsgefahr.

Der *Tagesspiegel* kommentiert: „Die Worte des Kapitäns zeugen von einer Denkweise, derzufolge man Partien durch Körperkontakte dominieren kann. Das mag gegen viele Gegner noch funktionieren. Doch im Kontrast zum FC Barcelona mutet diese Philosophie so antiquiert an wie die Lehren mittelalterlicher Wanderprediger. Denn der Clou am Spiel der Katalanen ist ja, dass sie genau die vanbommelschen Zusammenstöße vermeiden, und zwar durch Technik, eingeübte Passwege und Schnelligkeit."

Im Rückspiel gönnt der FC Barcelona den Bayern und ihrem gebeutelten Coach Jürgen Klinsmann ein 1:1-Remis. Das Halbfinale führt erneut den FC Barcelona und den FC Chelsea zusammen. In Camp Nou trennen sich die beiden Teams torlos. An der Stamford Bridge geht Chelsea, nun trainiert vom Niederländer Guus Hiddink, bereits in der 9. Minute durch Essien in Führung. Die *Blues* scheinen bereits durch zu sein, da gelingt Iniesta in der dritten Minute der Nachspielzeit mit Barças erstem Torschuss überhaupt noch der Ausgleich und Einzug ins Finale.

„Diese Mannschaft ist ein Kunstwerk"

Im Finale trifft der FC Barcelona am 27. Mai 2009 im Stadio Olimpico zu Rom auf den Vorjahrssieger Manchester United. Die Engländer werden seit 23 Jahren vom 66-jährigen Alex Ferguson trainiert. Der knorrige Schotte mag Barça. Denn die Katalanen haben sich auf europäischer Ebene zum spielkulturellen Antipoden des FC Chelsea schlechthin aufgeschwungen, Uniteds hauptsächlicher Rivale daheim, seit Roman Abramowitsch in der Premier League mitmischt. Mit Chelseas ehemaligem Coach José Mourinho verbindet Ferguson eine innige Feindschaft. Aber Ferguson und Barça haben noch einen weiteren gemeinsamen sportlichen, politischen und wirtschaftlichen Gegner: Real Madrid. Als Real im Mai 2008 lautstark und aufdringlich um die Dienste von Fergusons portugiesischem Star Cristiano Ronaldo buhlte, erklärte der überzeugte Sozialist Ferguson dem englischen Publikum, wer „die Guten" und „die Bösen" in Spaniens Fußball seien. Aufgrund seiner Verbindung mit dem faschistischen Diktator Franco sei Real ein „moralisch bankrotter Klub". Im Gegensatz zum FC Barcelona, dessen Präsident Josep Sunyol von den Franco-Truppen 1936 exekutiert worden sei. „Es gibt Klubs mit großen moralischen Eigenschaften wie Barcelona, sie haben weit bessere moralische Eigenschaften, als Real jemals haben wird. Auch sie müssen an Ronaldo interessiert sein, aber sie äußern es nicht auf diese Weise." Madrids aggressives Werben um Cristiano Ronaldo sei ein Überbleibsel aus der Franco-Zeit, in der Real als Regimeklub alle Wünsche erfüllt bekommen habe. Vor dem Finale von Rom erneuert Ferguson seine Sympathiebekundungen in Richtung Barça: „Wir spielen gegen ein Team mit einer fantastischen Philosophie und einer großartigen Geschichte."

Derweil erläutert Bundestrainer Jogi Löw dem deutschen Publikum die Gemeinsamkeiten und Unterschiede zwischen den beiden größten Teams Europas, ja der Welt: „Die Spitzenmannschaften in Spanien oder England haben die schnellsten Kontaktzeiten. Man sieht kaum, dass ein Spieler lange mit dem Ball läuft. Dafür ist Barcelona ein Musterbeispiel, das Team kann auch gegen total defensiv eingestellte Gegner das Spiel beherrschen. Manchester hat eine etwas andere Philosophie: ManU will das Spiel beherrschen, ist aber auch in der Lage, sich zurückfallen zu lassen. Sie spielen mehr auf Ballgewinn im Mittelfeld oder sogar Defensive, um den Gegner ein bisschen zu locken – um dann blitzschnell umzuschalten."

In Rom ist auch Johan Cruyff dabei. Zumindest hat dies den Anschein, wenn man die Elogen auf Guardiolas Team vor dem Anpfiff liest. Christoph Biermann beschreibt im *Spiegel*, was der FC Barcelona habe und der mal wieder kriselnde FC Bayern nicht: „Nur wenige Vereine verfügen über das, was man eine Spielphilosophie nennen könnte. Doch an der Spitze der Fußballpyramide geht es nicht mehr ohne. Da ist eine Vision vom Fußball notwendig, die vom ganzen Klub getragen wird. Sie muss zu dessen Geschichte passen und zu den Vorlieben des Publikums. Stämmiger Defensivfußball wäre in Barcelona so wenig vorstellbar wie geduldiges Kreiseln in Manchester." In Barcelona wache Johan Cruyff „wie ein Papst darüber, dass der Klub nicht von seinen fußballerischen Glaubenssätzen abfällt".

Und Stefan Hermanns im *Tagesspiegel:* „Der Holländer ist noch immer so etwas wie das ideologische Gewissen des Vereins." Auch Barça-Boss Joan Laporta erinnert an den großen Niederländer: „Wir sehen Johan Cruyff und sein Dream-Team jener Tage als Vorbild. Johan Cruyff ist unsere Referenz. Unser jetziger Trainer Pep Guardiola stammt aus der Mannschaft von damals. Er versteht Cruyffs Philosophie."

Im Stadio Olimpico verkürzt Guardiola das Aufwärmprogramm und holt die Spieler frühzeitig zurück in die Kabine. Dort bekommen die Profis Szenen aus dem mit fünf Oscars ausgezeichneten Monumentarfilm „Gladiator" von Ridley Scott vorgeführt. In die Filmszenen hat Guardiola Videoaufnahmen von Glanztaten der Barça-Fußballer einschneiden lassen. Zur siebenminütigen Montage erklingt Musik aus der Oper „Turandot" von Giacomo Puccini. *El País:* „Guardiola motivierte seine Spieler, ohne ein einziges Wort zu sagen." Die Vorführung habe einige Profis zu Tränen gerührt.

Der Film steht auch dafür, dass Guardiola weiß, wie die *Frankfurter Allgemeine Sonntagszeitung* später in Abgrenzung zur Real-Philosophie schreibt, „dass eine Mannschaft aus mehr als zwanzig Leuten besteht. Wer das nicht glaubt, sehe sich das Gladiatoren-Video an, mit dem Barça-Trainer Pep Guardiola seine Mannen zum Champions-League-Triumph von Rom peitschte." Guardiolas Spieler sind nicht nur Ästheten, sondern auch Kämpfer – eine Mischung, die dazu geeignet ist, auch hartgesottene Engländer wie Wayne Rooney einzuschüchtern.

Zunächst aber scheinen Guardiolas Motivationskünste ihre Wirkung zu verfehlen. Manchester beginnt aggressiv, insbesondere Cristiano Ronaldo setzt Akzente und vermeldet allein in den ersten zehn Minuten drei Torschüsse. Barça wirkt überrascht und verunsichert. Offensichtlich will Ferguson ausnutzen, dass der Gegner drei Abwehrkräfte aufgrund von Sperren und Verletzungen ersetzen muss. Der neu formierten Barça-Abwehr soll keine Zeit zur Selbstfindung bleiben. Aber es ist weniger das United-Team als vielmehr der Solist Ronaldo, dessen sich die Männer um Kapitän Carles Puyol erwehren müssen.

Nachdem Samuel Eto'o in der 10. Minute mit Barças erstem Torschuss das 1:0 markiert – der Kameruner überwindet Keeper van der Saar aus kurzer Distanz mit einem Piekeschuss –, kehrt Barças Sicherheit zurück. Uniteds Mittelfeld ersäuft nun mehr und mehr in einem Strudel gegnerischer Kurzpässe. Es wird das Spiel der Passkönige Iniesta, Xavi und Messi, die ihre Gegenspieler immer wieder ins Leere laufen lassen und frustrieren. Ronald Reng: „Radikaler als je zuvor verschrieb sich der FC Barcelona seinem überwältigenden Kurzpassspiel."

Barça strotzt nun vor Spielfreude und Selbstsicherheit. Nach dem Wiederanpfiff ergeben sich gleich mehrere Möglichkeiten für ein zweites Tor. Erinnerungen an eine niederländische Marotte werden wach: verliebt ins Spielgerät, dieses endlos kreisen zu lassen, den Abschluss zu vernachlässigen, als ob dieser eine unwillkommene Unterbrechung des Kreiselns sei – denn nach dem Torschuss gehört der Ball nun einmal dem Gegner –, sich an der Zahl der Ballkontakte ohne Unterbrechung durch den Gegner zu laben und darüber zu vergessen, dass am Ende nicht die Ballbesitzzeiten zählen, sondern allein Tore.

In der 70. Minute fällt dann doch das 2:0. Xavi sieht den kleinen Messi im Rücken des 20 Zentimeter größeren Rio Ferdinand stehen, schlägt mit dem Spann eine herrliche Flanke auf den Kopf des sich hochschraubenden Argentiniers, und der versenkt den Ball fast rückwärts fliegend gegen die Laufrichtung des langen United-Keepers Edwin van der Saar im oberen Eck des Tores.

2:0 steht es auch beim Schlusspfiff, ein Resultat, dass Barças Dominanz nicht annähernd wiedergibt. Alex Ferguson nach dem Abpfiff: „Barça hielt den Ball den ganzen Abend in seinen Reihen, und wenn wir ihn mal hatten, war er schnell wieder weg. Guardiolas Spieler wollten immer in Ballbesitz kommen und den Ball dann auch behalten. Sie haben ihren Fußball genossen."

„Missionare des Offensivfußballs" titeln die münsterländischen *Westfälischen Nachrichten* am Morgen nach dem Spiel. „Barcelona Europas Champions zu nennen, wird ihnen nicht gerecht: Sie sind die Champions des Fußballs. Und die neutrale Fußball-Welt muss hoffen, dass dies noch lange so bleibt. Der englische Meister wurde nicht geschlagen, er wurde ausgezogen und deklassiert vom schönsten Team des Fußballs", schreibt im Land des Besiegten *The Independent*. Daheim erweisen auch die eher Madrid-nahen Blätter dem europäischen Champion die Ehre. *Marca*: „Diese Mannschaft ist ein Kunstwerk. Der ganze Planet verneigt sich vor der besten Mannschaft der Welt." Und *AS*: „Nun zeigt sich, dass die Perfektion im Fußball existiert."

Auch nach den 90 Minuten von Rom ist Johan Cruyff noch allgegenwärtig. In der *Frankfurter Allgemeinen Zeitung* spricht Roland Zorn vom „Fußball total 2009" und erinnert an die niederländischen Wurzeln des Barça-Spiels: „Der Triumph der Ballversteher. Gewonnen hatten der Spielwitz, die Kombinationssicherheit, die technische Brillanz, die taktische Schläue und die Freude am Fußball an diesem denkwürdigen Mittwochabend. (…) Als Spieler war Guardiola 1992 mit Barcelona unter Anleitung der holländischen Trainerikone Johan Cruyff maßgeblich mitbeteiligt am Gewinn des Europapokals der Landesmeister; als Trainer erinnerte er in Rom an seinen vorbildlichen Lehrmeister und dessen ersten Helfer Carles Rexach. Cruyff hat Vereinspräsident Joan Laporta vor einem Jahr Guardiola als Nachfolger von Frank Rijkaard empfohlen – es war eine ideale Wahl, da Barcelona nun wieder funkelnden Offensivfußball zelebriert, der schon zu Zeiten des Cruyff'schen ‚Fußball total' die Liebhaber des Spiels faszinierte."

Und Birgit Schönau in der *Süddeutschen Zeitung*: „Das Team des jungen Trainers Pep Guardiola holte sich den Pokal nicht mit erdrückender Dominanz und verbissenem Ehrgeiz, sondern mit Spielfreude, Finesse, ja Leichtigkeit. Um so den lang ersehnten Beweis zu bringen, dass auch in der europäischen Königsklasse Fußball ein Spiel bleiben kann. Das genauestens studiert und einstudiert wird, dann aber doch von Improvisation lebt, von Wagemut und Risikobereitschaft, von Abenteuerlust, kleinen Unpässlichkeiten und großen Genieblitzen." In England beobachtet der *Observer*: „Der Ausgangspunkt ist die Philosophie – oder, wie man in Spanien sagt, die Ideologie –, die Guardiola von Cruyff geerbt hat. Was Lenin für die russische Revolution ist, ist Cruyff für Barça." Cruyff habe Barça nicht nur das Kurzpassspiel eingeimpft, sondern auch die Liebe zum Ball. Nicht von ungefähr würde man in Spanien „totaal voetbal" mit „amor por el balon" (Liebe zum Ball) übersetzen.

In einem späteren Saisonrückblick kommentiert der Niederländer David Winner: „Rinus Michels starb 2005, und Johan Cruyff ist ein Prophet, der in seiner Heimat heute weitgehend verachtet wird. Doch beider Vorstellung davon, wie Fußball gespielt werden sollte, ist lebendig. In England hält Arsène Wenger noch immer an seinem Ideal fest, Fußball möglichst so spielen zu lassen, wie es die Holländer in den frühen Siebzigern taten. Das beste Beispiel aber ist Barcelona, das seit Jahrzehnten von Holländern geprägt wird und unter Pep Guardiola, einem von Cruyffs Schützlingen, dem heiligen Gral schon sehr nahe gekommen ist. In der letzten Saison hat der FC Barcelona, im klassischen ‚totalen' Stil und angeführt von Cruyffs legitimem Nachfolger, dem wunderbaren und immer stärker werdenden Messi, den besten und schönsten Fußball gespielt, den man in Spanien (oder sonstwo) je zu sehen bekam. (…) Ganz Europa schwärmt vom unwiderstehlichen Stil, mit dem Barcelona alles gewonnen hat. Und wirklich: Der letzte europäische Champion, der ähnliche Ehrfurcht erfahren hat, war das Ajax von 1995. Davor war es das Milan Ende der Achtziger [mit Arrigo Sacchi als Trainer und den Niederländern Gullit, van Basten und Rijkaard auf dem Feld, Anm. dsm]. Und davor wiederum Ajax in seiner goldenen Ära 1971 bis 1973. Es scheint also, dass der ‚Fußball total', dieses schöne Gespenst aus den siebziger Jahren, zurückgekehrt ist und unter uns weilt. Allerdings spricht es nicht mehr holländisch, sondern katalanisch oder englisch."

Der Triumph in Champions League, Meisterschaft und Pokal, wo Barça im Finale Athletic Bilbao mit 4:1 schlägt, ist der erste „Triple"-Gewinn eines spanischen Klubs. Womit der FC Barcelona nun etwas geschafft hat, was Real bisher nicht vergönnt war.

Bei der Rückkehr nach Barcelona wird die Mannschaft von fast einer Million Menschen begeistert gefeiert. Wie nach jedem nationalen oder internationalen Titelgewinn geht es zunächst zur Schwarzen Madonna, der Schutzpatronin Kataloniens, in die Klosterkirche von Montserrat. Anschließend wird die Trophäe dem Ministerpräsidenten der autonomen Regierung Kataloniens und dem Bürgermeister der Stadt präsentiert. Hierfür müssen die Spieler lediglich den nicht sonderlich großen Plaça de Sant Jaume überqueren, wo sich das *Ajuntament* (Rathaus) und der Palau de la Generalitat gegenüberliegen.

„Pep" Guardiola am Ende einer grandiosen Saison: „Die Art, wie wir dieses Jahr gespielt haben, zeigt Respekt gegenüber den Menschen, die viel Geld bezahlen, um uns zu sehen."

„Die größte Show auf Erden"

Im Sommer 2009 holt der FC Barcelona den schwedischen Nationalspieler Zlatan Ibrahimovic von Inter Mailand. Der 1,92 Meter große, aber nichtsdestotrotz technisch starke Stürmer ist in der Saison 2008/09 mit einem Gehalt von rund 15 Mio. Euro netto – berücksichtigt man nur das Gehalt und nicht auch noch die Werbeeinahmen – zum weltweit bestbezahlten Profi aufgestiegen. Nach der WM 2006 war der Sohn bosnischer Einwanderer, der in seiner Jugend u. a. für den Malmöer Immigrantenklub FC Balkan gekickt hatte, von Ajax Amsterdam zu Inter gewechselt. In der Seria A war er seither in 88 Einsätzen auf imposante 57 Tore gekommen, davon allein 25 in der Saison 2008/09. Die italienische Profivereinigung AIC hatte den Exzentriker daraufhin zu Italiens Fußballer des Jahres gewählt.

Ibrahimovic kommt im Tausch für Samuel Eto'o, der für etwa 50 Mio. Euro zu Inter geht. Der Gesamtwert des Transfers wird auf 75 Mio. Euro beziffert und ist damit – nach dem Wechsel Cristiano Ronaldos zu Real Madrid – der zweitteuerste in der Fußballgeschichte. Im Vergleich zum Rivalen aus Madrid nehmen sich Barças Transferbemühungen freilich bescheiden aus. Auf die Frage nach möglichen Engpässen im Team antwortet Guardiola: „Dann lassen wir eben unsere Kinder ran!"

In der Gruppenphase der Champions League kommt es mal wieder zum Duell mit José Mourinho, nun Trainer von Inter Mailand. Eto'o wird auf Transparenten mit Aufschriften wie

„Bienvingut a casa teve" („Willkommen zu Hause") begrüßt. Barça siegt auch ohne Messi und Torjäger Ibrahimovic vor 93.524 Zuschauer im Camp Nou souverän mit 2:0. Einzig der exzellente Inter-Keeper Julio Cesar bewahrt die *Nerazzurri* vor einem totalen Fiasko. Selbst Mourinho muss eingestehen: „Das ist wirklich eine besondere Mannschaft." Der Portugiese bringt die Unterschiede auf den Punkt: „Inter ist eben keine Fußballschule. Für uns wog das Fehlen von Wesley Sneijder schwerer als für Barça das von Messi und Ibrahimovic."

Die Zeitung *El Periodico Catalunya*: „Barça demütigt Inter mit einem fußballerischen Kunstwerk. Guardiola erledigt den Mythos Mourinho." Italiens *La Gazetta dello Sport* stöhnt: „Was für eine Lehrstunde…" Und Torschütze Ibrahimovic muss umdenken: „Wir machen ein Tor, und Pep Guardiola möchte, das wir noch eins machen – und noch eins. Das kannte ich aus Italien nicht."

Der Sieg ist eine gelungene Generalprobe für die wenige Tage später folgende 238. Auflage von *El Clásico*, vom englischen *Guardian* als „die größte Show auf Erden" angekündigt. Die Zeitung weiter: „Barcelona gegen Madrid ist schon immer eine besondere Angelegenheit gewesen, ein Spiel von kolossaler politischer, sozialer und historischer Bedeutung, häufig als Spiel der katalanischen Nation gegen den spanischen Staat präsentiert." Um dann Hristo Stoichkov zu zitieren: „Jedes Mal, wenn sich Barcelona und Madrid treffen, ist dies ein Akt der Rebellion gegen die etablierte Macht, gegen den Zentralismus."

Doch nie zuvor hatte *El Clásico* so viel zu bieten wie Ende November 2009. Real, wo der Baulöwe Florentino Pérez auf den Präsidentenstuhl zurückgekehrt ist, hat vor der Saison und als Antwort auf Barças historisches „Triple" eine beispiellose Einkaufstour unternommen. Insgesamt über 250 Mio. Euro wurden für Weltstars wie Cristiano Ronaldo (Manchester United) und Kaka (AC Mailand) ausgegeben. Real überweist 94 Mio. Euro allein für Ronaldo, der damit zum teuersten Transfer in der Fußballgeschichte wird. Auf den Plätzen zwei bis vier der teuersten Spieler aller Zeiten folgen mit Zidane (2001 für 71,6 Mio. von Juventus gekommen), Kaka (65 Mio) und Luis Figo (2000 für 61,4 Mio. vom FC Barcelona) weitere Real-Einkäufe. „Die teuersten Spieler sind am Ende auch die rentabelsten", lautet die Philosophie von Pérez, der damit in den Spuren Santiago Bernabéus stapft. In seiner ersten Amtszeit als Real-Boss ist dieses Kalkül zwar wirtschaftlich aufgegangen, aber die sportliche Rendite der Verpflichtung von Zidane, Beckham oder Figo fiel eher bescheiden aus. Viele Spieler, die Pérez und Nachfolger Ramón Calderon holten, waren schon über ihren Zenit hinaus. Doch sorgten sie für besser dotierte Werbeverträge, mehr Sponsoren und ein erhöhtes Medieninteresse, kurbelten das Merchandising an und spielten auf Sommertourneen mehrere Millionen ein.

Spötter taufen nun die 238. Begegnung zwischen Barça und Real als Aufeinandertreffen von „cantera" (Nachwuchs) und „cartera" (Brieftasche). Paul Ingendaay in der *Frankfurter Allgemeinen Sonntagszeitung*: „Anders als beim FC Barcelona hat sich der Kodex von Real Madrid nie in einer konkreten Spielphilosophie, sondern in nebulösen Begriffen wie ‚Größe', ‚Siegeswillen' und ‚Vornehmheit' ausgedrückt."

Barça-Boss Joan Laporta brandmarkt Reals Politik als „imperialistisch" und „überheblich". Im Kontrast dazu sei das Modell des FC Barcelona auf „Anstrengung, Talent und vorausschauendes Planen" ausgelegt. Gegenüber der *New York Times* spricht er von zwei gegensätzlichen Konzepten, die sich nun in der Primera División und der Champions League gegenüberstehen würden: Real mit seiner zusammengekauften Truppe und die eigens ausgebildete Mannschaft des FC Barcelona. Barças Transferpolitik basiere auf einem „gesunden Menschenverstand". Und sowieso: Ob Ronaldinho oder Messi – Barcelona habe stets den besten Spieler der Welt in seinen Reihen.

Sämtliche Weltfußballer seit 1996 haben für Barça oder Real gespielt, entweder zum Zeitpunkt der Ehrung oder kurz danach: die dreifachen Titelgewinner Ronaldo und Zidane ebenso wie Rivaldo, Figo, Ronaldinho, Cannavaro, Kaka und Cristiano Ronaldo. Und mit Lionel Messi wird auch der neue Weltfußballer des Jahres aus den Reihen der *El Clásico*-Parteien kommen. Beide Teams haben addiert zwölfmal den Europapokal der Landesmeister bzw. die Champions League gewonnen, fünf der Siege entfielen auf die letzten zwölf Jahre.

Das Duell der beiden Topvereine wird von einem ungeheuren Medieninteresse begleitet. Erstmals wird ein Fußballspiel in Spanien landesweit auch in Kinos übertragen, die Karten für die 51 Multiplex-Paläste sind binnen drei Tagen vergriffen. Auf den Ankündigungsplakaten heißt es: „In Hochauflösung und Dolby Surround Sound; Barça gegen Real Madrid. Mit Cristiano Ronaldo, Messi, Kaka, Zlatan Ibrahimovic. Besondere Gaststars: Thierry Henry und Karim Benzema. Regie: Manuel Pelegrini und Pep Guardiola. Fußball, wie du ihn nie zuvor gesehen hast, in den besten Kinos."

Weltweit ist das Spiel nur in Indien nicht zu sehen. Die Zeitschrift *Sport* moniert, dass das Kinoposter mit Barças Andrés Iniesta und Xavi Hernandez zwei Spieler übergangen habe, „die Fußball in eine Kunstform verwandelt haben". Dies sei wie eine „Casting-Liste ohne Humphrey Bogart und Brad Pitt". In der Talk-Show „Punto Pellota" des TV-Senders ITV wird vor dem Anpfiff über 23 Stunden mit insgesamt ca. 80 Gästen diskutiert.

Der FC Barcelona liegt vor der Begegnung am 12. Spieltag einen Punkt hinter Spitzenreiter Real. Vor knapp 100.000 Zuschauern im Camp Nou gelingt Barça ein glücklicher 1:0-Sieg. Das Tor des Abends markiert in der 56. Minute mit einem Volleyschuss der erst kurz zuvor eingewechselte Zlatan Ibrahimovic, aber der Spieler des Abends ist der 31-jährige Kapitän Carles Puyol, der sich dreimal einschussbereiten Real-Stürmern in letzter Sekunde entgegenwirft und so drei sichere Gegentore verhindert. Ab der 62. Minute muss Barça mit zehn Mann auskommen, nachdem Busquets wegen absichtlichen Handspiels des Feldes verwiesen wurde.

Das Barça der sechs Pokale und der Junge mit dem Ball

Als Ende 2009 Europas Fußballer des Jahres gekürt wird, gewinnt der 22-jährige Lionel Messi die Wahl von *France Football* mit 473 von 480 möglichen Punkten. Seit 53 Jahren wird die Auszeichnung vergeben, als Erster hat sie 1956 Stanley Matthews entgegennehmen dürfen. Aber niemand der 53 Preisträger vor Messi hat die Wahl mit einer solchen Eindeutigkeit gewonnen wie nun der kleine Argentinier.

Auf Platz zwei folgt Cristiano Ronaldo, Platz drei und vier belegen Messis Spielkameraden Xavi und Iniesta, Platz fünf Eto'o, der Barça erst wenige Monate zuvor verlassen hat. Unter den ersten fünf befinden sich somit vier Spieler, die mit dem FC Barcelona im Mai 2009 die Champions League gewonnen haben.

Messi ist der siebte Barça-Spieler der Geschichte, der den *Ballon d'Or* gewinnt, aber der erste, der aus der eigenen *cantera* kommt. Ronald Reng: „Der wahre Fußballer des Jahres ist dieser: Barcelonas Idee vom Spiel." Und der bescheidene Messi selbst: Vom Goldenen Ball „bräuchte es Kopien, eine für jeden Barça-Spieler".

Die schönste Laudatio auf den Gewählten hält Dominik Bardow im *Tagesspiegel*. Durch die eindeutige Wahl sei nicht nur der Fußballer, sondern auch der Mensch Messi gewürdigt worden: „Man gönnt diesem Jungen einfach alles im Fußball, weil man weiß, dass Fußball für ihn alles ist.(…) Wenn er nicht auf dem Platz steht, dann spielt er sich selbst in Fußballvideospielen. Nicht, weil er von sich nicht genug kriegen kann, sondern weil er vom Spiel nicht genug kriegt. Anders als andere Weltstars und Werbe-Ikonen grinst er am liebsten nicht für Kameras, sondern nach Toren für sich selbst und die Fans, zusammen mit seinen Mitspielern. Und obwohl er Millionen verdient, nimmt man ihm ab, dass er das ganze Drumherum nicht braucht. Messi glaubt man gern, dass ihm Geld und Glamour nicht so wichtig sind wie das Spiel. Während bei Ronaldinho oder Cristiano Ronaldo über Stirnbänder und Strähnchen gesprochen wird, hat Messi noch nie eine wirkliche Frisur gehabt. Außerhalb des Spielfelds sieht man ihn nur im Trainingsanzug. Er ist einer, der flüstert und nicht schreit, der beim Spiel bei sich selbst ist, sich nicht fallen lässt, nie jammert, einfach immer weiter spielen will. Wäre er ein Wochenende in Berlin, er würde auch für Hertha kicken, wenn Barcelona ihn ließe; einfach so, aus Freude am Fußball. Wie kein Zweiter verkörpert Messi das Ursprüngliche, das Reine des Spiels: ein Junge mit dem Ball, nichts weiter."

Einige Woche später gerät auch die Wahl zum Weltfußballer des Jahres 2009 zum Triumphzug für Messi und den FC Barcelona. Erneut gewinnt *La Pulga,* erneut mit einem überwältigenden Vorsprung auf Vorjahressieger Cristiano Ronaldo. Xavi und Iniesta landen auf den Plätzen drei und fünf. Unter den fünf weltbesten Fußballern befinden sich somit drei Produkte aus *La Masia.*

Doch Barças Triumphzug des Jahres 2009 ist noch nicht zu Ende. Im Dezember gewinnt der FC Barcelona zudem die Klub-Weltmeisterschaft. Im Finale wird Estudiantes de la Plata in Abu Dhabi durch Tore von Pedro und Messi nach Verlängerung mit 2:1 besiegt. Pedro ist ein weiteres *La-Masia*-Produkt, der nur 1,69 m große Stürmer kam bis dahin vorwiegend in Barças B-Team zum Einsatz. Lionel Messi wird anschließend zum „man of the match" gekürt, das Preisgeld von 21.000 Euro reicht er brav an die *La Masia* weiter.

Der Weltpokal bedeutet im 110. Jahr des Bestehens nach Meisterschaft, Pokal und Supercup in Spanien sowie Champions League und Europäischem Supercup Barças sechsten Titel in dieser Saison. Bis dahin hatte Ajax Amsterdam den Rekord gehalten, das 1972 mit Cruyff fünf von fünf Titeln gewann. Josep Guardiola spricht vom einem „Sieg für die Ewigkeit". Das Team des Jahres 2009 geht als „das Barça der sechs Pokale" in die Geschichte ein.

Faszination Barça oder:
Die Kunst des schönen Spiels

Was ist es, was am FC Barcelona so fasziniert? Vielleicht, dass man häufig den Eindruck erhält, dass der Spaß am Spiel über lauter Professionalität und Leistungsorientierung nicht verloren gegangen ist. Wenn man Messi, Xavi, Iniesta und Co bei der „Arbeit" zuschaut, dann bekommt der Begriff der Spielfreude wieder einen Sinn. Barça ist Spielfreude auf höchstem Leistungsniveau. Natürlich hat auch beim FC Barcelona die Taktik eine große Bedeutung, ohne Taktik geht es im modernen Fußball nicht. Aber es ist mehr eine von Offensivgeist und Kreativität geprägte Philosophie als ein bestimmtes taktisches System, das dominiert. Die Philosophie ist streng, das System weniger.

Die Geschichte des FC Barcelona als Klub des schönen und offensiven Fußballs ist aufs engste mit Johan Cruyff verbunden. Di Stéfano, Pelé, Franz Beckenbauer, Diego Maradona: Sie alle waren Fußballer von Weltklasse. Aber keiner von ihnen hat eine Fußballphilosophie begründet und das Denken über Fußball so nachhaltig beeinflusst wie Johan Cruyff, der Prophet und Dogmatiker des offensiven und schönen Fußballs, des Fußballs als Spiel. In Europa ist es fast unmöglich, über die Kunst des schönen Fußballs zu sprechen, ohne den Namen des Niederländers zu erwähnen.

Der Kern Cruyff'schen Denkens ist eine optimistische Haltung: Das Team gewinnt, weil es gut und schön spielt. Eine Haltung, die im 21. Jahrhundert nicht nur im Fußball anachronistisch anmutet, bedeutet sie doch: Um erfolgreich zu sein, ist nicht jedes Mittel recht.

Johan Cruyff war Barcelonas Glücksfall, aber Barcelona auch Cruyffs. Der FC Barcelona bot die notwendige Geschichte, besaß die notwendige Bedeutung, die Kraft und das Flair, um Cruyffs Idee vom Fußball auch heute noch auf höchster Ebene zu zelebrieren. Nur in einer Stadt wie Barcelona und einem Verein wie Barça konnte der schöne und offensive Fußball zum Dogma werden. Eine Stadt mit einer starken proletarischen wie bürgerlichen Geschichte, ein Mekka der Kreativen, eine Stadt mit mediterranem Flair, aber auch calvinistischem Fleiß.

Die Nachhaltigkeit Cruyff'schen Denkens in Barcelona hat auch damit zu tun, dass *El Salvador* gleich zweimal zur rechten Zeit zur Stelle war. In der Saison 1973/74 glitt das franquistische Regime in einen Zustand der Agonie, Cruyff führte Real vor – und war auf dem Spielfeld die Verkörperung des Kampfes für eine liberale und demokratische Gesellschaft. Als Cruyff 1988 als Trainer zurückkehrte, war Barcelona damit befasst, sich im Vorfeld der Olympischen Sommerspiele zum vierten Mal in seiner Geschichte neu zu bauen – vom ehemaligen Manchester Kataloniens, einer grauen und staubigen Industriestadt mit zahlreichen Elendsquartieren, zur Dienstleistungs- und Kreativmetropole. Heute ist Barcelona eine Stadt, die die junge aufstrebende Elite Europas zum Studium, Arbeiten und Leben anzieht.

Fußballphilosophien verdanken ihre Bedeutungsschwere häufig auch den gesellschaftlichen Umständen, in denen sie gedeihen, bzw. der Möglichkeit, sie mit gesellschaftlichen Entwicklungen außerhalb des Spielfelds, mit Lebensweisen und Lebensphilosophien in Verbindung zu bringen.

Der FC Barcelona ist ein Fußballklub, der wie kaum ein anderer auf dieser Welt als Teil des Kampfes für Demokratie wahrgenommen wird. Und in einer Zeit, in der auch Profiklubs längst dem allgemeinen Trend der Entdemokratisierung folgen, leistet sich der FC Barcelona, einer der größten und umsatzstärksten unter ihnen, noch immer demokratische Strukturen – wie im Übrigen auch Real Madrid. Wahlkämpfe um das Präsidentenamt Barças können eine ganze Stadt wochenlang in Atem halten und unterscheiden sich nicht wesentlich von politischen Wahlkämpfen. Beim Kampf um die Laporta-Nachfolge wird es auch um eine politische Richtungsentscheidung mit Auswirkungen für ganz Katalonien gehen.

Der FC Barcelona ist eine demokratische Institution mit allen Deformationen, die Demokratien innewohnen. Und trotzdem: Barcelona und Barça bilden im Weltfußball einen Stadtstaat wie einst Athen. Kein anderer Verein im professionellen Fußball verkörpert so stark „das Gute und das Schöne" am Spiel – zeitweise als bloßes Ideal, zuweilen sogar nur als Illusion. Doch die Idee vom schönen und offensiven Fußball würde nicht diese Strahlkraft besitzen, wäre nicht ihr Gralshüter einer der geschichtsmächtigsten, größten und erfolgreichsten Klubs auf dieser Welt.

Fußball kann schrecklich sein. Und der Normalzustand eines Fans ist einer des Leidens. Barça zaubert ein Lachen auf die Gesichter der Fußballfans. So erging es dem Autor erstmals am 3. Juli 1974, als er im Dortmunder Westfalenstadion dem Spiel Johan Cruyffs und seiner niederländischen Spielkameraden gegen den amtierenden Weltmeister Brasilien beiwohnte – einer Begegnung, die später zur besten des WM-Turniers gekürt wurde. *Oranje* gewann mit 2:0, den zweiten Treffer erzielte Johan Cruyff. „König Johan" bekam den Ball in der eigenen Spielhälfte. Dann ging alles blitzschnell: Ein Alleingang über 40 Meter. Ein Pass nach links auf Rensenbrink. Anschließend ein raketenartiger Antritt in Richtung brasilianisches Tor. Derweil setzte sich der bedrängte Rensenbrink durch, flankte in die Mitte, wo Cruyff schon wieder zur Stelle war, den Ball im Sprung aus der Luft nahm und volley vollstreckte. Ein Tor der Superlative, das die große Virtuosität und das strategische Talent des „Pythagoras in Fußballschuhen" dokumentierte.

Knapp 35 Jahre später, am 25. Mai 2009, hatte der Autor ein Déja-vu-Erlebnis, als er den FC Barcelona gegen Manchester United mit dem gleichen Ergebnis siegen sah. Torschütze des 2:0 war wieder nur „ein schmächtiger Junge mit einem Ball": Lionel Messi.

KAPITEL 12

„Das beste und intelligenteste Team aller Zeiten"

Als hätten höhere Mächte dieses Aufeinandertreffen arrangiert: Bei der WM 2010 in Südafrika treffen im Finale mit Spanien und den Niederlanden zwei Länder aufeinander, deren Fußballkultur maßgeblich von Johan Cruyff beeinflusst wurde. Das Magazin *11Freunde* kürt Cruyff zum „Übervater der WM".

Aber der Fußball, mit dem sich die Niederlande ins Finale rumpeln, hat sich von den Idealen des Maestros entfernt: „Ich bin zwar Niederländer. Aber ich unterstütze den Fußball, den Spanien spielt. Diese Kopie Barcelonas namens Spanien ist die beste Werbung für den Fußball", erklärt Cruyff vor dem Anpfiff.

Von den 14 Akteuren, die Spanien im Finale einsetzt, sind sieben in Katalonien geboren. Acht von ihnen sind aktuelle (Gerard Piqué, Carles Puyol, Sergio Busquets, Andrés Iniesta, Xavi, Pedro), ehemalige (Cesc Fàbregas) oder zukünftige (David Villa) Barça-Akteure.

Die *Selección* gewinnt nach 120 Minuten durch ein Tor von Andrés Iniesta mit 1:0. Spanien hat seinen ersten WM-Titel wesentlich Katalonien und seinem FC Barcelona zu verdanken. Nach dem Schlusspfiff drehen Puyol und Xavi im Johannesburger Soccer City Stadium ihre Ehrenrunde mit der Fahne Kataloniens.

Nur einen Tag, nachdem in Barcelona Hunderttausende unter dem Motto „Adieu Espanya" für katalonische Unabhängigkeit demonstriert haben, reagiert Madrids Presse ungewohnt gelassen. Die rechtskonservative Tageszeitung *ABC* sieht kein Problem im Nebeneinander von spanischer Fahne und *senyera:* „Das hat sich bei dieser Weltmeisterschaft gezeigt:

Nie war Spanien so geeint." Schon nach dem Halbfinale hat die Hauptstadtpresse ungewohnte Sympathien für die Katalanen erkennen lassen. „Visca Espanya", titelte die Sportzeitung *As,* nachdem Carles Puyol die *Selección* gegen Deutschland zum Sieg geköpft hatte. „Visca" ist die katalanische Version von „Viva", „Espanya" die vom spanischen „España".

In Barcelona hängen an vielen Balkonen sowohl die spanische wie die katalanische Fahne. Und durch die Straßen hallt es wie eine Kompromissformel: „Visca Espanya, Catalunya i el Barça!"

Streit um die Barça-Brust

Am 13. Juni 2010 wird Sandro Rosell 39. Präsident des FC Barcelona. Rosell, der mit dem Slogan „Wir sind Barça" antritt, erhält mit 61 Prozent der Stimmen ein Rekordergebnis.

Derweil forciert Amtsvorgänger Joan Laporta seine politische Karriere. Ende November 2010 zieht der Anwalt für die Solidaritat Catalana per la Independència (SI) in das katalanische Regionalparlament ein. Im Vorfeld der Kommunalwahlen 2011 bricht Laporta mit der SI und gründet die Democràcia Catalana, die mit den Linken von der Esquerra Republicana de Catalunya (ERC) ein Wahlbündnis eingeht, das den ehemaligen Barça-Boss in den Stadtrat von Barcelona befördert.

In der Ära Laporta hatte Johan Cruyffs Einfluss bei Barça massiv zugenommen. Zu Laportas letzten Amtshandlungen gehörte Cruyffs Ernennung zum Ehrenpräsidenten des FC Barcelona. Rosell nörgelt nun, dass ein solches Amt in den Klubstatuten gar nicht vorgesehen sei. Cruyff ist dermaßen erbost, dass er persönlich Barças Geschäftsstelle aufsucht und die Ernennungsurkunde zurückgibt. Fortan herrscht ein Kleinkrieg zwischen Rosell und der Klub-Legende.

Unter anderem in der Frage eines Trikotsponsors: 111 Jahre ist der FC Barcelona ohne Trikotwerbung ausgekommen, aber ein Schuldenberg von 430 Mio. Euro animiert die Klubführung zum Umdenken. Rosell bezichtigt Vorgänger Laporta finanzieller Unregelmäßigkeiten und der Verschwendung. Laut *Gobal Sports Salaries Survey* verdienen Barças Akteure mit durchschnittlich 5,6 Mio. Euro pro Saison mehr, als irgendein anderer Verein auf der Welt im Schnitt zahlt.

Am 10. Dezember 2010, dem internationalen Tag der Menschenrechte, gibt der FC Barcelona bekannt, dass in der Saison 2011/12 erstmals ein zahlender Sponsor sein Trikot zieren wird. Erster Trikotsponsor wird die Qatar Foundation, die für die Spielzeiten 2011/12 bis 2015/16 insgesamt 165 Millionen überweist. Der reine Trikotdeal beläuft sich auf 150 Mio. Euro, also 30 Mio. pro Saison – sechs bis sieben Mio. mehr, als Rivale Real Madrid von seinem Sponsor kassiert, und der größte Trikotdeal in der Geschichte des Fußballs.

UNICEF wird zwar nicht vom Trikot des FC Barcelona verschwinden, muss sich aber fortan den Platz mit der Stiftung teilen. Die Generalversammlung des Klubs muss dem Deal nicht zustimmen. Denn diese hat bereits 2003 der Möglichkeit der Trikotwerbung ein prinzipielles „Ja" erteilt. Kritiker warnten schon damals, dass die Werbung für das Kinderhilfswerk nur als Einfallstor für kommerzielle Werbung diene.

Johan Cruyff geißelt in seiner *El Periodico*-Kolumne den Qatar-Deal als „sehr schlechte Idee". Er sei „vollkommen dagegen": „Wir waren einmalig in der Welt – und auch noch die Besten auf dem Fußballplatz. Kein anderer Klub hat sein Trikot mehr als 100 Jahre sauber gehalten. So etwas verkauft man nicht." Trotz der angespannten Finanzlage könne man den Deal nicht gutheißen, denn die Petro-Dollars würden nur „sechs oder sieben Prozent unseres Etats" decken. Mit dem Deal verstoße Barça gegen seine „Més que un club"-Philosophie und degradiere sich zu einem „gewöhnlichen Klub".

Auch Ex-Präsident Joan Gaspart übt scharfe Kritik: „Das Trikot Barças hat keinen Preis. Ich mag diesen Deal nicht, ich mochte den Unicef-Deal schon nicht." Und Alfons Godall, unter Laporta Vizepräsident und bei der Wahl des Nachfolgers unterlegener Gegenkandidat Rosells, wirft dem neuen Präsidenten vor, mit dem Coup auch persönliche wirtschaftliche Interessen zu verfolgen. Zudem handele es sich bei Katar um „ein politisches Regime, das Frauen schlecht behandelt, das obskur, chauvinistisch und undemokratisch ist". Auch die Fans sind gespalten, bei dem Votum einer Zeitung stimmt etwa die Hälfte gegen den Deal.

Barça – Mourinho 5:0

Die „Kunst des schönen Fußballs" bleibt von diesen Querelen unberührt.

Ende August 2010 wechselt Zlatan Ibrahimovic, der teuerste Einkauf in der Geschichte des FC Barcelona, zum AC Mailand. Von Guardiola war Ibrahimovic geholt worden, um die Offensivoptionen seines Teams zu erweitern. Aber wie schon bei Samuel Eto'o empfand der Trainer das Ego des Schwedens als störend für die Barça-Gemeinschaft. Nachwuchskoordinator Albert Benaiges äußert später, der exzentrische Ibrahimovic habe in diesen „Haufen Freunde nicht hineingepasst". Auch der bescheidene Xavi mochte den „Plan-B-Stürmer" nicht.

Zur Saison 2010/11 verstärkt Barça seinen Sturm nun mit Xavi-Freund David Villa, der für 40 Mio. Euro vom FC Valencia kommt. Bei der WM in Südafrika war Villa mit fünf Treffern erfolgreichster Torschütze der *Selección* gewesen. Einige Monate zuvor hatte er Reals Raúl als Rekordtorschützen der Auswahl abgelöst.

Die Saison 2010/11 wird geprägt von der Auseinandersetzung mit Real Madrid, bei der es nicht nur um nackte Ergebnisse, sondern noch mehr um die „richtige" Kultur des Spiels geht. Die „Königlichen" haben im Sommer mal wieder den Übungsleiter gewechselt. Für den glücklosen Chilenen Manuel Pellegrini kommt José Mourinho, der in der Vorsaison mit Inter Mailand in der Champions League Barças Vormarsch im Halbfinale erfolgreich gestoppt hatte. In Mailand verlor Barça mit 1:3, beim Rückspiel im Camp Nou sprang trotz 75 Prozent Ballbesitz und 555 gegenüber 67 Pässen nur ein 1:0-Sieg heraus, womit der Traum von einer Titelverteidigung in Madrid (!) platzte. Als „Mou" den Einzug ins Finale etwas zu provokativ feierte, gingen in der Barça-Arena die Rasensprenkler an.

Der Portugiese, dessen Mannschaft anschließend auch noch im Finale gegen das von Louis van Gaal trainierte Bayern München gewann, schien ein Mittel gegen Barças Ballbesitz-Fußball gefunden zu haben. Seine Ankunft im Bernabéu bewirkt folgerichtig, dass die Rivalität zwischen den beiden Giganten des spanischen und europäischen Fußballs eskaliert. Am 29. November 2011, dem 13. Spieltag der Primera División, kommt es zu einem ersten Kräftemessen zwischen Barça und Mourinhos Real, das in der Liga noch ungeschlagen und Tabellenführer ist und entgegen aller Unkenrufe Offensivfußball spielt. Im Camp Nou erfahren die „Königlichen" eine Demütigung, zu der vor allem Xavi beiträgt. Barças Mittelfeldstratege spielt 120 Pässe, von denen 115 beim Mitspieler ankommen. Xavi, Pedro, Jeffrén und zweimal Villa schießen einen grandiosen 5:0-Sieg heraus. Guardiola verbucht den fünften El-Clásico-Sieg in Folge, was vor ihm noch keinem Barça-Coach gelungen ist. Für José Mourinho ist es die höchste Niederlage in seiner Karriere als Profitrainer. Louis van Gaal kennt den Grund: „Verteidigen ist einfacher. Auch ein Mourinho hat immer ‚Verteidigen' gespielt. Aber jetzt muss er mit Real Madrid, wahrscheinlich fordert das der Vorstand, auf Angriff spielen. Es ist viel schwieriger, auf Angriff zu spielen. Glücklicherweise gibt es noch Trainer, die das versuchen. Guardiola, Wenger, Ferguson, auch Klopp, auch Tuchel. Es ist wichtig, dass es solche Trainer gibt."

El Pais wird angesichts dieser traumhaften Darbietung poetisch: „Die Tore fallen im Camp Nou wie die Herbstblätter, auf natürliche Weise, in der richtigen Kadenz, schön und sachte." *El Periodico* klassifiziert den Auftritt als „ein Kunstwerk, das in die Geschichte eingeht und in einem Museum aufbewahrt werden sollte". Und *Marca* meint: „Dieses Barça ist wohl die beste Elf der Fußballgeschichte und wird für immer in Erinnerung bleiben." Auf der anschließenden Pressekonferenz widmet Josep Guardiola den Sieg Johan Cruyff und Charly Rexach, „die uns den Weg gewiesen haben". Es sei „ein globaler Sieg" gewesen, ein Sieg der Scouts, Trainer und Nachwuchstrainer des Klubs. „Es war ein Sieg des Respekts vor unserer Herkunft."

Verlierer Mourinho preist Barça als „vollendetes Projekt" und zieht Konsequenzen aus dem Debakel. Fortan wird sein unvollkommenes Projekt Real dem Rivalen vorwiegend destruktiv und defensiv begegnen. Außerdem beginnt er gegen Reals Sportdirektor und Fußballästheten Jorge Valdano einen Kleinkrieg, den er schließlich gewinnen wird.

Als im Januar 2011 der „Weltfußballer des Jahres 2010" gekürt wird, fällt die Entscheidung erneut zwischen drei Spielern des FC Barcelona. Messi verteidigt den Titel, auf den Plätzen zwei und drei landen seine Mannschaftskameraden Iniesta und Xavi. Zur Gala in Zürich hat Barça-Boss Sandro Rosell auch Johan Cruyff eingeladen. Doch die Legende ignoriert die Geste der Versöhnung. Cruyff lässt wissen, dass er andere Verpflichtungen habe.

Cruyff kontra Mourinho

Im April/Mai 2011 prallen Barça und Real binnen nur 17 Tagen gleich viermal aufeinander: in der Primera División, im spanischen Pokalfinale und im Halbfinale der Champions League.

Das Meisterschaftsspiel endet im Bernabéu mit einem 1:1-Remis, für Real ein gefühlter Sieg. Denn ab der 51. Minute müssen die „Königlichen" nach Platzverweis von Albiol mit einem Mann weniger auskommen. Die Tore fallen durch Foulelfmeter. In der 53. Minute verwandelt Messi für Barça, in der 82. Ronaldo für Real. Xavi ist frustriert: „Real stand nur hinten drin. Ich habe schon oft im Bernabéu gespielt, so was aber noch nie erlebt. Wir dagegen spielen Fußball und bleiben unserem Stil treu." Reals Legende Alfredo di Stéfano hat seine „Königlichen" als „Maus" gesehen, die gegen einen „Löwen" gespielt habe.

Johan Cruyff wettert von seinem Olymp hinunter: „Das größte Kompliment für Barça hat Mourinho schon durch seine Aufstellung zum Ausdruck gebracht. Im eigenen Stadion mit sieben Defensivspielern anzutreten, da muss einer schon sehr große Angst gehabt haben. Das Bernabéu erlaubt so eine Aufstellung normalerweise nicht. Selbst Capello hatte mehr Vertrauen in sein Team. Mourinho ist eben so, er ist ängstlich und feige, aber gerissen. Mourinho ist ein Titel-Trainer, kein Fußballtrainer. Anders ausgedrückt: Er ist kein Trainer des Fußballs, wenn wir darunter ein Spektakel verstehen, welches die Menschen unterhält. Da ist Barcelona auf einem gänzlich anderen Niveau. Madrid spielt wie ein kleines Team, hinten drinstehend, das Spielfeld und selbst den Ball dem Gegner überlassend und hoffend, dass die Initiative von Barcelona übernommen wird. (…) Ich habe großen Respekt vor dem Trainer Mourinho, doch trotz aller Erfolge, die er erreicht hat, wäre er nie der Trainer meiner Mannschaft. Meiner Meinung nach muss ein Trainer mehr tun, als dafür zu sorgen, dass seine Mannschaft gut spielt. Er muss den Klub, die Institution und die Mitglieder vertreten. Was das angeht, sind Rijkaard und Guardiola tolle Aushängeschilder einer weltweit bekannten Institution."

Einige Wochen später darf der FC Barcelona seinen 21. Meistertitel feiern. Barça-Boss Sandro Rosell: „Dies ist die Meisterschaft der Werte." Ein Blick auf die Abschlusstabelle erlaubt eine Vorstellung davon, wie nervenaufreibend die Konkurrenz zwischen dem FC Barcelona und Real Madrid für alle Beteiligten ist. Real hat aus 38 Meisterschaftsspielen 92 Punkte geholt, gut 2,4 Punkte pro Spiel, aber eben vier Punkte weniger als Barça. 102 Tore haben die „Königlichen" geschossen, gut 2,9 pro Spiel und sieben mehr als Barça, das aber zwölf weniger kassiert hat. In jeder anderen der besseren europäischen Ligen wäre man mit einer derartigen Bilanz souverän Meister geworden. Und dass man sich in dieser Saison gleich fünfmal begegnet, zerrt ebenfalls an den Nerven. Insbesondere an denen der beiden Trainer. José Mourinho hat nicht bei Real angeheuert, um national und international die „zweite Geige" zu spielen. Und ein müde und gestresst wirkender Pep Guardiola signalisiert, dass sich seine Zeit beim FC Barcelona dem Ende zuneige. Der Druck, sowohl schön wie erfolgreich spielen zu müssen, und dies mit dem Hauptfeind im eigenen Land, droht den 39-Jährigen zu zermürben.

Fußballspieler kontra Taktikgaukler

Das Pokalfinale gewinnt Real nach 120 Minuten durch ein Tor von Cristiano Ronaldo mit 1:0. In seinem siebten Duell mit Real muss Guardiola erstmals eine Niederlage hinnehmen. Die Begegnung in Valencia ist vielleicht die unbedeutendste der vier *Clásicos* vom April/Mai 2011. Doch nach dem vorangegangenen Unentschieden scheint es manchen nun so, als könne Mourinho mit seiner Mauertaktik Erfolg haben.

In den Champions-League-Spielen gegen den ewigen Rivalen verzichtet Barça auf das Pressen in der gegnerischen Hälfte. Stattdessen passt man sich den Ball hinter der Mittellinie zu, um dann bei Gelegenheit in Richtung Real-Tor vorzurücken – allerdings mit weniger Spielern als gewöhnlich. So bleibt Real nur wenig Raum für Mourinhos Konterstrategie.

Beim Hinspiel im Bernabéu konfrontiert Europas Rekord-Champion ein ersatzgeschwächtes Barça-Team mit einer Taktik, wie sie einem Provinzverein zusteht, der inmitten des Abstiegskampfes den Größten der Großen empfängt, dem er spielerisch nicht annähernd das Wasser reichen kann. Um Barças Kombinationsspiel zu stören, hat Mourinho im Bernabéu den Rasen weder mähen noch wässern lassen. Mit Adebayor, Higuaín und Benzema lässt Reals Trainer drei hochkarätige Angreifer auf der Bank. Mittelfeldstratege Mesut Özil muss eine verkappte Spitze spielen, darf in dieser Funktion in den ersten 45 Minuten genau 16-mal den Ball berühren, wird verschlissen und zur Halbzeit ausgewechselt.

Obwohl durch das Ligaspiel vorgewarnt, ist Guardiola überrascht. Eine weitere Steigerung der Mourinho'schen Negativtaktik hat der Barça-Coach nicht für möglich gehalten. Im ersten Durchgang werden 80 Prozent Ballbesitz für Barça notiert, davon sind mindestens 30 vom Gegner geschenkt. Real will den Ball nicht haben. Barça spielt 485 Pässe, Real 120. Nach dem Wiederanpfiff agiert Barça schneller, präziser und mit mehr Wucht. In der 61. Minute wird Reals Pepe nach einem Foul an Alves' Knie vom deutschen Schiedsrichter Wolfgang Starke vom Platz gestellt – eine harte, aber vertretbare Entscheidung. Aber dass Barça zuweilen etwas zu theatralisch auftritt, soll auch nicht verschwiegen werden.

In der 76. Minute vollstreckt Messi eine Flanke des eingewechselten Ibrahim Afellay zur 1:0- Führung. In der 87. Minute düpiert der Argentinier mit einem sensationellen Solo gleich fünf Abwehrspieler und bereitet dem Mourinho-Spuk ein Ende. Für Johan Cruyff nur ein Beleg mehr dafür, dass Messi stärker sei als Ronaldo: „Ronaldo hat zwei Ballkontakte in einer Sekunde. Aber Messi hat in der gleichen Zeit den Ball dreimal berührt. Sein Spiel, sein Tempo- und Positionswechsel erfolgten schneller. Ronaldo ist zu vielen interessanten Dingen fähig, aber es mangelt ihm an Messis Vielseitigkeit."

Die *Süddeutsche Zeitung* konstatiert einen „verdienten Sieg von Fußballspielern gegen Taktikgaukler". Barça-Innenverteidiger Gerard Piqué: „Wenn du immer mit dem Feuer spielst, am Rande zur Gewalt, verbrennst du dich am Ende." Und Xavi: „Real hat sich auf Spekulieren und schmutziges Spiel verlegt, weil sein Trainer ihm das einimpft." Johan Cruyff schreibt in *El Periódico de Catalunya*, Real-Boss Florentino Pérez sei verantwortlich für den Verlust der Werte von Real Madrid. Mourinho sei nur der Ausführende von Pérez' Vorgaben: „Er wurde verpflichtet, um die Vorherrschaft von Barça um jeden Preis zu beenden. Wenn der einzige Wert nur noch der Sieg ist und man die eigene Geschichte vergisst, dann überschreitet man eine sehr gefährliche Linie."

„Est es fútbol"

Es war keine Galavorstellung, die der FC Barcelona im Bernabéu bot. Trotzdem waren an diesem Abend auch viele neutrale Beobachter froh, dass es Guardiolas und nicht Mourinhos Mannen waren, die das Feld als Sieger verließen. Nach dem Abpfiff schimpft der „Prolet im Zwirn" *(Frankfurter Rundschau)* auf Schiedsrichter Stark. Der FC Barcelona sei dazu in der Lage, Spiele zu manipulieren – dank seiner Unterstützung des Kinderhilfswerkes UNICEF. Außerdem unterhielten die Katalanen einen guten Draht zum spanischen UEFA-Vize Angel Maria Villar und seien „einfach sympathischer". In der Vergangenheit hätten bereits Starks Kollegen Øvrebø, Busacca und De Bleeckere Barça bevorteilt.

Beim Rückspiel im Camp Nou droht Barça Real in den ersten 45 Minuten zu überrollen. Allein der starke Keeper Iker Casillas hält die „Königlichen" im Spiel. Kurz nach dem Wiederanpfiff bringt Higuaín Real mit 1:0 in Führung, aber der (wie erwähnt von Mourinho der Barça-Nähe bezichtigte) belgische Schiedsrichter Frank De Bleeckere erkennt den Treffer nicht an.

In der 54. Minute erzielt Barças Pedro nach einem Traumpass von Iniesta die verdiente 1:0-Führung. Real gelingt zwar zehn Minuten später durch Marcelo der Ausgleich, aber mehr haben die Madrilenen nicht zu bieten. „Est es fútbol, Mourinho, estó es fútbol" („Dies ist Fußball, Mourinho, dies ist Fußball"), skandieren die Fans.

Xavi, der wie kein anderer Barças Spielphilosophie verkörpert, zieht ein Resümee: „Es ist völlig legitim, über eine geordnete Defensive Titel zu gewinnen. Aber es ist eben nicht mein Ding. Ich frage mich oft: Welches Ziel verfolgt diese oder jene Mannschaft? Wollt ihr nur Tore durch Standards schießen? Fußball ist für mich passen, dribbeln, kombinieren, grob gesagt: spielen. (..) Es gibt Teams, die happy sind, wenn sie gewinnen. Unsere Passion bei Barça ist eine andere: Wir wollen Fußball zeigen, der die Leute begeistert. Dieser Philosophie bleiben wir treu – koste es, was es wolle. (…) In anderen Vereinen geht es schon in der Jugend nur um Siege. In unseren Nachwuchsteams geht es ums Lernen. Da gibt es Kids, die den Kopf oben haben, passen, spielen. Das ist unser Modell, das Johan Cruyff in diesen Klub gebracht hat. Es geht ums Fußballspielen. Jeden verdammten Tag."

Zurück im Wembley

Austragungsort des 59. Europapokal-Finales ist das Londoner Wembleystadion, die „Pilgerstätte des modernen ‚Barcelonismus' (…), 1992 die Bühne des ersten Champions-League-Sieges überhaupt, die Krönung des Projekts von Johan Cruyff, der Barça-Legende schlechthin" *(Süddeutsche Zeitung)*. Gegner ist wie bereits zwei Jahre zuvor Alex Fergusons Manchester United, das 1968 ebenfalls seinen ersten europäischen Triumph im Wembley gefeiert hatte. Xavi spricht von einem „Traumfinale", bei dem es auch darum ginge, „den Menschen weltweit Unvergessliches zu bieten".

Vor dem Anpfiff werden Vergleiche zwischen den Teams von 1992 und 2011 gezogen. Ohne Johan Cruyff hätte es die Spieler- und Trainerkarriere des Pep Guardiola vielleicht nicht gegeben, und so erklärt der Cruyff-Schüler artig: „Sie waren Pioniere! Van Gaal und Rijkaard haben die Dinge fortgesetzt, aber ohne das Team von 1992 wäre nichts passiert." Auch wenn sein Team mehr Titel als Cruyffs Dream-Team erringen sollte, würde es mit diesem niemals gleichziehen.

Mit Michael Laudrup und José Mari Bakero äußern sich auch zwei ehemalige Dream-Team-Mitspieler Guardiolas. Laudrup: „Ich denke, dass wir immer einen besonderen Platz im Herzen der Katalanen und des Klubs behalten werden, da wir die Ersten waren, die viele Pokale gewannen. Aber das aktuelle Team ist das beste von allen. Sie haben einen Stil und eine Philosophie. Und sie haben einen Trainer, der weiß, dass die katalanische Kultur in guten wie in schlechten Momenten etwas Wichtiges ist." Bakero hat recht, wenn er einen Vergleich der beiden Teams ablehnt, „weil beide Teams in einer anderen Zeit anzusiedeln sind. Die heutige Mannschaft ist fußballerisch viel stärker. Sie ist eine Weiterentwicklung von uns. Wir sind die Väter, aber unsere Söhne haben die DNA der Familie noch mal verbessert. Ganz nach Johan Cruyff: Barça heute ist Fußball total."

Dream-Team II

Im Wembleystadion läuft Barça-Keeper Victor Valdés in einem grünen Dress auf. Eine Verneigung vor seinem Vorbild Andoni Zubizarreta, der im Finale 1992 das Tor gehütet hatte.

Das Spiel beginnt wie zwei Jahre zuvor in Rom. Manchester ist aktiver, macht Druck, stört Barças Spielaufbau. Aber nach acht Minuten finden Xavi und Co. zu ihrem Spiel. Die „Reds" ziehen sich zurück und bauen vor ihrem Tor ein 4-5-1-Bollwerk auf, das aber von Barças Passspiel und Messis Dribblings immer wieder zersägt wird. Wie am Schnürchen läuft der Ball durch die Reihen der *Blaugrana,* allein Xavi wird ihn an diesem Abend 124-mal passen. Zu den Stärken von Fergusons Team zählen die Zweikämpfe. Aber wie soll man „in die Zweikämpfe kommen", wenn der Gegner den Ball so schnell und sicher zirkulieren lässt wie der FC Barcelona? Sofern es United gelingt, an einer Stelle des Spielfeldes den Raum zu verschließen, öffnet sich anderswo ein Raum und wird der Ball blitzschnell dorthin befördert.

In der 27. Minute erzielt Pedro die verdiente 1:0-Führung. Nur sieben Minuten später gelingt United ein überraschender (und unverdienter) Ausgleich: Nach einer der wenigen gelungenen und schnell gespielten Angriffskombinationen Uniteds kann Wayne Rooney einnetzen.

Xavi und Co. spielen ihr Spiel unbeeindruckt weiter, und so ist es nur eine Frage der Zeit, wann Barça erneut in Führung geht. In der 54. Minute ist es so weit, als der sensationelle Lionel Messi das 2:1 erzielt. United-Keeper Edwin van der Sar, der an diesem Abend sein letztes Spiel bestreitet, sieht dabei nicht wirklich gut aus. Eine Viertelstunde später ist das Finale entschieden: In der 69. Minute zirkelt David Villa aus dem Stand und einer Distanz von etwa 18 Metern den Ball unhaltbar ins rechte obere Toreck zum 3:1. Fast das gesamte Spiel über hat Barça den Ball flach gehalten. Flanken hat es kaum gegeben, fünf seiner sechs Eckstöße hat Barça kurz bzw. spielend ausgeführt.

Der 69-jährige Alex Ferguson, seit 37 Jahren im Trainergeschäft, davon 25 bei Manchester United, ist konsterniert: „In meiner Zeit als Trainer habe ich keine bessere Elf gesehen. So wie heute ist mein Team noch von keiner Elf verdroschen worden. Barça hypnotisierte uns mit seinen Pässen." In der *Frankfurter Rundschau* schreibt England-Experte Raphael Honigstein: „Seit dem legendären 6:3-Sieg Ungarns im Jahre 1953 dürfte kein englisches Team in Wembley derart vorgeführt worden sein, wie es Sir Alex' Elf in den ersten 15 Minuten der zweiten Hälfte widerfuhr."

Vor der Begegnung hatte es sich José Mourinho nicht nehmen lassen, seinem alten Widersacher Ferguson viel Glück zu wünschen. An diesem Abend war „Mou" ein glühender United-Fan, aber Ferguson mochte gegen Barça keine Mourinho-Strategie verfolgen. Die „Reds" wurden auch Opfer ihrer eigenen Philosophie, die seit den Tagen von Matt Busby lautet: nicht nur siegen, sondern auch attraktiv spielen.

Ob offensiv oder defensiv, ob negativ oder attraktiv: In dieser Saison war kein Kraut gegen den Fußball des FC Barcelona gewachsen.

„Mehr als Fußball"

„Der Fußball gibt dir alles zurück, was du investierst", steht auf Barças Sieger-Shirts.

Im Wembleystadion beweist die Mannschaft einmal mehr nicht nur am Ball Stil: Guardiola hatte ohne Kapitän Puyol begonnen, der nach Auffassung des Trainers nicht ganz fit war. Für ihn spielte der 1,71 Meter kleine Javier Mascherano in der

Innenverteidigung. Als Puyol dann in der 88. Minute für Dani Alves aufs Feld kommt, überreicht ihm Ersatzkapitän Xavi wie selbstverständlich die Binde. Vor der Siegerehrung gibt Puyol diese an den Franzosen Éric Abidal weiter, der sich nur 72 Tage zuvor einer Tumor-Operation an der Leber unterziehen musste. Guardiola später: „Es sind solche Gesten, die uns stark machen."

Der *Kicker* überschreibt seinen Spielbericht mit „Mehr als Fußball". Ottmar Hitzfeld krönt den Sieger zum „besten und intelligentesten Team aller Zeiten". Ronald Reng feiert in der *Frankfurter Rundschau* eine „Hochzeit von Strategie und Instinkt". Während von vielen anderen Endspielen nur der trockene Fakt überdauere, wer gewonnen hat, werde dieses Finale „für den Fußball in Erinnerung bleiben, den Barça spielt. Aus ihrem Passspiel sprach Fantasie, Lebenslust und der Wille, die eigene Person hintanzustellen."

In Spanien konstatiert *AS* „ein Spiel für eine Epoche". Für *El Mundo Deportivo* hat Barça „eine andere Dimension" betreten. In England kürt die *Sunday Times* die Katalanen „zur besten Klubmannschaft der Geschichte". Italiens *Gazzetta dello Sport* spricht von der „vielleicht stärksten Mannschaft aller Zeiten", die „eine Symphonie von Talenten" sei.

Viel Ehre für Barça, aber nichts davon ist unverdient.

Kapitel 13

Abschied von „Pep"

Im Sommer 2012 verlässt „Pep" Guardiola den FC Barcelona, nach insgesamt 28 Jahren, in denen er als Spieler oder Trainer dort aktiv war. Vorangegangen war eine weniger erfolgreiche Saison.

Zwar gewinnt Barça im Dezember 2011 bei Real Madrid mit 3:1 und erobert – dank des besseren Torverhältnisses – vorübergehend die Tabellenspitze. Guardiola lässt im Bernabéu mit einer Dreier-Kette spielen, so wie es bereits sein Mentor Cruyff gemacht hat. Der zunächst als Außenverteidiger aufgeführte Dani Alves wird in diesem System zu einem Außenstürmer. Doch nach Abschluss der Hinserie liegt Real fünf Punkte vor den Katalanen.

Im Januar 2012 treffen Barça und Real im Viertelfinale des Pokals aufeinander. Barça gewinnt erneut in Madrid, diesmal mit 2:1, im Rückspiel trennt man sich unentschieden (2:2), womit die „Königlichen" als Titelverteidiger ausgeschieden sind. Allerdings markierte die Begegnung im Camp Nou eine Wende. Zur Halbzeit lag Barça mit 2:0 in Front. Bis dahin war José Mourinho Barça stets mit einer defensiven bis destruktiven Spielweise begegnet. Die Umstellung auf eine offensivere Taktik wird nun mit zwei Toren belohnt.

Vor dem 35. Spieltag führt Real Madrid die Tabelle mit vier Punkten Vorsprung an. Als die „Königlichen" ins Camp Nou kommen, ist dies für den FC Barcelona die letzte Chance den Rivalen abzufangen. Aber Mourinhos Team baut mit einem 2:1-Sieg seinen Vorsprung auf sieben Zähler aus. Bei nur noch drei ausstehenden Spielen ist die Meisterschaft gelaufen. Am Ende kommt Real auf 100 Punkte, neun mehr als Barça, das 30 Punkte vom Dritten FC Valencia trennen.

Barça ließ in dieser Saison manchmal den Hunger und die Konzentration der vergangenen drei Jahre missen, was für ein Team, das mit Trophäen überhäuft wurde, nicht ungewöhnlich ist. Aber in dem engen und einsamen Rennen auf hohem Niveau, das sich der FC Barcelona und Real Madrid gewöhnlich in der Primera División liefern, kann schon die geringste Nachlässigkeit den Titel kosten. Im Angriff war Barça zu stark von Messi abhängig. David Villa hatte sich im Dezember das Schienbein gebrochen, Pedro litt aufgrund muskulärer Probleme an Formschwäche. Xavi sah sich dadurch genötigt, weiter vorne zu agieren.

Gescheitert an Chelsea

Im Halbfinale der Champions League unterliegt der FC Barcelona dem FC Chelsea an der Stamford Bridge mit 0:1. Barça spielt 782 erfolgreiche Pässe, hat 72 Prozent Ballbesitz und schießt 24-mal auf Chelseas Tor. Aber Alexis Sánchez trifft nur die Querlatte, Adriano nur den Pfosten, und einmal kann Ashley Cole auf der Linie klären. Chelsea schießt nur einmal aufs gegnerische Tor – aber Drogba trifft. Raphael Honigstein schreibt im *Tagesspiegel*: „Derart destruktiv hatte man Chelsea international noch nie erlebt." Aber „auch eine Spur von Selbstgefälligkeit" sei verantwortlich für die „katalanische Null".

Das Rückspiel weckt Erinnerungen an das Halbfinale von 2010 gegen José Mourinhos Inter Mailand. Dabei läuft zunächst alles nach Plan. Nach 37 Minuten führt Barça durch Tore von Busquets und Iniesta mit 2:0. Chelsea hat seine komplette Innenverteidigung verloren: Caroll in der 12. Minute durch Verletzung, Kapitän John Terry in der 37. Minute durch Platzverweis. Trotzdem kassiert Barça in der Nachspielzeit des ersten Durchgangs durch Ramires den Anschlusstreffer. Nun ist ein dritter Treffer zum Finaleinzug notwendig. Nur vier Minuten nach dem Wiederanpfiff bietet sich dafür die große Chance, aber Messi setzt einen Strafstoß nur an die Latte. Barça belagert den Strafraum der *Blues*, die Begegnung erinnert phasenweise an ein Handballspiel, aber das nächste und letzte Tor erzielen die fast eine Stunde in Unterzahl spielenden Gäste, die in der 92. Minute zum 2:2 ausgleichen. Torschütze ist mit Fernando Torres ausgerechnet ein Spanier, nachdem beim ersten Tor Chelseas bereits mit Mata ebenfalls ein Spanier assistiert hatte. In diesem Rückspiel wurden sogar 82 Prozent Ballbesitz für Barça notiert. Aber die Begegnungen mit Chelsea dokumentierten einmal mehr, dass mehr Ballbesitz zwar die Chancen auf den Sieg erhöht, ihn aber nicht garantiert. Trotz des Scheiterns wird die Mannschaft von den Rängen mit Beifall verabschiedet. Bereits seit einigen Monaten liegt in der Luft, dass die Ära Guardiola nach dieser Saison beendet ist. Barças Fans bedanken sich für den fantastischen Fußball, den sie in den letzten Jahren erleben durften.

Auch Real Madrid verliert sein Halbfinale. Dass die beiden besten europäischen Teams der Saison 2011/12 nicht das Finale der Champions League erreichten, hat wohl auch daran gelegen, dass sie noch drei (Barça) bzw. vier Tage (Real) vor den Halbfinal-Rückspielen einen strapaziösen *Clásico* bestreiten mussten.

Chelsea gewinnt auch das Endspiel gegen den FC Bayern München. Nicht nur die Fans des deutschen Rekordmeisters haben Mitleid mit dem Verlierer, denn erneut unterliegt das Team, dass mehr und aktiver Fußball spielt.

Ende einer Ära

Am Morgen nach dem Scheitern in der Champions League teilt Pep Guardioa Sandro Rosell seinen Rücktritt zum Saisonende mit. „Vier Jahre sind eine lange Zeit als Trainer, die Zeit verschleißt. Ich fühle mich leer." Bereits im Oktober 2012 hatte der Trainer dem Präsidenten angedeutet, dass für ihn nach vier Jahren Schluss sei.

Cruyff, der sich mit Guardiola regelmäßig zum Essen traf, hatte ihn gewarnt: Das zweite Jahr sei schwieriger als das erste, das dritte schwieriger als das zweite. „Bleibe nicht länger, als du unbedingt bleiben musst!"

Der Job des Trainers ist der ungesündeste im Fußball. Aber der Stress ist besonders groß, wenn das Team nicht nur erfolgreich, sondern auch noch attraktiv und schön spielen soll. Barça spielt ein extrem offensives Pressing, häufig am Rande zum Abgrund. Cruyff hat als Trainer des FC Barcelona einen Herzinfarkt erlitten. Frank Rijkaard bekennt später, nach fünf Jahren Barcelona wäre er nur noch ein nervöses Wrack gewesen, das sich von seiner Familie entfremdete und in ein Hotel ziehen musste. In Johan Cruyffs Zeit als Trainer waren Maßstäbe gesetzt worden, die seither jeden seiner Nachfolger zu zermürben drohten. Fehlten bei Rijkaard am Ende die Ergebnisse, so wurde bei van Gaal die unattraktive Spielweise bemängelt.

Ein zusätzlicher Stressfaktor war die brutale Rivalität mit Real Madrid, das permanente Wettrennen der beiden besten Teams der Welt, die sich viel zu häufig sahen – in Guardiolas vierjähriger Amtszeit 17-mal, wobei sein Team elfmal triumphierte und nur dreimal verlor. Seit der Ankunft des ständig stichelnden und auch außerhalb des Spielfelds attackierenden Mourinhos, der binnen kürzester Zeit als eine der großen Hassfiguren in die *El-Clásico*-Geschichte einging, war die Rivalität noch strapaziöser geworden. Mit Guardiola und Mourinho trafen zwei extrem unterschiedliche Typen aufeinander. Während es Guardiola immer auch um Stilfragen ging, auf und außerhalb des Spielfelds, waren Mourinho Stil und Manieren völlig egal. Im Kampf gegen die Vorherrschaft Barças war ihm jedes Mittel recht, so lange es nur Erfolg versprach. Während Guardiolas Fußball und betont kultiviertes Auftreten auch Literaten und andere Künstler sowie Weltverbesserer ansprach, begeisterte der „bad boy" Mourinho vor allem die spanische Rechte sowie Reals Hooligans und Ultras.

So hat Guardiola auch keine positiven Erinnerung an die *El Clásicos*, auch nicht an Barças Siege: „Das waren keine Spiele, die ich genossen habe. Es gab immer irgendetwas, was einen schlechten Nachgeschmack hinterließ und vom Fußball ablenkte."

Aber auch die schweren Erkrankungen seines Assistenten Tito Vilanova und Eric Abidals hatten bei Guardiola tiefe Spuren hinterlassen. Bei Vilanova war im November 2011 ein Ohrspeicheldrüsenkrebs diagnostiziert worden, weshalb Guardiolas wichtigster Mitarbeiter einige Wochen ausfiel. Im Mai 2012 erklärte ihn der Vereinsarzt für vollständig geheilt. In den Tagen vor der offiziellen Bekanntgabe des Rücktritts bemühten sich die Spieler, den Coach zum Bleiben zu bewegen. Insbesondere Messi kämpfte um ihn, indes ohne Erfolg.

Bald wurde darüber spekuliert, ob nicht Barça-Boss Sandro Rosell hinter dem Abschied stecke. Die Zeitung *El Mundo* unterstellte dem Präsidenten, er habe Guardiola aus dem Klub geekelt. Auch Joan Laporta machte seinen Nachfolger verantwortlich: „Der amtierende Vorstand ist davon besessen, alles zu zerstören, was wir – einschließlich Pep – aufgebaut haben. Sie hätten mehr tun können, damit er bleibt." Johan Cruyff stieß in ein ähnliches Horn.

Tastsächlich unterhielt Guardiola zu Rosell ein nicht annähernd so vertrauensvolles Verhältnis wie zu dessen Vorgänger und zu Cruyff. Dass Rosell seinen Vorgänger Laporta wegen Barças Schulden juristisch belangen wollte, hatte Guardiola nachhaltig irritiert. Guardiola bekundete öffentlich Mitleid mit Laporta, was wiederum bei Rosell nicht gut ankam. Der eher farblose Präsident sah seine Hände durch einen Trainer gebunden, der im Klub und von den Fans zutiefst verehrt wurde und wie der eigentliche Barça-Boss erschien. So blieb Rosell häufig nichts anderes übrig, als der Linie Guardiolas zu folgen, auch wenn er anderer Meinung war.

Die Verstimmung zwischen Rosell und Guardiola hatte bereits kurz nach der Präsidentenkür begonnen. Rosell ließ sich mit der Bestätigung eines neuen Vertrags für Guardiola Zeit und verkaufte gegen den Willen des Trainers für 15 Mio. Euro den Innenverteidiger Dmytro Chygrynskiy an Schachtar Donezk, von wo Barça den Innverteidiger erst im Sommer 2009 für 25 Mio. Euro geholt hatte.

„Der Verlierer bin ich"

Am 5. Mai 2012, dem 37. Spieltag der Liga, hat Guardiola seinen letzten Auftritt vor heimischem Publikum. Im Stadtderby empfängt Barça Espanyol. Fans und Spieler bereiten Guardiola eine würdige Abschiedsparty. Der Klub hat außerhalb des Stadions eine große Wand aufgestellt, auf der die Fans sich beim Trainer bedanken und ihre besten Wünsche hinterlassen. Auf den Rängen wird ein riesiges Banner mit der Aufschrift „T'estinem Pep" („Wir lieben dich, Pep") entfaltet. Barça gewinnt durch vier Messi-Tore mit 4:0. Nach seinem ersten Treffer zeigt Messi mit dem Finger in Richtung Trainer, nach dem letzten rennt er mit seinen Mannschaftskameraden zur Trainerbank und umarmt Guardiola, der ihm ins Ohr flüstert: „Danke für alles!"

Aber Messi hat auch Guardiola zu danken. Guardiola und Vilanova waren es, die dafür sorgten, dass der kleine Argentinier sein Potenzial voll entfalten konnte. Sie schoben ihn vom Flügel ins Zentrum, wo er bereits in der *La Masia* gespielt hatte, als Vilanova zeitweise sein Trainer gewesen war. Die Umstellung verlief durchaus nicht geräuschlos. Auch wegen Messi hatte Ibrahimovic den Klub verlassen müssen. Und David Villa, dem bei seiner Ankunft die Position der Nummer neun versprochen worden war, musste auf die Flügel ausweichen. Ohne die *La Masia*, Guardiola und Vilanova wäre Messi wohl nicht zu dem Fußballer geworden, den Johan Cruyff „als Besten der Geschichte" preist.

Nach dem Abpfiff greift Guardiola zum Mikrofon und verabschiedet sich von den Fans: „Ich weiß, dass ich euch alle vermissen werde. Der Verlierer bin ich." Zum Schluss der Party wird Guardiolas Lieblingssong gespielt: „Que tinguem sort" („Ich hoffe, wir haben Glück") vom katalanischen Liedermacher und politischen Aktivisten Lluís Llach.

Guardiolas Nachfolger wird sein Assistent Francesc „Tito" Vilanova. Der aus Bellcaire d'Empordà in der Provinz Girona stammende 44-jährige Katalane hatte mit Guardiola in der

Jugend und B-Elf des FC Barcelona gespielt, aber im Gegensatz zu „Pepe" den Sprung in die 1. Mannschaft nicht geschafft. 2007 war Vilanova Assistenzcoach von Guardiola bei Barcelona B geworden. Als Guardiola zum Chefcoach der 1. Mannschaft befördert wurde, rückte auch Vilanova eine Etage höher. Seine neuerliche Beförderung in die großen Fußstapfen von Guardiola zeigt auch den Willen zur Kontinuität und ist ein neuerliches Bekenntnis zur Barça-Philosophie. Vilanovas Assistent wird der ein Jahr ältere Jordi Roura, wie sein Chef Katalane und aus der Provinz Girona (Llagostera). Und wie Vilanova (und Guardiola) hat Roura in der Jugend bei Barça gespielt und anschließend im B-Team des Klubs.

Über Katalonien hinaus
Guardiolas letztes Pflichtspiel als Barça-Trainer ist das Pokalfinale gegen Athletic Bilbao. Finalort ist Atletico Madrids Stadion Estadio Vicente Calderón. Esperanza Aguirre, Präsidentin der Region Madrid, Mitglied der konservativen Volkspartei und Fan José Mourinhos, will das Spiel verschieben und an einem anderen Ort austragen lassen. Die rechte Politikerin befürchtet, dass die katalanischen und baskischen Fans beim Abspielen der Nationalhymne pfeifen und den spanischen Kronprinzen Felipe ausbuhen. Als sich Barça und Athletic drei Jahre zuvor schon einmal im Pokalfinale gegenüberstanden, damals in Valencia, war das Pfeifkonzert während der Nationalhymne in der Übertragung des staatlichen TV-Senders RTVE zensiert worden.

Trainer der Basken ist der Argentinier Marcelo Bielsa, ein Freund des Angriffsfußballs und für Guardiola „der beste Trainer der Welt". Bielsa hat mit dem traditionell rustikalen und defensiven „kick and rush"-Fußball der Basken Schluss gemacht. Dass im Baskenland nun anders Fußball gespielt wird, ist aber auch eine Folge der Strahlkraft des Modells FC Barcelona. Viele Ideen der *La Masia* wurden auch an anderen Orten Spaniens übernommen, und mit der Ausbildung veränderte sich auch der Spielstil der Teams in Richtung Kombinationsfußball.

Im Estadio Vicente Calderón schlägt Barça Athletic mit 3:0. Damit hat Guardiolas Barça in vier Jahren 14 von 19 möglichen Titeln gewonnen.

Im Sommer 2012 wird Spaniens *Selección* erneut Europameister und gewinnt damit als erste Nationalmannschaft Europas drei bedeutende Titel in Folge. Im Finale besiegt Spanien Italien mit 4:0. Mit Busquets, Fàbregas, Iniesta, Piqué und Xavi stehen beim Anpfiff des Finales fünf Akteure des FC Barcelona auf dem Platz, Real Madrid ist mit Casillas, Arbeloa, Sergio Ramos und Xabi Alonso viermal vertreten. Komplettiert wird die Anfangself durch David Silva von Manchester City und den Katalanen Jordi Alba, der für den FC Valencia spielt, aber nach dem Turnier zum FC Barcelona wechselt. Später kommt mit Pedro noch ein sechster Barça-Spieler aufs Feld. Fünf der 14 eingesetzten Akteure sind Katalanen (Alba, Busquets, Fàbregas, Piqué, Xavi), vier Kastilier (Arbeloa, Casillas, Mata, Torres). Der *Kicker* verteilt an drei Spieler die Note 1,0: Fàbregas, Iniesta und Xavi.

In Katalonien und im Baskenland waren die Einschaltquoten während des Turniers erneut niedriger als im Rest Spaniens. Zwar wurden das Trikot der *Selección* und die spanische Fahne nicht mehr als Symbol des spanischen Nationalismus (und damit auch ein wenig des Franquismus) betrachtet, aber für viele Katalanen war nicht die *Selección,* sondern der FC Barcelona ihre Nationalmannschaft. Dazu passte, dass beim FC Barcelona erörtert wurde, für die Saison 2013/14 ein Ersatztrikot in den gelb-roten Farben der *Senyera* anfertigen zu lassen.

„Catalunya nou Estat d'Europa"

Im Herbst 2012 wird die notorische Legitimationskrise des spanischen Staates wieder einmal durch eine Wirtschaftskrise verstärkt. Die Arbeitslosigkeit beträgt 25 Prozent, die Jugendarbeitslosigkeit sogar über 50 Prozent. Katalonien ist noch immer ein wirtschaftlicher Motor des Staates, und die Arbeitslosigkeit liegt hier einige Prozente unter dem landesweiten

Durchschnitt. Aber Katalonien ist hoch verschuldet, wofür die Regionalregierung die ungerechte Verteilung der Steuereinnahmen verantwortlich macht.

Am 11. September, Kataloniens Nationalfeiertag, gehen 1,5 Millionen Menschen in Barcelona auf die Straße und fordern die Unabhängigkeit. „Catalunya nou Estat d'Europa" („Katalonien, ein neuer Staat Europas") lautete die zentrale Parole. Unter den Demonstranten ist auch Barça-Präsident Rosell, der versichert: „Barça wird an der Seite der katalanischen Bürger stehen." Auf einer Großleinwand erscheint Pep Guardiola mit einer Grußbotschaft, zugeschaltet aus New York, wo der Ex-Coach ein Sabbatjahr verbringt.

Aber was geschieht mit dem FC Barcelona, wenn Katalonien aus dem spanischen Staat aussteigt? Sandro Rosell versichert, dass Barça weiterhin in der spanischen Liga bleiben würde. Eine katalanische Liga würde in der Tat wenig Sinn machen. Dafür ist Barça viel zu dominant in Katalonien. Bei den Stadtderbys entfalten Fans von Espanyol stets ein Transparent, auf dem in Anlehnung an das Barça-Motto geschrieben steht: „Katalonien ist mehr ist als EIN Klub." Kataloniens zweitgrößte Stadt ist L'Hospitalet, das gut 250.000 Einwohner zählt. Der örtliche Profiklub CE L'Hospitalet spielt aber nur in der viergleisigen 3. Liga (Segunda B). In der Stadt leben aber rund 20.000 *Socios* des FC Barcelona. Wären diese Mitglied des CE L'Hospitalet, würde dieser zu den zehn größten Klubs in Spanien zählen. Für Joan Golobart, *La-Vanguardia*-Kolumnist und ehemals Kandidat für das Präsidentenamt bei Espanyol, benimmt sich der FC Barcelona „wie ein Feudalherr". Barça würde gerne „alles monopolisieren. In einer wichtigen Stadt wie Barcelona gibt es nur Barça und Espanyol. Das passiert nicht in London, wo es vier oder fünf Erstligisten gibt. Warum? Barça hat alles aufgefressen."

Allerdings soll Barça für den Fall der Unabhängigkeit Kataloniens auch ein Angebot der französischen Liga vorliegen.

„In-Inde-Independència"

Am Abend des 7. Oktobers gerät der 222. *El Clasico* zu einer eindrucksvollen Demonstration für katalanische Unabhängigkeit. Die Erfolge der *Selección* hatten die Einheit des Landes nicht gestärkt. Das Gegenteil war der Fall. Der starke katalanische Beitrag zu den Triumphen von 2008, 2010 und 2012 befeuerte das katalanische Selbstbewusstsein und das Gefühl, es auch ohne den spanischen Staat zu schaffen.

In den Wochen vor *El Clásico* sieht man in Barcelona vermehrt rot-gelb gestreifte Trikots mit dem Wappen Barças, die über eine Internetseite verkauft werden – ein Vorgriff auf die Pläne der Klubführung. Als die beiden Teams ins Camp Nou einlaufen, hallt es von den Rängen: „Visca el Barça, visca Catalunya."

Mit offiziell 99.453 Zuschauern ist das Stadion bis auf den letzten Platz gefüllt. Vor dem Anpfiff formen die Barça-Anhänger auf Kommando von Klub-Präsident Sandro Rosell mit Pappschildern ein Mosaik in den Farben Kataloniens. Auf den Rängen weht ein Meer von katalanischen Fahnen mit einem fünfzackigen roten Stern, dem Zeichen der Unabhängigkeitsbewegung.

El Clasico wird in 150 Ländern übertragen, wo das Spiel 400 Mio. Menschen verfolgen. Darauf hat man sich auf den Rängen eingestellt. Grundsätzlich ist zwar die katalanische Sprache ein wichtiges Element der Unabhängigkeitsbestrebungen. Seit 25 Jahren wird an den Schulen Kataloniens der Unterricht fast ausschließlich in Katalanisch erteilt, das Spanische wurde in dieser Zeit immer mehr zur Fremdsprache. Ohne Katalanischkenntnisse lässt sich in Katalonien nicht mehr studieren und arbeiten. An diesem Abend jedoch dominiert im Camp Nou die englische Sprache – es gilt die *Independència*-Botschaft einem globalen Publikum zu vermitteln. Plakate mit der Aufschrift „Catalonia is not Spain" werden in die Höhe gereckt, in der Südkurve flattert ein langes Transparent, auf dem geschrieben steht: „Catalonia, next European state."

Am 11. September 1714 verlor Katalonien seine Unabhängigkeit, als die katalanischen Truppen von den Soldaten des spanischen Königs besiegt wurden und Barcelona kapitulierte. Am 7. Oktober 2012 rollt nun 17 Minuten und 14 Sekunden nach dem Anpfiff die nächste katalanistische Welle durchs Stadion, als die Ränge „In-Inde-Independència" skandieren. Für Real war die Reise nach Barcelona noch nie angenehm. Aber wohl nie zuvor haben sich Reals Funktionäre und Spieler sowie die kleine Schar mitgereister Anhänger im Camp Nou so fremd gefühlt wie an diesem Abend.

Fußball wird auch noch gespielt. Die Giganten trennen sich 2:2, für Barça trifft zweimal Messi, für Real zweimal Cristiano Ronaldo.

Elf *La-Masia*-Schüler sollt ihr sein

Am 25. November gibt es in Katalonien Neuwahlen. Auch Kataloniens Regierungschef Artur Mas, ein politisches Ziehkind von Jordi Pujol, setzt nun auf die *Independència*-Karte, von der er sich eine Stärkung seiner bis dahin gemäßigt-nationalistischen bzw. föderalistisch orientierten Convergència i Unio (CiU) erhofft. Seit 2010 hat Mas einer Minderheitsregierung vorgestanden. Nachdem die Gespräche mit der Zentralregierung in Madrid über eine Neuordnung der Finanzbeziehungen zwischen Staat und Region geplatzt waren, hatte Mas das Regionalparlament aufgelöst. Anders als die bürgerliche CiU verbinden sozialistische Organisationen und libertäre Bewegungen ihre Forderung nach einer Loslösung von Madrid mit einer Alternative zum Neoliberalismus.

Die Wahl gilt als Plebiszit über die Frage der Unabhängigkeit. Mas' Rechnung, durch Neuwahlen und einen separatistischen Kurs seine Position zu stärken und die absolute Mehrheit zu erreichen, geht nicht auf. Zwar bleibt die CiU mit 30,68 Prozent klar die stärkste Kraft im Parlament, aber gegenüber den Wahlen von 2010 verliert das Bündnis knapp acht Prozent. Von den CiU-Verlusten profitiert die links-republikanische und in der Unabhängigkeitsfrage authentischere Esquerra Republicana de Catalunya (ERC), die sich von 7,0 auf 13,86 Prozent steigert, ihre Sitze mehr als verdoppeln kann und im Parlament hinter die CiU und vor den Sozialisten zweitstärkste Kraft wird. Da auch die linksradikale und katalanistische Candidatura d'Unitat Popular (CUP) erstmals ins Parlament einzieht, erfährt die *Independència*-Bewegung keine Schwächung, wohl aber eine interne Linksverschiebung. Joan Laportas Democràcia Catalana ist zu den Regionalwahlen nicht angetreten, um eine weitere Zersplitterung des katalanisch-nationalistischen Wählerpotenzials zu vermeiden.

Der FC Barcelona spielt am Wahltag in Valencia gegen Levante. Dani Alves verletzt sich nach einer Viertelstunde und muss durch Martin Montoya ersetzt werden. Nun stehen ausschließlich Spieler auf dem Feld, die in der *La Masia* gelernt haben: Valdes, Montoya, Piqué, Puyol, Jordi Alba, Busquets, Xavi, Fàbregas, Iniesta, Messi und Pedro. Acht von ihnen sind Katalanen. Der FC Barcelona gewinnt mit 4:0. Bester Mann auf dem Platz ist mit Andrés Iniesta allerdings ein Nicht-Katalane.

Nach 14 Spieltagen und einem 5:1-Sieg über Athletic Bilbao hat Barça mit 13 Siegen und einem Remis einen neuen Startrekord aufgestellt. Punkte musste die *Blaugrana* nur beim Remis gegen Real Madrid abgeben. Johan Cruyff ist bestens zufrieden, auch mit dem neuen Cheftrainer: „Tito macht das richtig gut. Und es war schwer, Pep Guardiola zu ersetzen."

Ein „paranormales Phänomen"

Als Barça kurz vor Weihnachten gegen Valladolid mit 3:1 gewinnt, ist dies der 16. Sieg im 17. Spiel und neunte Auswärtserfolg in Serie. Messi schießt sein 91. und letztes Tor im Kalenderjahr, was neuer Rekord ist. Bis dahin hielt diesen Gerd Müller, der vier Jahrzehnte zuvor, im Kalenderjahr 1972, 86 Tore erzielt hatte. Die Real-nahe *Marca* „sieht ein „paranormales Phänomen" am Werke, *La Vanguardia* krönt den kleinen Argentinier zum „König der Könige". Das Phänomen übt sich wie immer in Bescheidenheit. Messi schickt Müller sein Trikot mit der Nr. 10 mit persönlicher Widmung: „Für Gerd Müller, meinen Respekt und meine Bewunderung, eine Umarmung." In den letzten Jahren hat Messi in kaum einem Pflichtspiel Barças gefehlt. In der Saison 2009/10 war er in 35 von 38 Ligaspielen dabei gewesen, 2010/11 in 33, 2011/12 in 37. Als 25-Jähriger hat Messi Anfang 2012 schon 232 Spiele in der Liga (196 Tore) und 74 in der Champions League (56 Tore) auf dem Buckel. Es war nicht so, dass Guardiola seinem Star keine Auszeiten gönnen wollte, wie sie so stark strapazierte Akteure wie Messi zuweilen benötigen. Mancher Star ruft selbst danach – aber nicht Messi. Rotation ist mit Messi nicht möglich. Der zuweilen autistisch wirkende Messi ist nur Fußball. Ob der Gegner Real heißt oder aus der 3. Liga kommt: Messi will spielen. Denn Messi ist nur glücklich, wenn er den Ball am Fuß hat. Also lässt der Trainer ihn spielen, auch wenn dies gar nicht notwendig ist und eine Pause dem Spieler und den Saisonzielen des Klubs mehr helfen würden. Als Guardiola einmal Messi nach einem Länderspiel schonen wollte und erst später aufs Feld schickte, reagierte dieser mit einer Vorstellung, die an Arbeitsverweigerung grenzte; zudem schwänzte er das folgende Training.

In bisher 17 Spielen der Saison 2012/13 haben Messi und Co. 57 Tore geschossen (= 3,35 im Schnitt pro Spiel), 16 mehr als Real, das – schwacher Trost – dafür zwei weniger kassiert hat. Barças Vorsprung auf den Tabellenzweiten Atletico Madrid beträgt zum Jahreswechsel neun Punkte, die Distanz zu Real misst sogar unglaubliche 16 Punkte, denn die „Königlichen" kassieren beim FC Malaga eine 2:3-Niederlage. Mourinho hatte die Klublegende Iker Casillas auf die Bank gesetzt. Casillas war „Mou" allein schon deshalb ein Dorn im Auge, weil er mit Barças Xavi eine innige Freundschaft pflegte. Der Kastilier mit dem baskischen Vornamen und der Katalane waren Garanten der friedlichen Koexistenz in der *Selección* und damit auch deren Erfolge. Der Torwart und das Mittelfeldass kannten sich seit gemeinsamen Tagen in den spanischen Nachwuchsteams. Zwar waren der FC Barcelona und Katalonien auf dem Feld stärker als alle anderen spanischen Klubs und Regionen vertreten, aber die Kapitänsbinde trug mit Casillas ein Madrilene. Ein politisch kluger Schachzug von Nationalcoach Vicente del Bosque, denn Iker Casillas war gewissermaßen ein „Gesamt-Spanier", eine Führungskraft, die auch von den Katalanen und Basken akzeptiert wurde. Barcelonas Cesc Fàbregas pries ihn als „natürlichen Leader".

Im Januar 2013 ist Lionel Messi der erste Spieler, der viermal – und dies auch noch in Folge – den Ballon d'Or gewonnen hat. Sogar Zlatan Ibrahimovic ist beeindruckt: „Er spielt wie eine Playstation. Es ist unglaublich." Der FC Barcelona dominiert die Abstimmung über den besten Weltfußballer des Jahres wie kein Klub vor ihm. In den vier Jahren 2009 bis 2012 landeten auf den Plätzen eins bis drei neunmal Barça-Spieler. Neben Messis vier Siegen gab es je einen zweiten und einen dritten Platz für Iniesta sowie drei dritte Plätze für Xavi zu vermelden. Nur Cristiano Ronaldo konnte mit drei zweiten Plätzen in die Barça-Phalanx einbrechen. Auch das ist Ausdruck einer Ausnahmestellung, die im Weltfußball einzigartig ist, seit vor fast sechs Jahrzehnten Di Stéfano, Puskás, Kopa und Co. im weißen Real-Trikot die Zuschauer verzauberten.

Daten zum FC Barcelona

Gegründet: 29. November 1899

Sportarten: Fußball, Futsal, Rugby, Basketball,
Baseball, Handball, Volleyball, Eishockey,
Feldhockey, Leichtathletik, Eiskunstlaufen,
Rollstuhl-Basketball

Adresse: Avenida Aristides Maillol s/n
E – 08028 Barcelona

Internet: www.fcbarcelona.com

Erfolge im Fußball:

Europapokal der Landesmeister / Champions League (4):
1992, 2006, 2009, 2011
FIFA Club World Cup (2): 2009, 2011
Europapokal der Pokalsieger (4): 1979, 1982, 1989, 1997
Europäischer Supercup (4): 1993, 1997, 2009, 2011
Messepokal (3): 1958, 1960, 1966
Copa Latina (2): 1949, 1952
Spanischer Meister (21): 1929, 1945, 1948, 1949, 1952, 1953,
1959, 1960, 1974, 1985, 1991, 1992, 1993, 1994, 1998, 1999,
2005, 2006, 2009, 2010, 2011
Spanischer Pokalsieger (26): 1910, 1912, 1913, 1920, 1922,
1925, 1926, 1928, 1942, 1951, 1952, 1953, 1957, 1959, 1963,
1968, 1971, 1978, 1981, 1983, 1988, 1990, 1997, 1998, 2009,
2012
Spanischer Supercup (9): 1984, 1992, 1993, 1995, 1997, 2006,
2007, 2010, 2011

(Stand: 31.1.2013)

Zeittafel zum FC Barcelona

1899 Gründung des Football Club Barcelona am 29. November. Hauptsächlicher Initiator ist der Schweizer Hans Gamper, erster Präsident wird der Engländer Walter Wild. Erster Spielort ist das Velòdrome de la Bonanova.

1902 Der FC Barcelona gewinnt mit der Copa Macaya – Vorläufer der katalanischen Meisterschaft – seine erste Trophäe. Der Deutsche Paul Haas wird Präsident des FC Barcelona und gründet eine Rugby-Abteilung.

1908 Hans Gamper wird erstmals zum Präsidenten des FC Barcelona gewählt.

1909 Barça bezieht sein erstes eigenes Stadion, La Escopidora an der Carrer d'indústria. Das Stadion fast 6.000 Zuschauer und ist das erste in Spanien mit einer Flutlichtanlage.

1910 Der FC Barcelona gewinnt erstmals den spanischen Pokal (Copa del Rey).

1917 Der Engländer John Barrow wird erster Profitrainer des FC Barcelona.

1920 Am 23. Juli katalanisiert der Verein seinen Namen. Aus dem Football Club wird der Futbol Club Barcelona.

1920 und 1922 Barça gewinnt unter dem englischen Trainer Jack Greenwell und mit Spielern wie Josep Samitier, Ricardo Zamora und Paulino Alcántara den spanischen Pokal.

1922 Einweihung des neuen Barça-Stadions Les Corts im gleichnamigen Stadtteil. Die Arena bietet zunächst 20.000 Zuschauern Platz und wird später auf ein Fassungsvermögen von 60.000 ausgebaut.

1923 Übernahme der Regierungsgewalt in Spanien durch General Miguel Primo de Rivera.

1925 Nachdem Barça-Fans bei einem Benefizspiel zugunsten des katalanischen Chors Orféo Català das Abspielen der spanischen Nationalhymne mit einem Pfeifkonzert beenden, wird das Barça-Stadion Les Corts für sechs Monate gesperrt. Präsident Hans / Joan Gamper muss das Land vorübergehend verlassen und darf nach seiner Rückkehr keine Funktion mehr im Klub bekleiden.

1929 Der FC Barcelona wird erster Meister der neuen spanischen Liga.

1930 Hans Gamper nimmt sich das Leben. Rücktritt von General Primo de Rivera.

1931 Bei den Kommunalwahlen siegt in Katalonien die republikanische Linke. Ausrufung der Zweiten Republik. König Alfonso XIII. geht ins Exil.

1932 Katalonien erhält ein Autonomiestatut.

1934 „Spanische Oktoberrevolution". Ausrufung des „Staates Katalonien innerhalb der föderalen Republik Spanien" durch Lluís Companys.

1936 Militärputsch und Beginn des spanischen Bürgerkriegs. Josep Sunyol, Präsident des FC Barcelona und Abgeordneter der linksrepublikanischen und katalanistischen Esquerra Republicana de Catalunya (ERC), wird von Falangisten ermordet.

1939 Vollständige Besetzung Kataloniens durch die Franco-Truppen und Ende des Bürgerkriegs.

1940 Der nach Frankreich geflüchtete Lluís Companys wird ausgeliefert und in der Festung Montjuic hingerichtet.

1941 Am 15. Januar muss sich der FC Barcelona in Club de Fútbol Barcelona (CF Barcelona) umbenennen, also die spanische Namensvariante.

1943 Der FC Barcelona verliert in Madrid unter fragwürdigen Umständen mit 1:11.

1952 Das Barça der fünf Trophäen: Mit dem aus Ungarn stammenden Starspieler Ladislao Kubala gewinnt der FC Barcelona Meisterschaft, Pokal, Copa Latina, Eva-Duarte-Pokal und Martini-Rosso-Pokal.

1957 Der FC Barcelona bezieht das Estadi Camp Nou im Stadtteil Les Corts. Das Fassungsvermögen des neuen Stadions beträgt zunächst 90.000.

1959 und 1960 Unter Trainer Helenio Herrera und mit den Ungarn Ladislao Kubala, Sándor Kocsis und Zoltán Czibor sowie Luis Suàrez gewinnt Barça zweimal in Folge die Meisterschaft.

1970 Am 6. Juni besetzen Barça-Fans beim Pokalspiel des FC Barcelona gegen Real Madrid aus Protest gegen eine

krasse Fehlentscheidung des Schiedsrichters das Spielfeld. Es folgt ein brutaler Polizeieinsatz, der in schweren Auseinandersetzungen zwischen den Fans und den Polizisten mündet.
Der Niederländer Rinus Michels wird Trainer des FC Barcelona.

1973 Barça gelingt die Verpflichtung des niederländischen Weltklassespielers Johan Cruyff von Ajax Amsterdam.
Mit Erlaubnis des Spanischen Fußballverbandes kehrt der Verein am 8. November zur katalanischen Namensvariante zurück: Futbol Club Barcelona.

1974 Mit dem Trainer Rinus Michels und Johan Cruyff gewinnt Barça erstmals seit 14 Jahren wieder die spanische Meisterschaft. Auf dem Weg dorthin schlagen die *Blaugrana* Real Madrid im Estadio Santiago Bernabéu mit 5:0.

1975 Tod von General Franco.

1977 Erste demokratische Parlamentswahlen in Spanien seit 1936.
Am 11. September demonstrieren in Barcelona eineinhalb Millionen Menschen für katalanische Autonomie, darunter auch ein Block des FC Barcelona mit Johan Cruyff.

1978 Spanien erhält wieder eine demokratische Verfassung. Aus den ersten offenen Wahlen des Barça-Präsidenten geht der Bauunternehmer Josep Lluís Núñez als Sieger hervor.

1979 Der FC Barcelona gewinnt durch einen 4:3-Sieg über Fortuna Düsseldorf erstmals den Europapokal der Pokalsieger und seine erste bedeutende europäische Trophäe. Gefeierter Held ist der Niederländer Johan Neeskens. Katalonien erhält ein neues Autonomiestatut.

1980 Der deutsche Nationalspieler und Europameister Bernd Schuster wechselt vom 1. FC Köln nach Barcelona.

1988 Johan Cruyff wird Barça-Trainer.

1992 Der FC Barcelona gewinnt mit dem Trainer Johan Cruyff erstmals den Europapokal der Landesmeister. Im Finale schlägt Barça Sampdoria Genua durch ein Tor des Niederländers Ronald Koeman mit 1:0.

1997 Der Niederländer Louis van Gaal wird Trainer des FC Barcelona.

1998 und 1999 Barça gewinnt mit van Gaal zweimal in Folge die Meisterschaft. In Trainer van Gaals Team spielen zahlreiche Niederländer, aber auch der Brasilianer Rivaldo, Weltfußballer des Jahres 1999.

2000 Ende der Ära Josep Lluís Núñez nach 22 Jahren an der Barça-Spitze.

2003 Joan Laporta wird Präsident des FC Barcelona, der Niederländer Frank Rijkaard neuer Trainer.

2006 Der FC Barcelona gewinnt mit Spielern wie Ronaldinho, Weltfußballer der Jahre 2004 und 2005, Eto'o und Deco die Champions League. Im Finale besiegt Barça Arsenal London mit 2:1.

2008 Der langjährige Barça-Spieler, Cruyff-Schüler und Katalane Josep „Pep" Guardiola wird neuer Trainer.
Spanien wird mit den Barça-Spielern Carles Puyol, Andrés Iniesta und Xavier („Xavi") Hernandez Europameister. Ebenfalls dabei ist der aus der Barça-Jugend stammende Cesc Fàbregas. Xavi wird zum besten Spieler des Turniers gewählt.

2009 Das Barça der sechs Pokale. Mit dem Trainer Guardiola und dem aus dem eigenen Nachwuchs stammenden „Trio der Kleinen" (Iniesta, Xavi, Messi) gewinnt der FC Barcelona in Spanien Meisterschaft, Pokal und Supercup sowie international die Champions League (2:0 gegen Manchester United), den europäischen Supercup (1:0 gegen Schachtjor Donezk) und die FIFA-Klubweltmeisterschaft (2:1 gegen Estudiantes de la Plata). In der spanischen Liga gelingt Barça ein 6:2-Sieg gegen Real im Estadio Santiago Bernabéu. Lionel Messi wird Europas Fußballer des Jahres und Weltfußballer des Jahres.

2010 Johan Cruyff wird zum Ehrenpräsidenten des FC Barcelona ernannt. Barça-Generaldirektor Joan Oliver betont, mit dem Titel würden nicht nur die sportlichen Erfolge Cruyffs gewürdigt, sondern der Niederländer auch als „geistiger Vater" des aktuellen Teams und dessen Spielweise anerkannt. Einige Monate später gibt Cruyff nach einem Disput mit dem neuen Barça-Präsidenten Sandro Rosell die Ernennungsurkunde zurück.
Der FC Barcelona gewinnt zum 20. Mal die spanische Meisterschaft. Auf dem Weg zum Titel schlägt Barça Real Madrid im Camp Nou mit 1:0 und im Santiago Bernabéu mit 2:0. Mit 99 (von 114 möglichen) Punkten stellt Barça einen Punkte-Rekord für die Primera División auf. Lionel Messi wird mit 34 Treffern Torschützenkönig.
Im Viertelfinal-Rückspiel der Champions League überfährt der FC Barcelona Arsenal London durch vier Messi-Tore mit 4:1. Arsenal-Coach Arsène Wenger: „Messi ist ein Spieler wie von der Playstation. Er kann eine Epoche markieren."
Im Halbfinale scheitert der FC Barcelona an José Mourinhos Inter Mailand.
Spanien wird erstmals Weltmeister. Im Finale gegen die Niederlande (1:0 n.V.) stehen mit Carles Puyol, Andrés

Iniesta, Sergio Busquets, Gerard Piqué, Xavier „Xavi" Hernández und Pedro sechs Akteure des FC Barcelona auf dem Platz. Das einzige Tor erzielt Iniesta.

Im ersten *Clásico* der Saison 2010/11 besiegt der FC Barcelona Real Madrid im Camp Nou mit 5:0. Für Barça-Coach Josep Guardiola ist es der fünfte Sieg in Folge über den Rivalen.

Lionel Messi wird erneut Weltfußballer des Jahres. Auf den Plätzen zwei und drei folgen seine Mannschaftskameraden Iniesta und Xavi.

2011 Der FC Barcelona gewinnt zum 21. Mal die spanische Meisterschaft. Barça kommt nach 38 Spielen auf 96 Punkte, Real Madrid auf 92.

Auch in der Champions League behält der FC Barcelona gegenüber Real Madrid die Oberhand. Im Hinspiel des Halbfinales siegt Barça im Estadio Santiago Bernabéu durch zwei Messi-Tore mit 2:0. Das Rückspiel im Camp Nou endet mit einem 1:1-Remis.

Im Finale im Londoner Wembleystadion besiegt der FC Barcelona Manchester United durch Tore von Pedro, Messi und Villa mit 3:1 und gewinnt zum vierten Mal die europäische Königsklasse.

Mit Beginn der Saison 2011/12 hat der FC Barcelona erstmals einen zahlenden Trikotsponsor. Erster „richtiger" Trikotsponsor ist die Qatar Foundation. Mit jährlich 30 Mio. Euro schließt der Klub den zu diesem Zeitpunkt lukrativsten Trikotdeal der Fußballgeschichte ab. Die neue Klubführung begründet die umstrittene Entscheidung mit hohen Schulden.

Lionel Messi wird zum dritten Mal zum Weltfußballer des Jahres gewählt; Xavi belegt Platz drei.

2012 In der Meisterschaft muss der FC Barcelona erstmals seit 2008 wieder Real Madrid den Vortritt lassen.

Im Sommer endet die Trainer-Ära „Pep" Guardiola – nach vier Jahren mit 14 (von 19 möglichen) Titeln. Sein Nachfolger als Chefcoach wird Francesc „Tito" Vilanova, bis dahin Assistent von Guardiola.

Spanien wird erneut Europameister. Im Finale gegen Italien (4:0) sind mit Sergio Busquets, Cesc Fàbregas, Andrés Iniesta, Gerard Piqué, Xavi und Pedro sechs Barça-Spieler dabei.

Im September demonstrieren in Barcelona über eine Million Menschen für einen unabhängigen Staat Katalonien.

2013 Lionel Messi wird im Januar zum vierten Mal in Folge zum Weltfußballer des Jahres gewählt, vor Cristiano Ronaldo (Real Madrid) und Andrés Iniesta.

Literatur

Balague, Guillem: Pep Guardiola. Another Way Of Winning, London 2012

Ball, Phil: Morbo. The Story of Spanish Football, London 2003

Ball, Phil: White Storm. 101 Years Of Real Madrid, Edinburgh & London 2002

Barend, Frits / Van Dorp, Henk: Ajax – Barcelona – Cruyff. The ABC Of An Obstinate Maestro, London 1998

Beevor, Anthony: Der Spanische Bürgerkrieg, München 2008

Bernecker, Walter L. / Eßer, Torsten / Kraus, Peter A.: Eine kleine Geschichte Kataloniens, Frankfurt/M. 2007

Burns, Jimmy: Barca. A People's Passion, London 1999

FC Barcelona (Hrsg.): Barca, Barcelona 2005

Cáceres, Javier: Fútbol. Spaniens Leidenschaft, Köln 2006

Calvet, Rossend: Historia del FC Barcelona, Barcelona 1978

Fitzpatrick, Richard: El Clásico. Barcelona v Real Madrid. Football's Greatest Rivalry, London/New Dehli/New York/Sydney 2012

Foer, Franklin: How Football Explains The World. An Unlikely Theory of Globalization, London 2004

Goldblatt, David: The Ball Is Round. A Global History Of Football, London 2006

Haubrich, Walter: Spanien, München 2009

Hesse-Lichtenberger, Ulrich: Flutlicht & Schatten. Die Geschichte des Europapokals, Göttingen 2005

Herzog, Werner: Spanien, München 1998

Hiddema, Bert: Cruijff! Van Jopie tot Johan. De opkomst van de beste voetballer aller tijden, 1996

Koller, Christian: „Little England". Die avantgardistische Rolle der Schweiz in der Pionierphase des Fußballs. In: Jung, Beat (Hrsg.): Die Nati. Die Geschichte der Schweizer Fußball-Nationalmannschaft, Göttingen 2006

Kuper, Simon: Football Against The Enemy. Oder: Wie ich lernte, Deutschland zu lieben, Göttingen 2009

Lanfranchi, Pierre / Taylor, Matthew: Moving with the Ball. The Migration of Professional Footballers, Oxford 2001

Lechner, Frank: Imagined communities in the global game: soccer and the development of Dutch national identity. In: Giulianotti,

Richard / Robertson, Robert (Hrsg.): Globalization and Sport, Oxford 2007

Llaurado, Jaume: El Barca, d'un club, d'un pais, Barcelona 1994

Orwell, George: Mein Katalonien, Zürich 1975

Rathfelder, Erich / Süßdorf, Erich: Die Katalanen. In: Jochen Blaschke (Hrsg.): Handbuch der westeuropäischen Regionalbewegungen, Frankfurt/M. 1980

Rozer, Marcel: Beckenbauer & Cruyff. De Keizer en de Verlosser, Antwerpen/Amsterdam 2007

Sabartés, Jaume S.: F.C. Barcelona – zwischen Sport und Politik. Geschichte des Vereins von 1939 bis 1981, Berlin 1987

Seidel, Carlos Collado: Kleine Geschichte Kataloniens, München 2007

Schröder, Ulfert: Die Johan-Cruyff-Story, München 1974

Schulze, Ludger: Die Geschichte des Europapokals, München 1990

Schulze, Ludger: Trainer. Die großen Fußballstrategen, München 1989

Schulze-Marmeling, Dietrich / Dahlkamp, Hubert: Die Geschichte der Fußball-Europameisterschaft, Göttingen 2008

Schulze-Marmeling, Dietrich (Hrsg.): Strategen des Spiels. Die legendären Fußballtrainer, Göttingen 2005

Traverso, Enzo: Im Bann der Gewalt. Der europäische Bürgerkrieg 1914 – 1945, München 2008

Vermeer, Evert: Ademloos Ajax. 50 gedenkwaardigewedstrijden, Antwerpen/Amsterdam 2005

Wangen, Edgar: Die Gräber der Götter. Fußballhelden und ihre letzten Ruhestätten, Göttingen 2009

Wilson, Jonathan: Inverting the Pyramid. A History Of Football Tactics, London 2008

Winner, David: Brilliant Orange. The Neurotic Genius of Dutch Football, London 2000

Zeitungen und Zeitschriften

Der Tagesspiegel, Frankfurter Allgemeine Zeitung, Frankfurter Allgemeine Sonntagszeitung, Frankfurter Rundschau (Ronald Reng), Süddeutsche Zeitung, Neue Zürcher Zeitung, Westfälische Nachrichten, Der Spiegel (Christoph Biermann), Kicker, 11 Freunde, Der tödliche Pass, The Independent, The Guardian, The Observer, El País, Marca.

Danksagung

Bei folgenden Personen, die beim Entstehen dieses Buches eine wichtige Rolle gespielt haben, möchte ich mich bedanken:

Johan Cruyff, der zu unseren wilden jungen Jahren die fußballerische Begleitmusik beisteuerte. Und anschließend dafür sorgte, dass der offensive und kreative Fußball in Europa am Leben blieb. Noch heute wacht „König Johan" über die „Kunst des schönen Fußballs". Dass der *totaal voetbal* und die Theorie vom „flexiblen Raum" nicht Gegenstand des schulischen Kunstunterrichts wurde, verstehe ich bis heute nicht.

Bernd Beyer, Lektor im Verlag Die Werkstatt, der auch dieses Buch mit Anregungen und kritischen Bemerkungen produktiv begleitete.

Kieran Schulze-Marmeling, der Fußballspiele fantastisch lesen und interpretieren kann und ein wahrer Taktikexperte ist. Weshalb der Fußball des FC Barcelona nicht immer seine Sache ist. Aber die vielen Diskussionen mit ihm über Taktik und Ausbildungsphilosophie, in der Regel zwischen 23 und 2 Uhr und auf Kosten so mancher „Tatort"-Wiederholung, haben erheblich zur Erweiterung meines Horizonts beigetragen.

Der Autor

Dietrich Schulze-Marmeling (Jahrgang 1956) lebt und arbeitet als Buchautor und Lektor in Altenberge bei Münster. Er profilierte sich mit zahlreichen Büchern zur Fußballgeschichte, unter anderem über die deutsche Nationalmannschaft, die Welt- und Europameisterschaft sowie über den jüdischen Fußball. Das vorliegende Buch wurde von der Deutschen Akademie für Fußballkultur als „Fußballbuch des Jahres 2010" nominiert und erreichte bei der Wahl Platz drei.

Sein Buch „Der FC Bayern und seine Juden – Aufstieg und Zerschlagung einer liberalen Fußballkultur" wurde 2011 zum „Fußballbuch des Jahres" gewählt.

Luca Caioli
Messi
Ein Junge wird
zur Legende
240 Seiten,
Paperback, Fotos
ISBN 978-3-89533-746-8
€ 14,90

Lionel Messi ist ein Phänomen. Mit seiner
unglaublichen Technik begeistert er Fußballfans
in aller Welt und wird schon heute zur Legende
verklärt. Der international renommierte Journalist
Luca Caioli erzählt hautnah die atemberaubende
Geschichte dieses legitimen Nachfolgers
von Maradona und Pelé.

„Eine beeindruckende Menge an Informationen
über den derzeit wohl besten Fußballer der Welt."
(ballesterer)

VERLAG DIE WERKSTATT
www.werkstatt-verlag.de